資本と時間の政治経済学

守 健二

八朔社

凡　例

1. 頻出するマルクスおよびエンゲルスからの引用文献は以下のように略記する。
1.1. MEW24,S.154.は次の略記である。
Institut für Marxismus-Leninismus beim ZK der SED(ed.)[1963]:Karl Marx-Friedrich Engels Werke, Band 24, Das Kapital. Kritik der politischen Ökonomie. Zweiter Band. Buch II: Der Zirkulationsprozeß des Kapitals. Herausgegeben von Friedrich Engels. Dietz Verlag, Berlin, S.154.
1.2. MEGA II/4.1, S.231.は次の略記である。
Institut für Marxismus-Leninismus beim ZK der KPdSU und Institut für Marxismus-Leninisumus beim ZK der SED(ed.)[1988]:Karl Marx, Friedrich Engels: Gesamtausgabe(MEGA), 2.Abteilung: „Das Kapital" und Vorarbeiten, Band 4: Karl Marx Ökonomische Manuskripte 1863-1867, Teil 1. Dietz Verlag, Berlin, S.231.
2. 本書で用いられるその他の引用文献については，巻末の参考文献に書誌情報を掲載し，本文での引用のさいは著者名と発行年のみを略記する。
3. 表番号，図番号，数式番号は章ごとに更新される。
4. 本書でもちいる記号は統一的な使用基準にもとづいて使用されている。直接引用などでやむを得ず例外を設ける場合には，必ずその旨を明記し，混同を避けるよう配慮する。なお本書における記号使用基準は次頁の使用記号一覧による。
5. ベクトルおよび行列に対して用いる不等号は本書では次のように定義する。

　　　ベクトル $x, y \in \mathbb{R}^n$ について
　　　$x > y :\Leftrightarrow \forall_i \ x_i > y_i$
　　　$x \geq y :\Leftrightarrow x \neq y \wedge \forall_i \ x_i \geqq y_i$
　　　$x \geqq y :\Leftrightarrow \forall_i \ x_i \geqq y_i$

6. ベクトルへ付したアポストロフィーは本書では転置を意味する。

Ich halte diese Brüche und Widersprüche für viel großartiger als die Vereinheitlichung, denn in diesen Brüchen und Widersprüchen drückt eben wirklich das Leben der Wahrheit selber sich aus.

T.W.Adorno

これらの断絶や矛盾の方が統一よりもはるかにすばらしいと私は思います。なぜならこれらの断絶や矛盾こそまさしく，真理が生きていることそれ自体の証だからであります。

T.W.アドルノ

使用記号一覧

A：投入係数行列
ΔA：マークアップ行列
$\tilde{A}$：マークアップ付投入係数行列
a_{ij}：j 部門における i 財の投入係数
B：産出係数行列
b_{ij}：j 部門における i 財の産出係数
c：個人消費率(消費性向)
d：労働者の消費需要ベクトル
d_i：i 財に対する労働者の消費需要
D：労働者の消費支出
e：資本家の消費需要ベクトル
e_i：i 財に対する資本家の消費需要
E：資本家の消費支出
F：貨幣資本ストック
f：労働者の消費係数ベクトル
$\mathbf{G}$：貨幣資本のフロー行列
G：貨幣資本フロー(回転資本)
ΔG：利潤(実現後)
g：均等成長率
I：単位行列
K：投下資本(ストック)
L：労働投入係数ベクトル
ΔL：(労働の)マークアップベクトル
$\tilde{L}$：マークアップ付労働投入係数ベクトル
l_j：部門 j における労働投入係数
$\mathbb{N}$：自然数の集合
$\mathbb{N}_0$：0 を含む自然数の集合
$M(m \times n, \mathbb{R})$：実数を成分とする $m \times n$ 行列の集合
$\mathbf{P}$：生産資本のフロー行列
P：生産資本フロー（充用資本）
p：価格ベクトル

p_i：財 i の価格
Q：生産資本ストック
q：マークアップ率
$\mathbb{R}$：実数の集合
$\mathbb{R}_+$：非負の実数の集合
$\mathbb{R}_{++}$：正の実数の集合
r：一般的利潤率
S：商品資本ストック
s：蓄積率(貯蓄性向)
U：価値回転数
$\mathbf{W}$：商品資本のフロー行列
W：商品資本フロー(費用価格)
ΔW：利潤(実現前)
w：貨幣賃金率
x：操業ベクトル
x_j：j 部門の操業度
Y：正規化された価格の集合
y：正規化された価格ベクトル
$\mathbb{Z}$：整数の集合
Z：正規化された操業ベクトルの集合
z：正規化された操業ベクトル

[ギリシャ文字]

$\mathbf{A}$：生産ラグ行列
α：生産ラグ
$\mathbf{B}$：販売ラグ行列
β：販売ラグ
$\mathbf{\Gamma}$：購買ラグ行列
γ：購買ラグ
θ：価値回転期間
π：費用利潤率
ϕ：資本家の消費係数ベクトル
Ω：実質賃金率

目　次

序　章　本書の課題と構成 …………………………………………………………… 1

第1章　『資本論』体系における資本回転分析の諸問題 …………………………… 6

1　問題提起 …………………………………………………………………………… 6

2　エンゲルスの補筆をめぐる問題 ………………………………………………… 8
　2.1　総回転に関する補筆　8
　2.2　可変資本の回転に関する補筆　10
　2.3　利潤率の規定要因に関する2つのアプローチ　11

3　「総回転アプローチ」の成立とその否定 ……………………………………… 13
　3.1　『資本論』の成立過程　13
　3.2　「総回転アプローチ」の成立　14
　3.3　「総回転アプローチ」の否定　19

4　「総回転アプローチ」と「可変資本の回転アプローチ」との併存 ………… 21

5　『資本論』資本回転論の論理構成 ……………………………………………… 24
　5.1　資本回転論の前半部分　24
　5.2　資本回転論の後半部分　27
　5.3　論理構成の特異性　27

6　利潤論との連動 ………………………………………………………………… 28
　6.1　費用価格先行の論理　28
　6.2　利潤率先行の論理　30

第2章　資本回転モデルの展開 ……………………………………………………… 33

1　ランゲ・モデル ………………………………………………………………… 33

2　ノイマン・モデル ……………………………………………………………… 35

3　モデルの比較 …………………………………………………………………… 36

4　「総回転アプローチ」とランゲ・モデル ……………………………………… 37

5　「可変資本の回転アプローチ」とノイマン・モデル………………………38
　　6　モデルの分類………………………………………………………………38
　　7　「結合生産アプローチ」の展開……………………………………………39
　　8　「回転期間アプローチ」による均衡分析の再構成………………………41

第3章　資本回転と定常性………………………………………………………43
　　1　資本回転の基礎概念………………………………………………………43
　　　1.1　資本循環　43
　　　1.2　回転期間　45
　　　1.3　タイムラグ　46
　　　1.4　資本投下(投資)　50
　　　1.5　価値回転　51
　　2　流動資本……………………………………………………………………53
　　　2.1　資本価値の分類　53
　　　2.2　流動資本と固定資本　53
　　　2.3　流動資本の回転様式　54
　　　2.4　回転様式の定式化　55
　　3　資本分割と定常性…………………………………………………………58
　　　3.1　生産の連続性　58
　　　3.2　流動資本の資本分割　58
　　　3.3　資本分割における流動資本の回転　60
　　　3.4　流動資本の回転の定常性　66
　　　3.5　複線的資本分割におけるタイムラグ　67
　　　3.6　部門における定常性　68
　　4　固定資本……………………………………………………………………69
　　　4.1　固定資本の回転様式　69
　　　4.2　回転様式の定式化　70
　　　4.3　固定資本の資本分割　72
　　　4.4　資本分割における固定資本の回転　74
　　　4.5　複線的資本分割におけるタイムラグ　80
　　　4.6　固定資本の資本分割と「再生産の法則」　81

第 4 章　資本回転と資本蓄積 ……………………………………………… 84

1　資本蓄積の基礎概念 ………………………………………………… 84
　1.1　マークアップ率とその仮定　84
　1.2　蓄積率とその仮定　86
　1.3　成長率とその仮定　87

2　利潤率の恒等式 ……………………………………………………… 88
　2.1　価値回転　88
　2.2　利潤率　88

3　資本回転の固有方程式 ……………………………………………… 89
　3.1　資本回転にかんする仮定　89
　3.2　資本回転の固有方程式　90
　3.3　伝達関数　94

4　資本回転と単純再生産 ……………………………………………… 102
　4.1　単純再生産の定義　102
　4.2　単純再生産の必要十分条件　103
　4.3　単純再生産におけるフロー　103
　4.4　単純再生産におけるストック　104
　4.5　単純再生産におけるマークアップ率・価値回転・利潤率　107

5　資本回転と拡大再生産 ……………………………………………… 115
　5.1　拡大再生産の定義　115
　5.2　拡大再生産の必要十分条件　116
　5.3　拡大再生産におけるフロー　117
　5.4　拡大再生産におけるストック　118
　5.5　拡大再生産におけるマークアップ率・価値回転・利潤率　120
　5.6　マークアップ関数　121
　5.7　マークアップ関数の性質　122
　5.8　要約：資本回転と資本蓄積の規定関係　123

第 5 章　拡大再生産と購買期間 ………………………………………… 125

1　購買期間の論理的含意 ……………………………………………… 125
　1.1　購買期間と購買ラグ　125
　1.2　資本家による需要　128

  1.3 資本家による財の供給 130
  1.4 購買期間問題 130
  1.5 貨幣ストックの形成 133
 2 『資本論』における購買期間 ································· 136
  2.1 購買期間と貨幣ストック 136
  2.2 『資本論』における「準備金」の諸概念 138
 3 マルクス経済学における購買期間問題 ······················ 144
  3.1 問題提起の特異性 144
  3.2 いわゆる「D＞R問題」 145
  3.3 「D＞R問題」の特殊性 147
  3.4 「貨幣源泉」の探索 148
 4 結　論 ··· 153
 5 本書の研究史上の位置 ··· 154

第6章　資本回転と一般均衡 ·· 156

 1 問題設定 ·· 156
  1.1 課　題 156
  1.2 一般均衡の定義 156
 2 考察方法 ·· 157
  2.1 線型生産体系 157
  2.2 消費需要にかんする仮定 160
 3 考察対象の分類 ·· 164
  3.1 単一生産 164
  3.2 結合生産 166
  3.3 単純再生産 167
  3.4 拡大再生産 167
 4 単一生産における単純再生産 ································ 168
  4.1 補題：フロベニウス根の連続性 168
  4.2 モデル 174
  4.3 均衡条件 176
  4.4 均衡の存在 179
 5 単一生産における拡大再生産 ································ 187

5.1　モデル　187
　　　5.2　均衡条件　189
　　　5.3　均衡の存在　193
　6　結合生産における単純再生産 ……………………………………… 201
　　　6.1　モデル　201
　　　6.2　均衡条件　203
　　　6.3　均衡の存在　207
　7　結合生産における拡大再生産 ……………………………………… 221
　　　7.1　モデル　221
　　　7.2　均衡条件　224
　　　7.3　均衡の存在　229

第7章　資本回転分析の理論的含意 ……………………………………… 244

　1　価格体系の比較 ………………………………………………………… 244
　　　1.1　例1の価格体系　246
　　　1.2　例2の価格体系　248
　　　1.3　例3の価格体系　249
　　　1.4　概　観　251
　2　流通期間の問題連関 …………………………………………………… 252
　3　資本回転分析における対象と方法 …………………………………… 255

補論1　総回転と費用価格 ………………………………………………… 257

　1　第2部第3稿の成立過程 ……………………………………………… 257
　2　「総回転アプローチ」 …………………………………………………… 261
　3　「費用価格」による利潤論の改編 ……………………………………… 264

補論2　フォーリーの《New Interpretation》 …………………………… 267

　1　フォーリーの理論的貢献 ……………………………………………… 267
　2　《New Interpretation》の特徴 ………………………………………… 268
　3　概念の再定義とその含意 ……………………………………………… 270
　4　《New Interpretation》の徹底化 ……………………………………… 272
　5　《New Interpretation》と資本回転分析 ……………………………… 273

6　労働価値論と均衡理論 ……………………………………………………… 274

参考文献

索　引

装幀・高須賀優

序章　本書の課題と構成

　本書の課題は，第1にマルクスの『資本論』[1]体系における資本回転分析の諸問題を明らかにすること，第2にマルクスが断片的に遺した理論的構想を具体化し，資本回転の均衡分析を再構成すること，第3に，再構成されたこの分析を経済学の理論史の中に位置づけ，その理論的含意を探究することである。

　かつてシュンペーターは経済学を二つに分類し，「同時化経済学（synchronization economics）」および「前貸経済学（advance economics）」と名づけた。[2] 「同時化経済学」というのは，生産，流通などの経済活動が瞬時に行われる，従って同時に行われうると仮定する経済学である。これに対し「前貸経済学」とは，これら経済活動が経過時間を必要とし，一定の順序で継起的に行われざるをえないとする経済学である。

　森嶋通夫によれば，従来の一般均衡理論は，時間が存在しない，従って資本も存在しえないという非現実的な抽象に基づくものであった。[3] そこで森嶋

---

(1)　ここでいう『資本論』体系とは，ひろくマルクスの経済理論を指し，現行『資本論』はもちろん，マルクスの経済学的認識を含む種々の草稿を包括した概念として用いている。
(2)　Schumpeter [1954] p.565.
(3)　「しかし通常経済学者は…単純化のために，ひとつの期の中に属している出来事の順序を無視し，同時に生起したかのように取り扱うのである。」「この基本的形式の下では生産期間やタイム-ラグの現れることはなく，…まるで企業家が生産を決意した瞬間に生産可能集合が利用可能であるかのように取扱われるのである。」「この理論は生産からの利潤を，個々人に分配される形で含んではいる。しかし，一体誰に分配されるというのであろうか。タイム-ラグがないという抽象的な仮定の下では，企

は「21世紀の一般均衡理論」[4]の課題として,時間を取り込んでモデルを現実に近づけることの必要性を強調したが,それは事実上「前貸経済学」の重要性の再確認でもあった。[5]

ところでマルクスにとってははじめから,生産や流通は時間がかかるもの,したがって同時には行いえず,順次に生起するものであった。その順序に関する叙述が資本循環論であったし,経過時間に関する叙述が資本回転論[6]であったといえる。その意味ではマルクスの経済理論,とりわけその資本回転論は,「前貸経済学」の最右翼に位置づけることができるわけである。森嶋が資本回転論を「『資本論』全3巻のうちで最良の部分の1つ」[7]と高く評価した所以もそこにある。

ところが経済学の発展のうえでこうした重要な課題を担っている資本回転論は,『資本論』の中では,それに後続する叙述に十分に利用されたとは言いがたい面がある。とりわけ再生産論(第2部第3篇)および生産価格論という『資本論』の二大均衡理論においては,資本回転は事実上捨象された。再生産論においても生産価格論においても流動資本の諸回転が捨象され,高々部分的に,固定資本の存在を考慮する,という形で資本回転論が利用されてい

業は資本を必要とせず,そのような世界では資本家も株主も存在しない。」Morishima [1992] (安富訳), 3-5 頁。
(4) Morishima [1992] (安富訳), 220 頁。
(5) 「経済学の関心が雇用,生産,交換,消費などといった,人間の種々の経済活動にあることは自明である。これらは皆現実の世界では時間を通じて行われ,ある特定の時点に生起する,あるいは生起した出来事として描写される。…経済理論は通時的連関に関心を抱かざるをえない。厳密に言えば,経済学はこの意味で本質的に動学的なのであり,静学分析の余地はほとんど残されていない。」Morishima [1992] (安富訳), 3-4 頁。
(6) 資本回転論という場合は,『資本論』およびその諸草稿において「資本の流通過程」論として位置づけられた資本回転の叙述をさす。資本回転分析とはより一般的な概念であり,『資本論』体系の任意の領域(たとえば再生産論,生産価格論など)における資本回転の考察を含み,また経済学一般における資本回転の考察をも包括している。
(7) Morishima [1973] (高須賀訳), 211 頁。

るにすぎないわけである。しかし資本回転論の内容は，固定資本の回転という論点に尽きるわけではないことは言うまでもない。

ところで，『資本論』はマルクスの明示的な意図としては，競争を捨象して「資本主義的生産様式の内的組織だけを，いわばその理想的平均において叙述する」ことを目的としたものであり，そのプロトタイプが『経済学批判要綱』以来の「資本一般」の枠組みであったことは周知のとおりである。資本回転分析は，当初からこの枠組みの中で疑いの余地のない定位置を占めてきたのであり，「資本の流通過程」論のなかでは最も早くその位置を確定してきた。資本回転はしたがって資本の運動にとって攪乱要因としてではなく，何よりも「理想的平均」の構成部分として位置づけられてきたのである。

ところが『資本論』解釈・研究史上，資本回転は，とくに固定資本という形で，専ら再生産の攪乱要因という側面で取り扱われてきた。ここには二重の誤解が含まれているように思われる。第1に攪乱・不均衡要因としての資本回転の取り扱いは，マルクスが「理想的平均」の構成部分として資本回転を明確に位置づけたことと整合しない。第2に，可能性と現実性が混同されている。たしかに資本回転が現実にはそうした攪乱・不均衡要因として作用することは事実である。しかしこのことと，資本回転を含む均衡が可能か不可能かという問題とは別の問題である。可能性とは複数の選択肢の一つになることであり，現実性とは実際にそれが選択されることである。均衡が可能であっても，現実に均衡する場合もあれば，不均衡が発生することも十分にありうる。一般に，一般均衡分析においては，均衡の存在の証明と均衡の安定性(収斂)の証明とを区別するのが常識である。静学的な存在証明と動学的な因果分析とのこの区別は，ここでの可能性と現実性の区別に対応するものである。マルクス自身，前者を「資本一般」の問題として，後者を「競争」の問題として理論的に区別しようとしていた。『資本論』の抽象次元ではしたがって，

---

(8) MEW25,S.839.
(9) この点は本書第1章で詳論する。
(10) この点は本書第5章で詳論する。

均衡の存在(可能性)を示すことが課題なのであって，いかにしてその存在(可能性)が実現するか(しないか)の因果分析は「競争」の論理次元に属する。マルクス資本回転論の不均衡論的解釈はつまるところ弁証法の無理解に由来する。マルクスの弁証法の真髄はいうまでもなく，存在の「肯定的理解」のうちにその「否定の理解」を含むということである。[11]「肯定的理解」を欠いた「否定の理解」はいかなる意味でも弁証法的ではない。

撹乱・不均衡要因としての資本回転のこうした取り扱いには，しかしながらマルクス自身にも原因の一端がある。上で述べたように，マルクスは，再生産論および生産価格論という『資本論』の二大均衡理論において，資本回転を考慮した均衡の存在を論証していない。資本回転が「資本一般」および「理想的平均」の構成部分として明確に位置づけられているにもかかわらず，資本回転分析は均衡理論としてのレゾンデートルを示してはいない。この点がまず『資本論』体系における資本回転分析の最も顕著な問題として認知されうる。

以下，本書では次のような順序で考察をすすめる。第1章では，このようにマルクス経済理論において資本回転の均衡分析が未完成であることについて，その背景には，2つの異なる分析アプローチが非体系的に「混在」[12]していたことが判明する。第2章では，経済学全般における資本回転分析の研究史を概観し，その方向性を理論的に類型化する。あわせてそれらとマルクスの分析アプローチとの関連について考察を加える。

第3章から第6章までの4つの章は，マルクスが断片的に遺した理論的構想を具体化し，資本回転の均衡分析を試みる。すでに述べたように，資本回転の均衡分析はマルクス自身によっては果たされなかったわけだが，一般化された形でその再構成が試みられる。まず第3章では，分析のもっとも基本

---

(11) MEW23, S.28.
(12) 「二つの異別の方向の非体系的混在」に「『資本論』の未完成の秘密」を看取するのが，田中菊次の『資本論』理解の要諦であるが，本書は基本的に氏の理解を踏襲している。この点については第1章，第7章でも言及する。田中 [1989] 347頁; 田中 [1980] 311頁。

的なカテゴリーとして「タイムラグ」を導入し，この「タイムラグ」にもとづいて資本回転の諸概念を定式化する。第4章では，まず個別部門に即して，資本回転，資本蓄積，利潤率の三者間の論理的関係を導出する。つまり資本回転分析の3つの基本方程式がここで導かれる。「資本回転の固有方程式」，「ケンブリッジ方程式」，「利潤率の恒等式」の3つがそれである。この考察は『資本論』体系では，価値増殖を取り扱う「利潤論」に相当するが，一般的には資本理論(capital theory)という理論領域に属するものである。これをふまえ，つぎに社会的総資本，すなわち一般均衡(general equilibrium)の考察へとすすむ。その性質上，一般均衡の分析は，素材均衡と価格均衡とをその二重の対象とするが，『資本論』体系においてはそれぞれ再生産論と生産価格論とにおいて行われていることは言うまでもない。こうした一般均衡の分析に先立って第5章は，いわゆる「購買期間問題」を論定し，その理論的処理のあり方を諸説を検討しながら考察する。購買期間問題とは，拡大再生産における購買期間の存在が必然的に供給超過を生み出すという問題である。第6章では，等式体系および不等式体系それぞれについて，また単純再生産および拡大再生産それぞれについて，資本回転を考慮した一般均衡の存在を論証する。これによって均衡理論としての資本回転分析の基本性格を確認する。

　第7章では，資本回転の均衡分析をうけて，それが理論的にいかに性格づけられるものかをさらに問う。経済学における2つの資本回転モデルの理論的意味，ひいてはマルクスにおける二元論の理論的意味を追究し，本書の考察を締め括る。なお第7章につづき，補論1では，マルクスにおける総回転概念と費用価格概念との密接な関係について，文献史的に検証する。補論2では，資本回転分析における労働価値説の問題をいわゆる《New Interpretation》の諸説を批判しながら検討する。

第1章 『資本論』体系における資本回転分析の諸問題

1 問題提起

　資本の流通過程に関するマルクスの研究は,『経済学批判要綱』に始まり最晩年の『資本論』第2部の諸草稿に至るまで続けられ, その過程はおよそ四半世紀に及ぶ。こうしたマルクスの理論形成の過程において, 資本回転と利潤率との関係についてもマルクスは早くからこのテーマに関心を示していた。マルクスは事実このテーマについて折に触れて考究を積み重ね, その足跡を様々な時期の草稿に記している。

　エンゲルスの言を俟つまでもなく,「回転が利潤率に及ぼす影響」というテーマは利潤論にとって, さらにはそれ以降の第3部の展開にとって「決定的な重要性を持つもの」[(1)]である。しかしながらこのテーマに関する研究成果が結実すべき現行『資本論』第3部第4章「回転が利潤率に及ぼす影響」については, 周知のとおりマルクスはその表題を遺しただけであり, エンゲルスがその全文を補筆したのである。

　「回転が利潤率に及ぼす影響」というテーマをめぐるこのような事情, すなわちテーマの重要性と叙述の欠落は,『資本論』の体系的理解を目指す者に対しておのずと次のことを緊切な課題として要求している。すなわちマルクスの遺した叙述をとおしてこの論題についてのマルクス自身の認識を再構成することである。

　行論を先取りすれば,「回転が利潤率に及ぼす影響」については, マルク

---

(1) MEW25, S.12.

ス自身の中に2つの明確に異なる認識の方向が認められる。しかもそれらは互いに両立不可能な排他的な認識であって，決して一方が他方に解消される関係にはない。本章はまずそれぞれの認識方向を「総回転アプローチ」「可変資本の回転アプローチ」として区別し，それぞれの内容を検討する。次に，マルクスにあってこうした二元論が解決されることなく一連の理論形成の過程にわたって固持される根拠を探ることにする。そのさい，マルクスの利潤論そのものが理論体系上の重大な問題性を孕み，マルクス自身結局この問題に理論的決着をつけるには至らなかったことが判明する。

なおあらかじめ本章で用いる記号を提示しておく。本書全体の記号は，冒頭で掲げた統一的な基準に従っている。したがって本章においてマルクスおよびエンゲルスの叙述を検討する場合も，記号の一貫性を維持するために本書の記号使用法に統一しているので，原文の記号とは必ずしも一致しない。

表 1-1　使用記号一覧

ストック(投下資本)[2]	K	投下総資本
	K_v	投下可変資本
	K_z	投下流動資本
	K_f	投下固定資本
ストック比率	K_v/K	ストックの有機的構成
	K_z/K_f	固定・流動資本比率
フロー(回転資本)	G	総資本の年間回転額
	G_v	可変資本の年間回転額
	G_z	流動資本の年間回転額
	G_f	固定資本の年間回転額
	ΔG	利潤(剰余価値)[3]

---

(2)　ストックおよびフローの概念については第3章1.5.1節で正式に定義する。なおストックについては通常「前貸資本」という名称が用いられているが，本書では用語法の一貫性の観点から，引用などやむをえない場合を除き，「投下資本」という名称を用いることを約束している。この点について第3章1.4節を参照のこと。

(3)　資本回転の考察においてマルクスはつねに価値価格を前提しているので，利潤と剰余価値は等しくなる。

第1章　『資本論』体系における資本回転分析の諸問題

フロー比率	G_v/G	フローの有機的構成
	$m' = \Delta G/G_v$	剰余価値率[4]
	$\pi = \Delta G/G$	費用利潤率[5]
フロー/ストック比率	$\overline{U} := G/K$	総回転
	$U_v := G_v/K_v$	可変資本の回転数
	$U_z := G_z/K_z$	流動資本の回転数
	$U_f := G_f/K_f$	固定資本の回転数
	$\Delta G/K_v$	剰余価値年率
	$r := \Delta G/K$	利潤率

2　エンゲルスの補筆をめぐる問題

2.1　総回転に関する補筆

　『資本論』第3部第3篇「利潤率の傾向的低下の法則」第13章「この法則そのもの」において，編集者エンゲルスは，資本回転と利潤率との関係にかんする叙述をみずから書き加えている。

　まず現行版の 235 ページ末尾に引かれた区切線以降でマルクスは，資本の[6]有機的構成の高度化およびそれによる利潤率の低下が個々の商品の価値構成にどのように反映されるかを考察している。すなわち前貸資本（投下資本の

---

(4)　本来剰余価値率は，商品資本の価値構成から定義されるものであり，商品価値のうち労働力の価値の補填部分(W_v)と剰余価値(ΔW)との比率 $\Delta W/W_v$ である。したがって商品価値を実現した貨幣資本の価値構成 $\Delta G/G_v$ とは，剰余価値率は厳密に言えば異なる。しかし剰余価値率が短期間(販売期間中)に変動しないか，または販売期間がゼロの場合は両者は同じ値をとる。マルクス自身これら 2 つの比率を区別しているとは思われないので，ここでは剰余価値率の短期的変動はないものと前提して，2 つの比率を同じものとして扱う。同様の関係が，費用利潤率 $\Delta W/W$ とマークアップ率 $\Delta G/G$ との間でも見られる。詳細な議論は第 4 章 3.2 節を参照のこと。
(5)　脚注 4 を参照のこと。
(6)　MEW25．

こと）の有機的構成の高度化およびそれによる利潤率の低下は，商品価値が低下するということに現れる。とりわけ個別商品の価格のうち価値生産物に相当する部分が絶対的に減少するということ，それにともなって商品1単位あたりの利潤量が絶対的に減少するということのうちに現れる。「しかし，利潤率は，もしただ個々の商品の価格要素だけにたいして計算されるならば，現実にそれであるものとは違って現われるであろう。しかも，それは次のような理由からである」。[7]

この文章をうけて，この「理由」の説明としてエンゲルスが原文で1.5ページにわたる挿入を施している。その内容は，2種類の利潤率を導入し，その量的比較をおこなうというものである。それは場合分けの手法と数値例を用いた比較的詳細な叙述となっている。[8]

エンゲルスはまず，「売られた商品の費用価格」の年額 G, 利潤の年額 ΔG, 投下資本 K にもとづいて，「費用価格にたいする利潤率」を $\Delta G/G$,「総資本にたいして計算された利潤率」を $\Delta G/K$, 資本の回転を $\Delta G/K$ と定義する。それをうけて次のような関係を導く。

(i) $G<K$ ならば $\dfrac{\Delta G}{G} > \dfrac{\Delta G}{K}$

たとえば $K=8000, G=5000, \Delta G=2500$ ならば $\dfrac{\Delta G}{G} = 50\%, \dfrac{\Delta G}{K} = 31\dfrac{1}{4}\%$

(ii) $G=K$ ならば $\dfrac{\Delta G}{G} = \dfrac{\Delta G}{K}$

たとえば $K=10000, G=10000, \Delta G=2000$ ならば $\dfrac{\Delta G}{G} = \dfrac{\Delta G}{K} = 20\%$

(iii) $G>K$ ならば $\dfrac{\Delta G}{G} < \dfrac{\Delta G}{K}$

たとえば $K=15000, G=19500, \Delta G=3000$ ならば $\dfrac{\Delta G}{G} = 15\dfrac{5}{13}\%, \dfrac{\Delta G}{K} = 20\%$

---

(7) MEW25,S.237. ただしマルクスの原稿では次のようになっている。「しかし，利潤率は，価格要素に即して，したがって個別商品の立場から計算されるならば，現実にそれであるものよりも高く現われるであろう」。MEGA II/4.2, S.317.

(8) MEW25, S.237f.

第1章 『資本論』体系における資本回転分析の諸問題

　以上のエンゲルスによる補筆において特徴的なことはまず，「費用価格にたいする利潤率」（以下，費用利潤率と略する）と「総資本にたいして計算された」利潤率（以下たんに，利潤率と略する）という2つの利潤率が区別されていることである。そのさい費用利潤率とは，年間の商品総量についても，商品一単位についても同じ値であることもここでは示唆されている。さらにこれら2つの利潤率を比較するという観点のもとに資本回転が考察されていることである。さて，この場合の資本回転とは具体的には何をさすか。もちろん，この「売られた商品の費用価格」の年額と投下総資本との比率は，『資本論』第2部第9章で定義される「総回転(Gesamtumschlag)」[9]のことである。この場合

　　利潤率($\Delta G/K$)＝費用利潤率($\Delta G/G$)× 総回転(G/K) 　　…(2.1)

という関係が成り立つから，総回転は費用利潤率から利潤率への変換係数でもある。言い換えれば，費用利潤率から出発すれば，そこから利潤率に至るためには，費用利潤率に総回転を掛ける以外に方法はない。

　以上から，エンゲルスによる補筆の特徴を，次の3点にまとめることができる。

① 2種類の利潤率，すなわち本来の利潤率と費用利潤率とを区別する。
② 利潤率を費用利潤率と総回転の積として規定する。
③ 総回転の大きさを「$G=K$」「$G<K$」「$G>K$」の3つの場合に分け，それぞれにおける利潤率と費用利潤率の大小関係を考察する。

2.2　可変資本の回転に関する補筆

　利潤率と資本回転との関係を課題とした本来の叙述は言うまでもなく第3部第4章「回転が利潤率に及ぼす影響」であるが，ここでもマルクスは表題を残しただけで，編集者エンゲルスがその全文を補筆した。その論旨は，次の関係式に端的に表現されている[10]。

---

(9)　MEW24,S.183ff.
(10)　MEW25,S.84.

$$r = m'U_v \frac{K_v}{K} \quad \cdots (2.2)$$

つまり利潤率(r)は，剰余価値率(m')，可変資本の回転数(Uv)，資本の有機的構成(K_v/K)の積として規定されている。そしてこの可変資本の回転が利潤率に及ぼす影響については，第2部第16章で基本的にはすでに考察済みであることが示唆されている。[11]

2.3 利潤率の規定要因に関する2つのアプローチ

　そもそも現行『資本論』において，利潤率と資本回転との関係にかんしては，マルクスによる叙述はほとんどなく[12]，エンゲルスがそれを補完している。その代表的な箇所が，上で紹介した第3部第13章と同第4章であった。しかしこれら2つの叙述の間では，利潤率と資本回転との量的関係の把握に大きな相違がある。つまり第13章では，利潤率は，費用利潤率と総回転との積として規定されている。他方第4章では，利潤率は剰余価値率と可変資本の回転と有機的構成との3者の積として分析されている。いま第13章で示された把握を便宜的に「総回転アプローチ」とよび，第4章の把握を「可変資本の回転アプローチ」とよべば，これら2つのアプローチには両立しえない相違がある。[13]

　まず「総回転アプローチ」にもとづいて利潤率の規定要因を分析してみると，次のようになる。

$$\frac{\Delta G}{K} = \frac{\Delta G}{G}\frac{G}{K} = \frac{\Delta G}{G_v}\frac{G_v}{G}\frac{G}{K} \quad \cdots (2.3)$$

---

(11)　Ebenda.
(12)　例外として MEW25, S.160ff. この箇所については3.3節参照。
(13)　したがっていくつかの資本回転に関する叙述を，みずから執筆した第4章と「調和させた」というエンゲルスの自己了解は再検討を要する。Vgl. Jungnickel/Vollgraf [1995] S.37.

第 1 章 『資本論』体系における資本回転分析の諸問題

$$= \frac{\Delta G}{G_v}\frac{G_v}{G}\frac{G_z+G_f}{K_z+K_f} = \frac{\Delta G}{G_v}\frac{G_v}{G}\frac{\dfrac{G_z}{K_z}\dfrac{K_z}{K_f}+\dfrac{G_f}{K_f}}{\dfrac{K_z}{K_f}+1} \qquad \cdots(2.4)$$

他方「可変資本の回転アプローチ」にもとづく規定要因は以下のようになる。

$$\frac{\Delta G}{K} = \frac{\Delta G}{G_v}\frac{G_v}{K_v}\frac{K_v}{K} \qquad \cdots(2.5)$$

つまり利潤率の規定要因として総回転をとるか，可変資本の回転をとるかに応じて，利潤率の規定要因は 2 つの別個の体系をもつことになる。

図 1-1 「総回転アプローチ」の体系

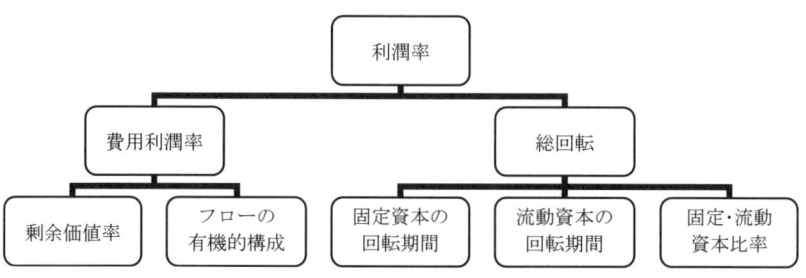

図 1-2 「可変資本の回転アプローチ」の体系

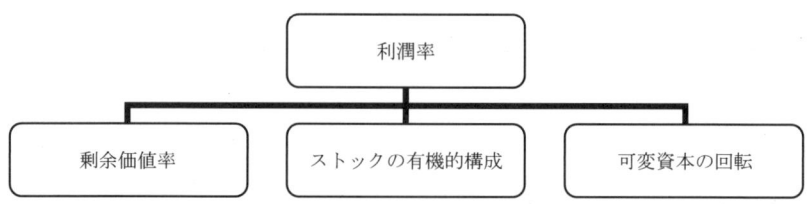

それぞれの体系は両立不可能な対立的な意味をもっている。この対立を示すもっとも顕著な特徴をいま 3 つだけ挙げれておく。通常，利潤率の規定要因としては，剰余価値率と有機的構成と回転の 3 者を挙げるのがマルクス経済学における常識である。規定要因はたしかにその 3 者であるが，しかしそ

の分析は不正確である。つまり回転は無数にあるのだから，どの回転なのか，またはどの有機的構成かを明確にしなければならない。上記の2つの体系によれば，総回転 G/K をとれば他の規定要因としてフローの有機的構成 G_v/G をとらなければならない(2.3 式参照)。可変資本の回転 G_v/K_v をとればストックの有機的構成 K_v/K が規定要因となる(2.5 式参照)。このようにどの回転をとるかで，考察されるべき有機的構成が違ってくる。これが最大の特徴である。

第2に，総回転を利潤率の規定要因とした場合，固定・流動資本の比率が利潤率に相違をもたらす。つまり固定・流動資本の比率は総回転の構成要素であるから，総回転の変化を通じて，利潤率を変化させる。しかし可変資本の回転を利潤率の規定要因とした場合には，エンゲルスが第4章で明らかにしたように，残りの規定要因は，剰余価値率とストックの有機的構成となる。したがってそのばあい問題となるのは不変・可変資本の比率であって，固定・流動資本の比率が入り込む余地はない。第3は，固定資本の回転期間，すなわち耐久期間についてである。一方ではこれは総回転の構成要素であるから，総回転を通じて利潤率に大きく影響することになる。しかし他方の体系では，固定資本が利潤率に影響を及ぼすのはその大きさ(投下資本量)だけであって，それが何年で償却されるかは利潤率にとって全く無関係となる。

エンゲルスにおけるこれら2つの対立するアプローチは，実はマルクス自身の認識に含まれる二元論を忠実に反映したものと考えられる。以下ではこの点について，種々の草稿におけるマルクスの叙述にもとづいて論証する。

3 「総回転アプローチ」の成立とその否定

3.1 『資本論』の成立過程

まず『資本論』の成立史にかんする周知の事実を確認することからはじめたい。『資本論』全3部の執筆時期の区分として，4つの段階を設けることが可能である。

第1章 『資本論』体系における資本回転分析の諸問題

表 1-2 『資本論』の執筆段階

	第1部	第2部	第3部
第1段階	『経済学批判要綱』(1857-58年)		
第2段階	『経済学批判』(1858-59年) 『1861-63年草稿』		
第3段階	「直接的生産過程の諸結果」(1864年)	「第2部第1稿」(1865年)	<u>「第3部第1稿」</u>(1864-65年)
第4段階	<u>『資本論第1巻初版』</u>(1867年)	「第2部所属」(1867年) 「第2部第4稿」(1867年)[14]	「第3部所属」(1867年)

(下線は『資本論』の編集に利用された原稿を指す。)

もちろん『資本論』執筆はその後も継続される。つまり第1部に関しては，『第二版』『フランス語版』と改訂が重ねられ，第2部については，「第2稿」「第5稿」「第6稿」「第7稿」「第8稿」と続き，現行版にみられる叙述はほとんどこれらのちの原稿を待つことになる。しかし3部全体が有機的な関連性をもって叙述されている一まとまりの時期区分としては，上の4つの分け方が可能であり，MEGA の編集計画とも相応する。すなわち，

第1段階：MEGA Ⅱ/1
第2段階：MEGA Ⅱ/2 およびⅡ/3
第3段階：MEGA Ⅱ/4.1 およびⅡ/4.2
第4段階：MEGA Ⅱ/4.3 およびⅡ/5

3.2 「総回転アプローチ」の成立

マルクスの資本流通にかんする分析は1857-58年執筆の『経済学批判要綱』をもって本格的に開始された。もっとも『要綱』「資本に関する章 第2篇 資本の流通過程」においては，『資本論』において見られるような資本循環と資本回転との明確な概念的区別はまだ見られない。しかしとくに資本回転論にかんしては，『要綱』が『資本論』の展開をかなりの成熟度で準備していたことは異論のないところであろう。『要綱』は，回転期間・回転数，固定・流動

---

(14) 執筆時期の推定は Miskewitsch/Wygodski [1985] S.201 による。

3 「総回転アプローチ」の成立とその否定

資本,総回転,回転循環,労働・生産・流通期間,生産連続のための資本分割という『資本論』第2部第7章から第15章までの論点をすべて提示している。『資本論』資本回転論への道は個々の概念の厳密化とそれらの論理的整序を残すだけの段階にあったとも言いうる。さてそのような成熟度を有する『要綱』資本回転論の中にあって,「回転が利潤率に及ぼす影響」に関してはマルクスはどのように把握していたのだろうか。

「固定資本の必要再生産時間,同様にまた固定資本が資本全体にたいしてしめる比率が,総資本の回転期間と同時にその価値増殖を修正する。[15]」

ここで言われる「固定資本の必要再生産時間」とは固定資本の価値が回収され現物で補填されるまでの期間,すなわち固定資本の回転期間である。また「固定資本が資本全体にたいしてしめる比率」とは言うまでもなく固定資本と流動資本との比率(以下,固定流動比という。)に規定されている。「総資本の回転期間」とは総資本の平均回転,すなわち総回転のことである。従ってここで言われていることは要するに,固定資本の回転期間と固定流動比とは総回転を変化させると同時に価値増殖すなわち利潤率をも変化させる,ということである。マルクスのこの主張は,これをシェーマ化すれば[固定資本の回転期間(U_f)・固定流動比(K_z/K_f)→総回転($\bar{U}$)→利潤率(r)]となるが,果たしてこのような主張はいかなる根拠によるものであろうか。その根拠はマルクスの独自の総回転把握,とりわけ総回転と利潤率との関係に関する独自の認識にある。

『要綱』におけるこのような独自の認識を検討する前に『資本論』における総回転の定義をここで確認しておくのが有益かと考える。周知のように『資本論』第2部第9章「前貸資本の総回転 回転の循環」において総回転概念は以下のように定義されている。総回転とは投下総資本の諸成分の平均回転であって,その大きさは年間回転資本(das während des Jahres umgeschlagene Kapital)を投下総資本で割った値である。さらにこの年間回転資本とは,一年間に貨幣形態で回収される資本価値の累計額である。その大きさは,投下総

---

(15) MEGA II/1.2, S.565.

第1章 『資本論』体系における資本回転分析の諸問題

資本の諸成分にそれぞれの回転数を乗じ，それぞれの積を合計したものに等しい，と。なおこの年間回転資本の概念について，のちに展開されるマルクスの用語法との関連においてみれば，それは次のように位置づけられる。まず1年間に生産過程に投入される生産資本は年間充用資本である。そして1年間の商品価値のうち，消費された生産資本を補塡する部分は年間費用価格である。年間回転資本とは，1年間に実現された費用価格の総額に等しい。要するに年間充用資本は生産資本のフロー[16]であり，年間費用価格は商品資本のフロー，年間回転資本とは貨幣資本のフローである。なお付随的にいえば，これら3つのフローは単純再生産を前提すれば，量的に厳密に一致する[17]。

総回転の定義を整理すれば，総回転は最も簡単には次の式によって表現することができる。

$$\bar{U} = \frac{U_z K_z + U_f K_f}{K_z + K_f} = \frac{U_z \frac{K_z}{K_f} + U_f}{\frac{K_z}{K_f} + 1} \quad \cdots (3.1)$$

以上の定義から明らかに，総回転が次の3つの契機をその規定要因としてもつことがわかる。第1に流動資本の回転数(U_z)[18]。または逆数をとって流動資本の回転期間と言っても同じことである。第2に固定資本の回転数(U_f)。または固定資本の回転期間と言っても同じことである。第3に固定流動比(K_z/K_f)。または投下固定資本が投下総資本に占める相対的大きさと言っても同じことである。以上の3契機が与えられれば総回転が一意的に確定するわけである。

以上を確認の上ふたたび『要綱』における総回転把握に戻ろう。『要綱』においてマルクスは総回転を「回転の第一規定」[19]とよび，それは「資本の総平

---

(16) フローにかんする正式の定義は第3章1.5.1節を参照。
(17) 証明は第4章4.3節参照。
(18) 回転期間は回転数の逆数である。詳細は第3章1.5.2節参照のこと。
(19) MEGA II/1.2, S.595. ちなみに回転の「第二規定」とは事実上回転循環のことであって，その主な内容は次のようなものである。すなわち固定資

3 「総回転アプローチ」の成立とその否定

均回転」「総資本の平均回転期間」[20]と定義している。そして量的にはそれが流動資本の回転期間・固定資本の回転期間・固定流動比という三要因をその変動要因として持つことについてもマルクスは事実上明確に認識していた。[21]その意味で『要綱』における総回転の定義は後の『資本論』におけるそれと一致している。その場合，マルクスに独自な総回転把握として強調されるべきは，その定義ではなく，むしろ利潤率との関係に関する認識であって，この認識が『要綱』において明瞭に示されているのである。つまりこの「回転の第一規定」が，利潤率を変更する一つの要因として認識されていたのである。

「回転の第一規定は，資本の自己増殖の比率にとって重要である。」[22]

こうした独自の総回転把握が根拠となって以下の論法が成立する。

「固定資本の回転期間(回転数)と固定流動比(固定資本の相対的大きさ)とは総回転の変動要因である。他方，総回転は利潤率の変動要因である。よって固定資本の回転期間(回転数)と固定流動比(固定資本の相対的大きさ)とは利潤率の変動要因である。」

こうして前出の引用文に示された命題，すなわち$[U_f, K_z/K_f \rightarrow \bar{U} \rightarrow r]$というシェーマが確立するのである。そしてこのシェーマ成立の根拠は$[\bar{U} \rightarrow r]$とい

　　　本の回転は流動資本の一連の諸回転からなる一循環を包括すること，また固定資本の回転期間中は流動資本が同一の生産部門に拘束されねばならないこと，さらに現実の産業循環はこの固定資本の回転期間と密接に関連していること，などである(MEGA Ⅱ/2.1,S.596f.)。したがって「回転の第一規定」および「第二規定」の分析は『資本論』資本回転論第 9 章「前貸資本の総回転　回転の循環」の原型を成し，そこへと結実されるべき内容を有している。

(20)　MEGA Ⅱ/1.2,S.595.
(21)　そこでは次のような公式が定立されている。「平均回転期間＝流動資本の回転期間＋この回転期間を残りの固定資本がこの回転期間中に流通させられた資本総額のうちに何回ふくまれているかをあらわす数で割ったもの。」(MEGA Ⅱ/1.2,S.564)この言葉の迷路は究極のところ(3.1)式に帰着し，誤りではない。
(22)　MEGA Ⅱ/1.2,S.595.

第1章 『資本論』体系における資本回転分析の諸問題

う独自の総回転把握にある。$[\overline{U} \to r]$によってはじめてU_f, K_z/K_fとrが接続されるわけである。

　以上のような『要綱』「資本に関する章 第二篇 資本の流通過程」における総回転把握は当然のこととして「第三篇 果実をもたらすものとしての資本」におけるその利潤論にも反映されざるをえない。そこでは，利潤率が固定流動比と固定資本の回転期間とによって規定されることが明言されている。

　「資本の利潤は…回転期間に依存する。これは固定資本と流動資本とのさまざまの比率，固定資本のさまざまの耐久性，等々によって規定される。」[23]

　ここでははっきりと$[U_f, K_z/K_f \to \overline{U} \to r]$というシェーマが確認されうる。

　さらに$[\overline{U} \to r]$という独自の総回転把握は『経済学批判要綱』から『1861-63年草稿』へと受け継がれていく。

　「特殊な投資諸部面におけるその(剰余価値の――引用者)相違は，一部は不変資本にたいする可変資本の割合の相違から，一部は流動資本と固定資本との割合から出てくる」[24]

　すなわちここでは，一定期間に生産される剰余価値の相違，したがって利潤率の相違の原因として固定流動比が挙げられ，その意味で資本の有機的構成と全く同列に扱われている。さらに以下の叙述においても同様の把握が見られる。

　「固定資本と流動資本との相違が剰余価値に影響を及ぼすことができるのは…ただ，それが総資本の回転に影響を及ぼすかぎりでのことである。」「だから，固定資本と流動資本との相違が，一定の資本によって与えられた期間内に実現される剰余価値量に影響を及ぼすかぎりでは，それは利潤率に影響を及ぼすのである。」[25]

　すなわち固定流動比(「固定資本と流動資本との相違」)は，それが総回転を変動させる限り，一定額の資本が一定期間に生産する剰余価値の量に影響を

---

(23)　MEGA II/1.2,S.633.
(24)　MEGA II/3.5,S.1626.
(25)　MEGA II/3.5,S.1828.

3 「総回転アプローチ」の成立とその否定

及ぼし,従って利潤率に影響を及ぼす,というのである。したがって『1861-63年草稿』においても$[U_f,\ K_z/K_f \to \overline{U} \to r]$というシェーマを確認することは容易である。

以上のように$[\overline{U} \to r]$という総回転把握のもとに$[U_f,\ K_z/K_f \to \overline{U} \to r]$というシェーマが成立しているという点では,『経済学批判要綱』『1861-63年草稿』の上掲の叙述は共通している。利潤率の規定要因にかんする「総回転アプローチ」としてこれらの認識を一括しうる根拠はこの点にある。

3.3 「総回転アプローチ」の否定

『経済学批判要綱』『1861-63年草稿』につづく第3段階の『資本論』草稿は1863-65年執筆の一大草稿群をなす。資本回転と利潤率との関係に関するマルクスの理解は,まず1864-65年執筆と推定される『資本論』第3部第1稿のなかに確認されうる。すでに述べたようにこの第1稿では,「回転が利潤率に及ぼす影響」というテーマについてマルクスは「流通時間の変化,すなわち短縮あるいは延長(同様にまたそれと結び付いた通信手段)が利潤率に及ぼす影響」[26]という表題を遺しただけである。しかしこのテーマにかんするマルクスの理解は,現行版第3部第8章に対応する草稿第2章 1)「相異なる生産諸部門における諸資本の相異なる構成とそこから生ずる利潤率の相違」の中で明確に打ち出されていた。マルクスは固定流動比によって影響を受ける回転期間を「総流通時間(Gesammtcirkulationszeit)」とよび,「利潤率の相違をひき起こす流通時間」と意識的に区別する。その上で次のように述べる。

「もし諸資本がそれぞれ違った割合で固定資本と流動資本とに分かれるとすれば,たしかにそれはつねに諸資本の回転期間(「総流通時間」——引用者)に影響し,その相違をひき起こすであろう。しかし,このことからは,同じ諸資本が利潤を実現する回転期間が違っているということは出てこない。」

「固定資本と流動資本とからの諸資本の比例的構成について言えば,それは,

---

(26) MEGA Ⅱ/4.2, S.208.

第1章 『資本論』体系における資本回転分析の諸問題

それ自体として見れば,利潤率にはまったく影響しないのである。」[27]

すなわち固定流動比はなるほど総回転を変動させる。しかしこの総回転と「利潤を実現する回転期間」とは別物であって,両者の間には必然的な関係はない。したがって固定流動比は,それが総回転をどれほど変動させようとも利潤率には全く影響を及ぼしえないというのである。

ここでは『要綱』以来の$[U_f, K_z/K_f \to \bar{U} \to r]$というシェーマが否定されている。立ち入って言えば$[U_f, K_z/K_f \to \bar{U}]$を継承しつつも,$[\bar{U} \to r]$という総回転把握を否定することによってマルクスは U_f , K_z/K_f と r との依存関係を否定したのである。この意味でここでは,「回転が利潤率に及ぼす影響」に関する「総回転アプローチ」が否定されているわけある。そしてこの否定はマルクスにとっては,自身に残存していたリカード的残滓の払拭を意味していた。すなわちこれによって,固定流動比の相違に基づく相対価値の修正を主張するリカード価値修正論の克服を図ろうとしていたのである。

さらにここで注目すべきは,総回転に替わって新たにそれとは区別される「利潤を実現する回転期間」ないし「利潤率の相違をひき起こす流通時間の相違」なるものが指摘されていることである。こうして第3部第1稿では『要綱』以来の「総回転アプローチ」が否定されているだけでなく,それに替わって新たな回転期間が利潤率の規定要因として認識されるに至った。

以上のように「総回転アプローチ」が否定されたと言えば,それが克服され,放棄されたとの解釈が一層容易になろう。しかし次節以降で見るようにそれがこうした否定の後にふたたび再現するとすれば,しかもより自覚的で洗練された議論として再現するとすれば,叙上の否定は「総回転アプローチ」の最終的放棄を決してもたらさなかったということができる。むしろこの否定によって,「総回転アプローチ」とそのアンチテーゼとがマルクス自身のなかで対立的に併存する事態が胚胎するに至ったということができる。

---

(27) MEGA II/4.2, S.226f. 傍点は引用者による。

4 「総回転アプローチ」と「可変資本の回転アプローチ」との併存

『経済学批判要綱』以来の$[\bar{U} \to r]$という総回転把握は，マルクスにあっては単なる誤謬として放棄され得るものではなかった。事実それはそれ以降の叙述において再現していくことになるのである。マルクスにとって総じて回転と利潤率との関係は，『要綱』以来当初から懸案の問題であったが，いまだ研究が不徹底の分野であり，以後なお研究されねばならない分野であった。

「どのように回転は剰余価値に作用するか，を研究しなければならない。」[28]

そしてこの課題を本格的に果たすべき機会を彼は 1865 年前半の執筆と推定される『資本論』第 2 部第 1 稿において得ることになった。[29] この第 1 稿における「第 2 章 資本の回転」は，その主要な関心が懸案の回転と利潤率との関係に置かれており，それはこの関係についての計算集であると言っても決して過言ではない。

この草稿の第 2 章においてマルクスはまず総回転を「総資本の回転期間」「総資本の回転」[30] として取り上げる。そしてこの総回転がかの 3 要因，すなわち流動資本の回転期間・固定資本の回転期間・固定流動比に規定されることを確認し，論点を総回転と利潤率との関係に移していく。[31]

「いまや問題は…こうしたこと(総回転の規定——引用者)が価値の形成に，商品生産の量に，剰余価値の量と率にたいして，どのように作用するか？ということである…(ここでついでに扱われる利潤率は，第 3 部第 1 章にあてられるものである。)」[32]

---

(28) MEGA II/3.5, S.1828.
(29) MEGA 編集部の見解では，第 3 部第 1 稿は 182 ページから 243 ページの間で中断され，第 2 部第 1 稿の執筆が 1865 年の前半に行われた。MEGA II/4.1, S.562.
(30) MEGA II/4.1, S.263, 256.
(31) MEGA II/4.1, S.261.
(32) MEGA II/4.1, S.262. 括弧内は原文。

第1章 『資本論』体系における資本回転分析の諸問題

　ここで注目すべきは，ここでの考察が「第3部第1章」(現行版の第3部第1篇)の内容に属するとみなされている点である。つまりそれは，「回転が利潤率に及ぼす影響」を自覚的に扱っているといってよい。
　まずマルクスが総回転と利潤率との関係に関して立てた命題は次のようなものである。
　「利潤率は，固定資本の相対的な大きさとその流通の長さ(Umlaufslänge)とによって総資本の回転期間が変化させられるのに応じて減少する。」[33]
　すなわち固定資本の相対的大きさ(固定流動比)と固定資本の回転期間とは，それが総回転を変動させることを通して利潤率を変動させる，という命題である。ここではまさしく$[\bar{U} \to r]$という総回転把握のもとに$[U_f, K_z/K_f \to \bar{U} \to r]$というシェーマが貫徹している。その意味で，「総回転アプローチ」がここに再現している。このような把握の下で実際に総回転と利潤率との関係にかんする計算が数多く行われている。
　しかし第2部第1稿は「総回転アプローチ」を提示する一方で，他方ではこれとは真っ向から対立する把握を打ち出している。
　「ここで明らかなことは，固定資本と流動資本との相違は，より以上の規定がつけ加えられなければ，剰余価値や剰余価値率には，さらには利潤率にもなんら変更を加えるものではない，ということである。」[34]
　固定流動比は利潤率には何ら影響を及ぼしえない，というこの認識は先の命題を否定するものである。さらにマルクスは続ける。
　利潤率の相違に関しては「もし可変的成分が異なっていれば，そこから違いが生じるのであって，それは固定資本と流動資本との違いそれ自体とはなんの関係もない。」「…剰余価値の形成における相違が生じるのは，資本の不変部分に比しての可変部分の大きさの相違からであって，固定資本と流動資本との相違からではない。」[35]

---

(33) MEGA II /4.1, S.263.
(34) MEGA II /4.1, S.273.
(35) MEGA II /4.1, S.299.

4 「総回転アプローチ」と「可変資本の回転アプローチ」との併存

すなわち資本の有機的構成は利潤率を変化させることができるが，固定流動比は決して利潤率を変化させることはできない，というのである。

こうした主張は事実上$[U_f , K_v/K_f → \bar{U} → r]$というシェーマの否定に他ならない。そしてこのことはシェーマ成立の根拠をなす$[\bar{U} →r]$という独自の総回転把握の否定を意味する。その意味で，「総回転アプローチ」の否定である。

さらに重要なことは，第2部第1稿においてマルクスが可変資本の回転と利潤率との関係にはじめて着目していることである。そこでマルクスは剰余価値率および資本の有機的構成を一定と仮定して，利潤率を「純粋かつ単純に考察する」。[36] その内容はこうである。可変資本の回転期間の相違は「充用可変資本」と「前貸可変資本」との相違に帰着する。すなわち回転期間が増大すれば，前者は同一であっても後者は比例的に増大する。こうして剰余価値年率が低下する。そしてこの場合，利潤率における相違は正確に剰余価値年率の相違に対応する，と。[38] 従ってここでは資本の有機的構成・剰余価値率一定という仮定のもとで，利潤率の規定要因としての可変資本の回転の性格が純粋に浮彫りにされている。このように第2部第1稿のこの箇所においては$[\bar{U} →r]$が否定されているだけではなく，それに替わって[可変資本の回転(U_v)→利潤率(r)]というオルタナティヴが示されている。その意味で，$[U_v→r]$という把握を，利潤率の規定要因にかんする「可変資本の回転アプローチ」とよび，これを「総回転アプローチ」から区別することが可能なのである。そしてこの「可変資本の回転アプローチ」が現行『資本論』第2部第16章「可変資本の回転」に結実していくものであることはいうまでもない。

以上から明らかなように第2部第1稿では「総回転アプローチ」が再現する一方で，そのアンチテーゼとして「可変資本の回転アプローチ」が対立的に併存している。したがってこの草稿は両アプローチの非体系的な混在に特徴づけられるのであって，そのようなものとしてこの草稿の考察は「第3部

---

(36) MEGA Ⅱ/4.1, S.296.
(37) 本書の用語法で言う「投下可変資本」である。脚注2参照。
(38) MEGA Ⅱ/4.1, S.294-7.

第1章にあてられるもの」と考えられていたのである。

　第2部第1稿につづく第2部の草稿は「第2部所属」(第2部第3稿)および第2部第4稿であるが，これは現時点で未公表の原稿でもあり，その内容に関する情報がかぎられているので，本論の論拠として取り上げることは差し控えたい。しかし個々の文献調査によってその内容に最大級の重要性が読み出されている事実に鑑み，補論1においてこの資料に基づく傍証を試みたいと考える。

5　『資本論』資本回転論の論理構成

5.1　資本回転論の前半部分

　現行『資本論』資本回転論は第2部第4稿(1867年執筆)と第2稿(1868-70年執筆)から編集された。[39]マルクスの理論形成過程において確認される2つのアプローチの並存は，現行の資本回転論においてもその痕跡をとどめることになる。つまりそこでの範疇展開に非常に特異な特徴が認められるのである。

　資本回転論の内容を見れば，前半(第7章〜第11章)では，諸回転の規則性としての回転様式にもとづいて，固定・流動資本の形態規定が論じられる。他方資本回転論の後半(第12章〜第16章)では流動資本に対象を限定して，回転期間(回転数)，投下資本量の量的な規定が論じられる。[40]

　まずその前半について立ち入って検討しよう。固定・流動資本の形態規定

---

(39)　第2部第4稿ならびに第2稿の執筆時期に関しては，ミシケヴィッチらの推定によった。Miskewitsch/Wygodski [1985] S.200f.

(40)　ちなみに第17章「剰余価値の流通」は資本回転の考察の枠組みを個別資本から社会的総資本へ拡張する移行の叙述に相当する。一方では個別資本の視点から問題と見えたことが単なる「外観」にすぎないことが判明するが(単純再生産における剰余価値の実現の問題)，他方では社会的総資本の次元で真の問題が現れる(拡大再生産における蓄積基金の問題)。資本回転が社会的総資本の再生産に及ぼす重大な影響を予示する不吉な章である。この点は第5章においてくわしく取り上げる。

とは，労働過程に根拠をもつ価値補填の漸次性・一括性をその内容として，生産資本に与えられる特殊歴史的規定である。こうした形態規定においては一方で，価値増殖過程では全く異なる役割を演ずる不変資本と可変資本とが価値補填上の同一性ゆえに流動資本という規定の下に一括される。他方では，価値増殖過程における役割を同じくする不変資本諸部分が価値補填上の異質性ゆえに固定資本・流動資本という別個の二つの規定に分裂する(第8章)。

　一個別資本をとっても，それは流動資本とさまざまな固定資本から構成されている。こうしてさまざまな回転期間を含む資本は，それらの最小公倍数を単位として周期性と反復性を示すことになるが，それが回転循環である。一方，こうした回転循環を量的に把握する概念が総回転である。本来，生産資本の回転は価値補填の一括性・漸次性という質的特殊性を内包し，こうした特殊性にしたがって生産資本は固定資本と流動資本とに区別される。この質的特殊性は資本回転の生産資本循環($P\cdots P'$)において現われる。しかし貨幣資本循環($G\cdots G'$)はこれら質的に異なる諸回転を同質の回転に還元して，量的にだけ違うものにする。つまり資本のすべての要素を貨幣形態に固定させて，貨幣形態への復帰が回転の結びになるようにするのである。このようにして$G\cdots G'$は諸回転に質的同一性を与える。そしてこうした同一性のもとに成立するのが，投下総資本と年間回転資本との比率，すなわち総回転である。このように総回転においては生産資本諸部分の質的に異なる回転は質的同一性に還元され，量的に平均化されている。したがって総回転においては固定・流動資本の形態的区別は消失し，こうして資本は無差別の貨幣額として現象する(第9章)。

　ブルジョア経済学においては固定・流動資本の形態規定が次のような各種の混同によって転倒的に現象する。すなわち固定資本・流動資本の区別と生産資本・流通資本の区別との混同，固定資本・流動資本の区別と不変資本・可変資本の区別との混同，そして固定・流動資本の形態的区別とそれらの素材的区別との混同などである。こうした混同にもとづく転倒的現象形態においては第1に，資本賃労働関係を表現する本質的規定たる不変・可変資本は，固定・流動資本という外的規定のなかに吸収され，消失する。こうした不変・

第1章 『資本論』体系における資本回転分析の諸問題

可変資本の区別の隠蔽は，生産手段の価値の保存的移転と労働力の価値の消費・再生産との間の本質的区別が隠蔽されることを意味し，さらにこのことは生産手段の価値も労働力の価値も共に等しく移転されるという仮象を導く。第2に生産・流通資本の区別が，固定・流動資本の区別と混同されることによって，価値増殖における生産過程の独自の役割が隠蔽される。こうして「剰余価値の起源」「資本主義的生産の全秘密」は隠蔽され，「資本主義的生産過程の完全な神秘化」「呪物崇拝」は完成する(第10・11章)。[41]

　以上が資本回転論前半の要約である。一見して明らかなようにその範疇展開の原理は「総合」である。つまり種々の回転がまずその共通な規則性にしたがって流動資本か固定資本かいずれかのカテゴリーに括られる。そして回転循環および総回転においては，今度は流動資本と固定資本とが合成され，平均化される。周知のように『資本論』に独自な方法論によれば，概念の総合(「上向」)の過程は，同時に物象化の進展を記述することである。資本回転論でも，その総合のプロセスは，固定・流動資本にかんする本質(第8章)→媒介(第9章)→現象(第10・11章)という物象化論として展開される。なおここでは，『資本論』の論理次元において最高の隠蔽段階に位置する三位一体的範式の叙述を彷彿とさせる表現が用いられていることから，マルクスが固定・流動資本の物象化を，資本賃労働関係の一連の隠蔽過程において決定的役割を演ずるものとして重要視していたことがわかる。利潤率の観点からすれば，剰余価値の源泉の隠蔽・転倒を前提とする利潤率範疇の成立にさいして，その成立根拠の決定的一環を担うものとして固定・流動資本の物象化が位置づけられているといえる。総回転(第9章)はそのなかで，固定・流動資本の形態規定(第8章)とブルジョア経済学的表象(第10・11章)とを媒介するものとして位置づけられている。すなわち不変・可変資本，生産・流通資本，固定・流動資本などの諸規定を平均化によって消去し，利潤率範疇としてそれらを現象させる隠蔽的契機として位置づけられている。

---

(41)　MEW24,S.200,227f.

5.2 資本回転論の後半部分

次に後半の展開を概観してみよう。まず資本から流動資本を分離しそれを考察対象とする。流動資本の回転期間は生産期間と流通期間とに分解される。さらに一方で，生産期間は労働期間と，それを超える非労働期間とに分解される。他方で流通期間は販売期間と購買期間とに分解される(第 12 章～第 14 章)。

回転期間が生産期間と流通期間とに分解されるのに対応して，生産の連続性を確保するために，投下流動資本は原資本と追加資本とに分割される。一方で生産(労働)期間が原資本を増大させるとすれば，他方で流通期間が追加資本を増大させる(第 15 章)。

流動資本は流動不変資本と可変資本とに分類できるが，つぎに可変資本を分離して考察の対象とする。回転期間の長さに比例した投下可変資本の増大は反比例的に可変資本の価値回転を減少させ，この減少は剰余価値年率の比例的減少に結果する(第 16 章)。

やはり一見して明らかなようにここでの範疇展開の原理は「分析」である。まず資本から流動資本が分離され，つぎに流動資本の回転期間がその要素に分解され，最後には投下流動資本それ自体が分割および分類されて考察される。さらに後半(第 12 章～第 16 章)の考察で注目すべきは，その分析の照準が可変資本の回転へと絞り込まれているということである。つまり，回転の量的規定(価値回転)は，可変資本の回転にそくして解明され，最終的に可変資本の回転数と剰余価値率との積である剰余価値年率において総括される。

5.3 論理構成の特異性

現行資本回転論における範疇展開の特異性はすでに明らかである。それは，「総合」と「分析」という正反対の論理的手続きが叙述を二分しているということである。ただちに次の点が問題点として提起されうる。前半の「総合」の過程において，不変・可変資本の区別はもとより，生産・流通資本，固定・流動資本の区別まで消失し，資本の「質的同一性」まで到達したあとで，なぜ後半においてふたたび可変資本にまで分解されなければならないのか。「資

第1章 『資本論』体系における資本回転分析の諸問題

本主義的生産過程の完全な神秘化」にまで論及したあとで，なぜ剰余価値年率なのか。いま仮に叙述の順序は問わないとしても，この「総合」と「分析」の関連性はどこにあるのか。何のための「総合」であり「分析」であるのか。あるいは何のための総回転であり可変資本の回転であるのか。

　現行資本回転論のこうした特異性は，やはり2つのアプローチの非体系的混在という理論形成史上のあの事実を想起しないかぎり，理解不能であると考えられる。一方で可変資本の回転へと照準が当てられた分析を導いているものは，「回転が利潤率に及ぼす影響」にとっては可変資本の回転しか問題となり得ないという認識である。他方では固定資本と流動資本が総合されて，総回転において量的に総括されねばならないのは，それが利潤率にとって規定的な意味をもつからにちがいない。冒頭で確認したように現行『資本論』には「回転が利潤率に及ぼす影響」について，マルクスによる叙述は存在しない。しかし資本回転論の論理構成は，この論点に関する「総回転アプローチ」と「可変資本の回転アプローチ」との並存を如実に反映したものとして理解できるのである。とすれば，これら2つのアプローチの対立的併存は，一時期に偶成した一過的誤謬を意味するものではない。それはむしろ，マルクスの一連の理論形成の過程が孕む内的な矛盾を意味するものということができる。

6　利潤論との連動

6.1　費用価格先行の論理

　「回転が利潤率に及ぼす影響」にかんしてマルクスにあっては，対立的な2つのアプローチが併存することが明らかになった。方法の二元性がこのように確認されたとすれば，さらにすすんで次の問いが発せられねばならない。すなわちマルクスにあって，リカードの価値修正論の克服にともなって「総回転アプローチ」が否定されるにもかかわらず，それが最終的に放棄されえ

6 利潤論との連動

ず，むしろより洗練された議論として再現することになるのは何故か[42]，という問題である。換言すれば，回転と利潤率との関係に関するマルクスの把握の二元性が一方の把握の放棄によって解決されることなく，一連の理論形成過程にわたって固持される根拠は何であるか，と。いま利潤論の論理構成を検討するならば，実はこの二元性が，利潤論において同様に見出せるマルクスの二元的把握[43]と密接に連動していることがわかる。

現行『資本論』第3部第1章「費用価格と利潤」は周知のとおり主として，1867年執筆の第3部第2稿および第3稿からエンゲルスによって編集されたものである。そこでは商品の価値構成にそくして剰余価値がまず「費用価格を超える超過分(Überschuß über den Kostpreis)[44]」と規定される。そののちに投下総資本の労働過程における全面的貢献を反省して，「前貸総資本の所産(Abkömmling)[45]」という範疇，したがって利潤率範疇が導出される。すなわちそこでは「費用価格を超える超過分」を出発点とし，そこから「前貸総資本を越える超過分」を導くという論理が展開されている。費用利潤率から利潤率を導出するという，言わば費用価格先行の論理がそこに確認される[46]。ここでは出発点が投下資本(ストック)ではなく，費用価格(フロー)であり，資本構成として考察の対象となっているのはフローの有機的構成である。

いま『資本論』第3部第3章以降について，とりわけマルクスが空白のま

---

(42) この議論の展開は主として，1867年の一連の草稿群において確認される。詳細は補論1を参照のこと。

(43) 田中菊次および柴田信也は，剰余価値の利潤への転化という同じ課題に対するマルクスの二様の処理を剔出し，資本一般と競争との理論的混淆という観点からこれを批判した。本書は両氏の先駆的業績に多くを負うている。田中 [1978] 188-198 頁；柴田 [1982]。

(44) MEW25,S.44.

(45) MEW25,S.46. なお「前貸総資本」とは本書の用語法でいう投下総資本である。脚注2参照。

(46) 第3部第2稿および第3稿それ自体においても，費用価格を出発点として論旨が展開されている。大村/黒滝 [1981] 153 頁，大村 [1981] 87 頁，市原 [1986a] 80 頁。

第 1 章 『資本論』体系における資本回転分析の諸問題

まに残した第 4 章について，こうした利潤率導出の方向性を一貫させてこれに基づいて叙述するとすれば果たして如何なる論旨が展開されねばならないか。つまり費用価格先行の論理を基礎とすれば利潤率の規定要因は何に求められるであろうか。まずこの把握においては，利潤率に先だって「費用価格の超過分」(費用利潤率)が与えられている。いま 2.3 節図 1-1 を念頭において考えてみると，商品 1 単位についてであれ年間商品総量についてであれ，費用利潤率から出発したならば，利潤率へと到達するための唯一の方法は，総回転概念を導入してこれを費用利潤率に乗じることであり，これをおいて他にない。可変資本の回転を以てしては利潤率に量的に到達しえないことは明白である。費用価格先行の論理にしたがえば，利潤率の規定要因は総回転であって，可変資本の回転ではない。またこのようにも言える。そもそも投下総資本ではなく費用価格から出発すれば，フローの有機的構成が考察の対象とならざるをえないが，フローの有機的構成を前提とすれば，利潤率の残りの規定要因は剰余価値率と総回転とならざるをえない。このように費用価格先行の論理は「総回転アプローチ」と相即不離の関係にあることがわかる。ちなみにこの関係はたんに先験的な論理的関係であるばかりではなく，マルクスの実際の叙述のなかでも，両者が一体のものとして論じられている。この文献史的事実については補論 1 で紹介する。

6.2 利潤率先行の論理

他方，第 3 部第 1 稿においては，費用価格先行の論理には解消されえない別個の論理が貫かれている。すなわち第 1 稿では，まず最初に剰余価値が「前貸総資本の所産(offspring)」[47]と規定され，投下総資本とその超過分との比率が利潤率と規定される。ここでは出発点は投下資本であり，冒頭からストックの有機的構成が考察の対象をなしている[48]。費用価格は，のちに固定資本の回

---

(47) MEGA II /4.2,S.8.
(48) 「前貸不変資本＋前貸可変資本の合計からなる前貸総資本に関連づけて年間の…剰余価値を計算すれば，剰余価値は利潤に転化する。」(MEGA

6 利潤論との連動

転の特殊性にともなって複雑化する増殖分の確定のために，第二次的に導入され，それとともに剰余価値は「費用価格を超える超過分」[49]と規定しなおされる。そこでは利潤率が何よりもまず費用価格とは無関係に導出され，そののちに利潤率が商品価格へ反映されたものとして費用利潤率が二次的に導かれる。いわば利潤率先行の論理が認められる。

さてこの論理にもとづいて利潤率の規定要因をもとめるとすれば以下のようになろう。まず出発点はもはや費用価格ではなく当初から投下総資本なのであり，考察される有機的構成もまたストックの構成である。とすれば，2.3節図 1-2 を想起すれば，利潤率の他の 2 つの変動要因がおのずと剰余価値率と可変資本の回転とならざるを得ないことは明白である。したがって第 3 部第 1 稿のような利潤率先行の論理は「可変資本の回転アプローチ」をおのずと要求する。

「回転が利潤率に及ぼす影響」に関するアプローチの二元性と利潤率導出の二元性とは論理必然性に導かれて互いに連動せざるをえない。すなわち「総回転アプローチ」と「可変資本の回転アプローチ」とはそれぞれ，費用価格先行の論理と利潤率先行の論理とに連動する。マルクスにあって前者の二元性が単なる誤謬として容易に解決されえない根拠はこの論理的連動性にあるといえる。

利潤率の大きさを規定するのが可変資本の回転なのか総回転なのかという違い，利潤率から費用価格を導くのかその逆かという違い，これらが形式論理上の些細な言い換えでないとすれば，その違いのなかにはどのような理論的意味が含まれているのであろうか。田中菊次は，利潤率先行の論理を「プラン論的方向」，費用価格先行の論理を「原理論的方向」と一般化し，その「二つの異別の方向の非体系的混在」に「『資本論』の未完成の秘密」[50]を看取する。氏によれば，マルクスにおけるこの 2 つの方向のなかに経済学史全体の軌跡

Ⅱ/4.2,S.8）

(49)　MEGA Ⅱ/4.2,S.54.
(50)　田中 [1989] 347 頁.

第1章 『資本論』体系における資本回転分析の諸問題

が含意されており,「プラン論的方向」においてスミス-プルードン的脈絡が,「原理論的方向」においてリカード-マルクス的脈絡が辿られるという。このような問題設定は非常に貴重であり継承されるべき枠組みであると考える。以下の諸章は,確認された問題性の理論的意味を探究する著者なりの試みである。

第2章　資本回転モデルの展開

　本章は，経済学の理論史における2つの資本回転モデルを取り上げ，それぞれの基本的特徴について比較検討する。そのうえでそれぞれのモデルの発展動向について概観する。あわせてそれらとマルクスの分析アプローチとの関連についても考察する。

1　ランゲ・モデル

　森嶋通夫によれば資本回転分析のモデルは2つに大別される。いわゆる「新古典派的計算方法」と「フォン・ノイマン式の計算方法」とがそれである。[1]「新古典派的」という形容は必ずしも適当とは思われないので，ここでは便宜上これらをランゲ・モデル，[2] ノイマン・モデルと呼び分けることにしたい。

　ここでランゲ・モデルとよぶ方法の特徴は，フローとストックとを併用し，フローは費用価格の決定に用い，ストックは利潤量の決定に用いるという点にある。ここでフローとは，実際に消費される生産要素を部門ごとに並べたいわゆる「経常的投入係数行列」，しかも生産手段のほかに賃金財をも包括した「拡張された経常的投入係数行列」$A^* = (a^*_{ij})$ のことである。またストックとは「資本投入係数行列」$C^* = (c^*_{ij})$ のことであり，投下された生産要素(賃金財を含む)を表す。つまりこのモデルでは，生産価格体系 p および一般的利潤

---

(1)　Morishima [1973] (高須賀訳),196 頁。
(2)　事実森嶋自身も，「新古典派的計算方法」による分析を行っているが，そこでは，そのモデルがランゲに由来するものとして紹介している。Morishima [1964] p.95.

第2章 資本回転モデルの展開

率 r を求める方程式は

$$p = p(a_{ij}^*) + rp(c_{ij}^*) \qquad \cdots(1.1)$$

という形をとる。ところで O.ランゲは,「回転期間」θ_{ij}^* およびその逆数としての「損耗率」U_{ij}^* なるものを次のように定義した。[3]

$$\theta_{ij}^* := c_{ij}^* / a_{ij}^* \qquad \cdots(1.2)$$

$$U_{ij}^* := 1/\theta_{ij}^* = a_{ij}^* / c_{ij}^* \qquad \cdots(1.3)$$

つまり各部門の各投入財ごとに(任意の j 部門の i 財について),実際に消費された物量(フロー)で投下前貸された物量(ストック)を割った値がその投入財の「回転期間」と定義されている。ここでのモデルをランゲ・モデルと命名するのは,ランゲによるこの定義に基づいてのことである。そこで(1.1)(1.2)(1.3)式は合わせて,次の式を含意している。

$$p = p[(1+r\theta_{ij}^*)a_{ij}^*] \qquad \cdots(1.4)$$

$$p = p[(1+r/U_{ij}^*)a_{ij}^*] \qquad \cdots(1.5)$$

こうしてこのモデルにはいわゆる「回転期間」θ_{ij}^* あるいは「損耗率」U_{ij}^*(回転数に相当するもの) が組み込まれる。一般に回転期間はストック/フロー比率で定義されるが,こうした回転期間概念をもちいる方法をいま「回転期間アプローチ」と呼ぶとすれば,ランゲ・モデルは何よりもこの「回転期間アプローチ」によって特徴付けられる。ところで第4章4.5.3節で検討するように,オーストリア学派の資本回転分析はいわゆる「平均生産期間」を中心概念として発展してきたが,この「平均生産期間」は,ストック/フロー比率で定義されるここでの回転期間に対応するものである。[4] その意味でこの学派は「回

---

(3) Lange [1960]

(4) 「平均生産期間」概念を用いた資本理論の代表的論者は言うまでもなくベーム・バヴェルクである。ヒックスの分類によれば,ベーム・バヴェルクは,「1時点産出（point-output）」を想定するいわゆる「旧オーストリア学派」に属する（Hicks [1973]）。その後この同じ「1時点産出」の想定のもとで,「平均生産期間」概念に関してさまざまな代替的な定義が提示されてきた。主要なものは以下の表のように分類されるが,それぞれの該当するケースにおいてその値は回転期間と一致する。なお複利または

転期間アプローチ」と共通性をもつ。

2　ノイマン・モデル

　ノイマン・モデルは，ストックとフローを区別することをせず，事実上ストックをそのままフローとして取り扱う。つまり投下資本の全部が生産過程で消費される(すなわち生産期間は1期間)とみなすことによって，フローをストックと一致させるわけである。まず固定資本についてみれば，異なる摩滅段階にある労働手段，すなわち「年齢」の異なる労働手段を異なる種類の財として扱う。そのさい生産過程は，1期分摩滅した労働手段をひとつの「生産物」として，本来の生産物と同時に結合生産するものとみなすわけである。また流動資本については，異なる加工段階にある半製品を異なる種類の財として扱う。そのさい生産過程は，1期分加工した半製品を完成「生産物」として計上することになる。このようにして本来一つである生産過程は1期ごとに分解され，それぞれ異なる「生産物」を産出するいわば独立の産業部門として扱われるわけである。固定資本を結合生産によって定式化し，流動資本を工程分割によって定式化する方法をいま便宜的に「結合生産アプローチ」と呼ぶとすれば，ノイマン・モデルはすぐれてこのアプローチによって特徴付けられる。

　　拡大再生産のケースにおいて「平均生産期間」概念は，利子率(利潤率)または成長率を前提せざるを得ないので，利子率(利潤率)，成長率の規定要因としてのその本来の有効性を失う。そのため複利や成長を扱う「新オーストリア学派」では「平均生産期間」概念それ自体が放棄される傾向にある (Bernholz,P./Faber,M./Reiss,W. [1986] p.98; Faber [1979] p.29-30)。

　　　　　表　オーストリア学派の「平均生産期間」の分類

	単利	複利
単純再生産	ベーム・バヴェルク型	フェール型
拡大再生産		ヴァイツゼッカー型

　　Cf. Böhm-Bawerk,E.v. [⁴1921] Zweiter Band(Exkurse), S.346; Ebenda, Erster Band, S.399f; Fehl [1976] S.204; Weizsäcker,C.C.v. [1971] p.41.

第 2 章　資本回転モデルの展開

3　モデルの比較

　さて以上の二つのモデルを比較して見れば，資本回転を取り扱う上でどちらにも長所と短所が見出せる。ノイマン・モデルは，固定資本の耐久期間や減価償却率を与件として前提することなく，内生変数として包摂しうる高い一般性を完備している。事実，固定資本の耐久期間や減価償却率は，物理的な与件ではなく，分配関係に依存して決定される性質のものである。この事情を考慮できるのはこのモデルの大きな利点である。しかし短所としては，ノイマン・モデルでは流通期間を考慮することができない。言い換えれば，資本の構成部分としての流通資本（商品在庫，貨幣資本ストック）の存在を考慮することができない。とくに，このモデルにおいて決定される利潤率は事実上，総資本ではなく生産資本だけを分母に持つことになる。その意味で，生産期間と流通期間との統一あるいは生産資本と流通資本との統一として資本を捉える資本回転の見地がそこに十全に反映されない。

　他方ランゲ・モデルは，ノイマン・モデルのように耐久期間や減価償却率を体系内部で内生的に決定することはできず，これらを与件として予め前提せざるを得ない。その意味でモデルの一般性という点ではノイマン・モデルに劣ることは否めない。しかしこのランゲ・モデルでは，生産期間だけでなく流通期間をも含んだ回転期間全体を考慮することが可能である。すなわちマルクスの意味での価値回転期間 θ_{ij} を計算し[5]，これをランゲの言う「回転期間」θ_{ij}^* に代入すればよい。こうして得られる利潤率は，生産資本だけではなく流通資本をも含んだ投下総資本を分母に持つはずである。ちなみにランゲの「回転期間」をそのまま利用できないのは，ストックとしての「資本投入係数行列」が生産資本ストックのみを含み，流通資本ストックを含んではいないからである。

---

　(5)　価値回転期間の厳密な定義については，第 3 章 1.5.2 節を参照のこと。

4 「総回転アプローチ」とランゲ・モデル

マルクスの生産価格論（第3部第9章）においては，固定資本の存在を考慮するという限りにおいて資本回転が考慮されていた。そこでは生産価格が数値例によって例解されているが，一般的には生産価格が次のような方程式において捉えられていることは明らかである。一年間の費用価格(フロー)を W, 一年間の生産物の生産価格を p, 一般的利潤率を r, 投下資本(ストック)を K として

$$p = W + rK \qquad \cdots(4.1)$$

第1章で検討した文献史的な知見によれば，マルクスが利潤率の規定要因として詳細に考察していたものは総回転 $\bar{U}$ であった。そして総回転は，単純再生産では[6]

$$\bar{U} = W/K \qquad \cdots(4.2)$$

と書ける。問題は，マルクスによって構想された(4.1)(4.2)式は何を含意しているか，ということである。これら2式から直接的に導かれる式はいうまでもなく

$$p = (1 + r/\bar{U})W \qquad \cdots(4.3)$$

である。そして(4.1)(4.2)(4.3)をそれぞれ多部門化した式が(1.1)(1.3)(1.5)であることは一見して明らかである。

つまり，先に見たような，一般的利潤率(生産価格)の方程式に「回転期間」を明示的に組み込むランゲ・モデルは，総回転によって利潤率を分析しようとするマルクスの意図の延長線上にあるということができる。

---

(6) 『資本論』における資本回転分析は単純再生産が前提されているので，費用価格 W とその回収額（「回転資本」）G は，各時点で一致する(第4章4.3節参照)。よって $U := G/K$ と定義される総回転は(4.2)式のように書くことができる。

第 2 章　資本回転モデルの展開

5　「可変資本の回転アプローチ」とノイマン・モデル

　これにたいしてノイマン・モデルでは，ストックをそのままフローとして扱えばよい。つまり投入係数としてはストックの係数だけが問題となり，言い換えればストックの資本構成だけが問題となる。
　ところで利潤率の規定要因として可変資本の回転をとれば，もうひとつの規定要因として必然的にストックの資本構成を要請するということが第 1 章において確認された。「可変資本の回転アプローチ」は基本的に，ストック/フロー比率としての回転期間概念を用いる点では「回転期間アプローチ」に属する。しかし投入係数として，ストックの資本構成のみを用いる点でノイマン・モデルと「可変資本の回転アプローチ」は共通点をもっている。
　このようにマルクスの資本回転分析において並存していた 2 つのアプローチは，その論理の基本構造において，経済学における 2 つの資本回転モデルとそれぞれ共通点をもっている。その意味で森嶋の次の指摘は慧眼であった。「驚くべきことに，マルクスはフォン・ノイマンの着想をあと一歩で発見するところまでいっていた。かれは，2 つの代替的な計算方法を指摘している。1 つは通常の新古典派的計算方法で…もう 1 つの方法はフォン・ノイマン式の計算方法で」あった[7]。ただし，それぞれの共通性は，具体的な叙述のレベルというよりも，上で述べたような論理の基本構造のレベルで見出せると考える。以上の理解に大過なければ，マルクスの二元論がもつ理論的含意の一端は，ランゲ・モデルとノイマン・モデルそれぞれの理論的意味を問うことによって追究されうると考えられる。

6　モデルの分類

　ここでランゲ・モデルとノイマン・モデルの関係をいま一度整理してみたい。

---

　(7)　Morishima [1973] (高須賀訳), 195-6 頁。

表 2-1 資本回転モデルの分類

	等式体系	不等式体系
回転期間アプローチ	ランゲ・モデル	
結合生産アプローチ	スラッファ・モデル	ノイマン・モデル

すでにみたようにノイマン・モデルは「結合生産アプローチ」をその特徴とするが、「結合生産アプローチ」にはノイマン・モデルのほかにスラッファ・モデルを含めることができる。ただし両者は、不等式体系を用いるのか、等式体系を用いるのかでその性格を大きく異にしている。等式体系と不等式体系については第6章3節において詳論するが、要点のみを先取りすれば以下のようになる。すなわち等式体系は、正方の投入係数行列および産出係数行列を用い、均衡条件を等式で定式化するものである。これにたいして不等式体系とは、矩形の投入係数行列、産出係数行列を許容し、また均衡条件においても不等式をもちいて定式化し、その条件を緩和するものである。つまり価格0の財については供給過剰を許容し(「自由財のルール」)、操業されない部門については利潤率が一般的利潤率に満たなくてもこれを許容する(「収益性のルール」)。

ちなみに「回転期間アプローチ」については、不等式体系が空欄になっているが、後に展開するように、本書の第3章以下の均衡分析がこの位置を占める。

7 「結合生産アプローチ」の展開

フォン・ノイマンの当初の仮定では、資本家は消費をせず、労働者は貯蓄をしない。しかも消費する財の比率も固定され選択の余地はない。フォン・ノイマンのこうした限定的な仮定はしばしば「奴隷制」の想定として批判された[8]。しかしノイマン・モデルはこの間、とくに森嶋やビダールらの貢献によって着実に一般化が図られ、当初の限定的な仮定は次第に解除されていった。

---

(8) Champernowne [1945-46] p.16; Pasinetti [1977].

第 2 章　資本回転モデルの展開

表 2-2　ノイマン・モデルの一般化

モデル	労働者の消費	労働者の消費選択	資本家の消費	資本家の消費選択	労働者の貯蓄	消費財と生産財の区別	投入・産出係数の変数化	使用定理
Neumann [9] (1945-46)	○							Brouwer
Morishima [10] (1964)	○	○	○	○				Eilenberg/Montgomery
Morishima [11] (1969)	○	○	○	○	○			Eilenberg/Montgomery
Salvadori [12] (1980)	○		○		○	○		complementary pivot algorithm
Medvegyev [13] (1984)	○	○	○	○	○		○	Kakutani
Bidard/Hosoda [14] (1985)	○	○	○	○	○	○		Gale/Nikaido/Debreu
Bidard/Franke [15] (1987)	○	○	○	○	○	○		Gale/Nikaido/Debreu

　森嶋は労働者および資本家の需要関数(消費選択)をモデルに組み込むことに成功した。この「一般化されたフォン・ノイマン・モデル」はさらに，労働者による貯蓄・投資をも考慮できるように拡張されていった。しかし森嶋の需要関数では，生産財をも労働者が消費選択するという非現実的な可能性が排除されていないために，ビダールらはこの点の修正を施した。このようにノイマン・モデルは，資本回転をふくむ均衡の存在を示すという点においては，

---

(9)　Neumann [1945-6].

(10)　Morishima [1964] ch.V "Workability of Generalized von Neumann Models of Balanced Growth."

(11)　Morishima [1969] ch.VI-VII.

(12)　Salvadori [1980].

(13)　Medvegyev [1984].

(14)　Bidard/Hosoda [1987].

(15)　Bidard/Franke [1987].

ヒックスの評価通り「とてもエレガントで，かつ明らかに正しい」といえる。

もうひとつの「結合生産アプローチ」として位置づけられるスラッファ・モデルについては，通常つぎのような理論的手続きがとられる。まず，中古機械や半製品の係数を投入および産出係数行列から消去して，いわゆる「縮小体系」[16]をつくる。そして，この縮小体系は単一生産体系となるので，投入係数行列のフロベニウス根にかんする一定の条件のもとで，非負の価格・操業ベクトルを均衡解として得る。なおスラッファ・モデルの発展としては，その均衡条件にさらに「費用最小化」という条件を付加し，均衡解の存在とともにその非代替性を証明しようとするサルヴァドーリらの「費用最小化システム」[17][18]がある。ただしサルヴァドーリ自身認めるように[19]，これらのスラッファ・モデルは等式体系という性質上，本質的結合生産に対応しきれず，その一般性には限界がある[20][21]。

8 「回転期間アプローチ」による均衡分析の再構成

これに対し「回転期間アプローチ」による均衡分析については，ランゲ[22]，森嶋[23]，

---

(16) Varri [1980]; Baldone [1980].
(17) 非代替性については第6章3.1.2節を参照のこと。
(18) Salvadori [1988a]; Salvadori [1988b]; Kurz/Salvadori [1994]; Kurz/Salvadori [1995] ch.7 "Fixed Capital."
(19) Salvadori [1985] p.157.
(20) 結合生産には2種類あり明確に区別されなければならない。第1に，本来の生産物と摩滅労働手段との結合生産である。これは固定資本のモデルとしての結合生産であり，「結合生産アプローチ」とはこの結合生産をさす。第2は，本来の「生産物」同士の結合生産であり，これは前者と区別して「本質的結合生産」と一般的に呼ばれている。
(21) 本質的結合生産について，投入および産出係数行列に適宜一定の仮定を施して，非負の均衡価格・操業ベクトルを得る試みもあるが，そうした仮定の妥当性には疑問が残る。たとえばSchefoldによる"r-all-engaging system"などがその一例である。Vgl.Schefold [1978b].
(22) Lange [1960]

第 2 章　資本回転モデルの展開

パシネッティ[24]らに先行業績が散見されるものの，継続的な議論は行われてこなかった。とくに流通期間も考慮できるようにモデルを一般化する試みは皆無であろう。したがってそれは，均衡分析として高い完成度を示すノイマン・モデルとの比較検討を行う段階には至っていないと言ってよい。これら2つのアプローチそれぞれの理論的意味を比較検討し，そのことをとおしてマルクス資本回転分析の二元論の理論的含意を探るためには，何よりもまず，「回転期間アプローチ」による均衡分析を本格的に再構成することから始めなければならない。本書第3章から第6章までの4つの章はその試みである。

---

(23)　Morishima [1964] ch.IV.
(24)　Pasinetti [1981]

第3章　資本回転と定常性

本章の課題は，タイムラグを中心概念として資本回転を定式化し，その定式化にもとづいて資本回転の定常性の存在を論証することである。とくに本章はD.K.フォーリーの理論的構想を継承しながら，その問題点を補正しつつ発展させたものである。すなわちまず資本回転の中心概念であるタイムラグを継承し，次にそれを独自に応用して流動および固定資本の回転様式を定式化する。最後に，こうして定式化された流動資本，固定資本に資本分割の条件を加えて，資本回転の定常性の存在を新たに論証する。

1　資本回転の基礎概念

1.1　資本循環

　資本循環とは資本価値の最も基本的な運動様式である。運動の主体は資本価値であるが，その資本「価値」とは価値そのものであっても，それと量的に異なる価格であっても運動の性格に何の変更ももたらさない。ここに増殖体としての資本と運動体としての資本との基本的な論理次元の相違がある。ここでの資本「価値」は広義に解釈されるものであり，その実質的な意味は，資本の物量とは区別して，価格で評価した資本の価額を表示するところにある。もちろんこの価格とは実際の形態変換において交換比率として妥当して(gelten)いなければならないが，他方では妥当するのが価値価格であるか，生産価格であるか，その他の価格であるかは問われない。その意味で，資本循

---

(1)　マルクスは資本循環論の冒頭で価値どおりの交換を仮定したのだから，そこで資本「価値」が価値そのものを指しているのは当然のことである。

第3章　資本回転と定常性

環，資本回転を含む運動体としての資本の考察においては，価値を価格と，資本価値を資本額と読み替えても命題の妥当性は損なわれない。

　いま現実に運動する任意の資本価値から，十分小さな1単位を任意に選んで考察すれば，それは貨幣，生産要素，商品という3つの形態を一定の順序で経過しながら，出発した形態へふたたび復帰するという1循環を描いている。つまり資本価値は，貨幣から生産要素へ，生産要素から生産物商品へ，そして生産物商品から貨幣へ転化し，いずれを出発点としても二度の形態変換の後ふたたび出発点へ復帰する。資本価値のこの一連の形態変換が資本循環である。

　貨幣という形態にある資本価値を貨幣資本といい，貨幣資本の資本機能は労働力と生産手段を購入し，価値増殖を準備することである。貨幣資本の貨幣機能については，それは，①価値尺度，②購買手段，③蓄蔵貨幣，④支払手段，⑤世界貨幣として機能する。

　生産要素という形態にある資本価値を生産資本といい，生産資本の資本機能は商品を生産することを通して利潤を生み出すことである。生産資本の生産要素としての機能については，それはまず何よりも，労働過程において①労働手段，②労働対象，③労働力，④生産在庫（待機中の労働手段，労働対象）として機能する。

　生産物商品の形態にある資本価値を商品資本といい，商品資本の資本機能は利潤を含んだ商品価値を実現することである。商品資本の商品としての機能については，①運輸の対象として場所を変換し，②商品在庫として使用価値を保存し，③販売対象として所有権の移転を媒介する。

　資本循環という運動を構成する3つの形態変換とは，従って，貨幣資本の生産資本への転化，生産資本の商品資本への転化，商品資本の貨幣資本への転化と言い換えることができる。まず貨幣資本から生産資本への転化は，貨幣から見れば，貨幣が「支出」されることであり，生産要素から見れば，生産要素が「充用」されることである。次に生産資本から商品資本への転化は，

Vgl. MEW24, S.32.

生産要素の「(生産的)消費」であると同時に、生産物商品の「完成」でもある。最後に商品資本から貨幣資本への転化は、生産物商品の「販売」であり、同時に貨幣の「回収(または還流)」ないし「前貸」でもある。

ところで貨幣の「回収(還流)」と「前貸」とは次のように区別される。ある時点で入金した貨幣について、これは前回の貨幣資本循環の終点であると同時に次回の貨幣資本循環の出発点でもある。この終点と出発点の同一性は貨幣資本に限らず、他の2形態においても見られるが、貨幣資本に限ってこの両者が概念的に区別される状況が存在する。それは創業期と拡大再生産の場合である。創業期には「回収(還流)」がないにもかかわらず「前貸」が必要である。拡大再生産の場合には「回収(還流)」した量をこえて「前貸」されなくてはならない。いずれにせよ「回収(還流)」(終点)と「前貸」(出発点)が量的に異なる。貨幣資本の場合はこのようなケースが存在するので、この商品資本の貨幣資本への転化における貨幣の機能について二つの概念を用意する必要があるわけである。この点については1.4節で重要な論点となる。

1.2　回転期間

資本の循環という概念においては、資本の形態変換に要する経過時間は捨象されていた。そこでは、資本価値が取りうる形態について、その機能と経過順序だけが問題となる。資本のより具体的な運動様式は、一定の経過時間を要する資本循環である。

　経過時間の計測のための単位を十分小さく取って(たとえば1時間または1日または1週など)1期間とする。「十分小さく」という意味は、社会に現存する資本価値のうち、任意のどの部分をとっても、その生産期間、販売期間、購買期間のいずれもが、この単位時間の整数倍となるということである。時点0から計測してちょうどt番目の期間が経過した時点を時点tとよぶ。

　生産資本から商品資本への形態変換に要する時間、すなわち資本価値が生産資本として滞留する時間を生産期間という。同様に、商品資本から貨幣資本への形態変換に要する時間、すなわち資本価値が商品資本として滞留する

時間を販売期間といい，また貨幣資本から生産資本への形態変換に要する時間，すなわち資本価値が貨幣資本として滞留する時間を購買期間という。販売期間と購買期間の合計を流通期間という。そして生産期間と流通期間との合計は回転期間という。したがって回転期間とは，資本の1循環に必要な時間である。一般に，ある基準となる運動量について，その経過時間が与えられた場合，その経過時間の逆数を取れば速度が得られる。ここでも回転期間の逆数をとれば資本の循環運動の速度，すなわち回転数が得られる。

1.3 タイムラグ

資本循環の概念においては経過時間が捨象されていたので，資本価値の各部分が行う形態変換の速度の差も問題にはならなかった。しかし現実の社会的総資本をみれば，個別資本ごとに速度が異なるのが常態である。また同じ個別資本の内部でも，速度を異にする多数の部分に分かれるのが普通である。だから，たとえ同一の個別資本についてであっても，速度の差を考慮することなく，純粋に資本循環を観察できるのは，1.1でみたように，資本価値のうち「十分小さい1単位」を孤立的に取り出した場合だけに限られる。しかもこの「十分小さい1単位」の選び方によって，各形態変換の所要時間，さらにはそれらの合計としての回転期間は大きく相違しうるのである。

同一の個別資本における生産資本について，異なる速度をもつ代表的な例として，労働対象や労働力の形態をとる資本価値と労働手段の形態をとる資本価値とが挙げられる。それらが生産資本から商品資本への転化を行う速度は大きく異なる。しかも同じ労働手段の内部でも，その資本価値は部分ごとに速度が異なることもまた明らかである。なぜなら一方の部分がまだ償却されず生産要素（労働手段）形態に留まるとき，他方の部分は減価償却されてすでに貨幣形態に転化しているからである。

同様に，同一の個別資本における商品資本について，その各部分が商品資本から貨幣資本への転化を行う速度は異なる。生産物商品は一挙に完成されても徐々に売れていくのが普通だから，商品資本の一部がまだ生産物のまま留まっていても，他方の部分はすでに貨幣形態に復帰しているからである。

さらに、同一の個別資本における貨幣資本についても、その各部分が貨幣資本から生産資本への転化を行う速度は異なる。貨幣資本が生産要素の購買手段（あるいは賃金）として機能するとき、その一部がすでに生産要素の購買に支出されていても、他方の部分は明日の購買のために貨幣形態に留まっているからである。

　要するに、社会的総資本は言うに及ばず、同一の個別資本の内部でも、その資本価値は形態変換の速度を異にする無数の加除部分から構成されているということである。とくに、生産資本から商品資本への転化時間（生産期間）が各部分で異なる事態を生産ラグとよび、また商品資本から貨幣資本への転化時間（販売期間）が異なる事態を販売ラグとよび、同様に、貨幣資本から生産資本への転化時間（購買期間）が異なる事態を購買ラグとよぶ。

　このように、任意に資本価値をとれば、その全体の運動は複雑なタイムラグから構成される。D.K.フォーリーは、こうした資本価値のタイムラグに含まれる多様なデータを表現すべく、タイムラグの独自の定式化を行い、資本回転の数学的表現に新たな道を拓いた。[2] 以下、本節(1.3節)におけるタイムラグの定式化もフォーリーの先駆的業績に拠っている。

1.3.1 生産ラグ

　生産ラグの意味は、生産資本から商品資本への転化速度が資本価値の各部分で異なることであった。いま時点 t に生産資本に転化した資本価値を任意に選び、これについて生産ラグを考察する。この生産資本のうち τ 期間だけ生産資本形態に滞留する割合を $\alpha(t|\tau)\times 100\%$ と表記する。例えば、$\alpha(t|1)=1$ であれば、時点 t に充用された生産資本はすべて1期間後に(時点 $t+1$ に)商品資本に転化することを表す。$\alpha(t|0)=1/3$、$\alpha(t|1)=1/3$、$\alpha(t|2)=1/3$ であれば、時点 t に充用された生産資本は、その1/3が瞬時に商品資本に転化し（生産期間ゼロ）、次の1/3が1期間後に、最後の1/3が2期間

---

(2) Foley [1982b]; Foley [1986a].なお本書における生産, 販売, 購買ラグは、フォーリーにおいてはそれぞれ生産, 実現, 貨幣再前貸(recommittal)ラグと命名されているが、実質的には同じものである。

後に商品資本に転化することを示す。要するに$\alpha(t|\tau)$は生産期間τを離散変数とする関数であり，生産期間への資本価値の分布を示している。すなわちすべての$t \in \mathbb{Z}$について

$$\alpha(t): \mathbb{N}_0 \to \mathbb{R}_+, \quad \tau \mapsto \alpha(t|\tau) \qquad \cdots(1.1)$$

となる。充用された生産資本は遅かれ早かれ必ず全部商品資本に転化するのであるから，上の関数は次のような性質をもつ。すなわちすべての$t \in \mathbb{Z}$について

$$\sum_{\tau=0}^{\infty} \alpha(t|\tau) = 1 \qquad \cdots(1.2)$$

である。

なお価値形成（増殖）が行われる保管期間や運輸期間は「延長された生産期間」として取り扱うことができる。つまりこれらの期間もまた本来の生産期間に加算され，またこれらの期間で充用される流通費も当該時点における充用生産資本として生産ラグの対象となる。

1.3.2 販売ラグ　販売ラグの意味は，商品資本から貨幣資本への転化速度が資本価値の各部分で異なることであった。いま時点tに商品資本に転化した資本価値を任意に選び，これについて販売ラグを考察する。この資本価値のうちτ期間だけ商品資本形態に滞留する割合を$\beta(t|\tau) \times 100\%$と表記する。とすれば$\beta(t|\tau)$は販売期間$\tau$を離散変数とする関数であり，すなわちすべての$t \in \mathbb{Z}$について

$$\beta(t): \mathbb{N}_0 \to \mathbb{R}_+, \quad \tau \mapsto \beta(t|\tau) \qquad \cdots(1.3)$$

となる。完成された商品資本は遅かれ早かれ必ず全部貨幣資本に転化するのであるから，上の関数は次のような性質をもつ。すなわちすべての$t \in \mathbb{Z}$について

$$\sum_{\tau=0}^{\infty} \beta(t|\tau) = 1 \qquad \cdots(1.4)$$

となる。

1.3.3 **購買ラグ**　購買ラグの意味は，貨幣資本から生産資本への転化速度が資本価値の各部分で異なることであった。いま時点 t に貨幣資本に転化した資本価値を任意に選び，これについて購買ラグを考察する。この資本価値のうち τ 期間だけ貨幣資本形態に滞留する割合を $\gamma(t|\tau)\times 100\%$ と表記する。とすれば $\gamma(t|\tau)$ は購買期間 τ を離散変数とする関数であり，すなわちすべての $t\in\mathbb{Z}$ について

$$\gamma(t): \mathbb{N}_0 \to \mathbb{R}_+, \qquad \tau \mapsto \gamma(t|\tau) \qquad \cdots(1.5)$$

となる。一度前貸された貨幣資本は，縮小再生産でない限り遅かれ早かれ必ず全部ふたたび生産資本に転化するのであるから，上の関数は次のような性質をもつ。すなわちすべての $t\in\mathbb{Z}$ について

$$\sum_{\tau=0}^{\infty}\gamma(t|\tau)=1 \qquad \cdots(1.6)$$

となる。

1.3.4 **タイムラグの同形**　以上のように資本価値の回転は複雑なタイムラグから構成される。ここでタイムラグの同形を次のように定義する。二つの資本，資本1と資本2があり，すべての $t\in\mathbb{Z}$，すべての $\tau\in\mathbb{N}_0$ について

$\beta_1(t|\tau)=\beta_2(t+t_0|\tau)$
$\gamma_1(t|\tau)=\gamma_2(t+t_0|\tau)$
$\alpha_1(t|\tau)=\alpha_2(t+t_0|\tau)$

　　　　（インデックスはそれぞれのタイムラグが属する資本の番号を表す）
が成り立つような $t_0\in\mathbb{Z}$ が存在するとき，この二つの資本のタイムラグは同形であるという。

1.3.5 **生産の有時間性**　資本の3つの形態変換のうち，販売と購買は商品と貨幣との所有者の変換が行われるだけであり，商品の場所の移動と使用価値の保存を除けば，この2つの形態変換は物理的変化を伴わない。その意味でこれらは「形式的変態 (formelle Metamorphose)」と呼ばれる。これに対して生産は，物理的変化をともなう唯一の形態変換であり，その意味で「実質的変

態(reale Metamorphose)」と呼ばれる[3]。物理的変化は時間と空間の中での運動であるから,生産という形態変換は,多かれ少なかれ必ず時間を必要とする。したがって形態変換の無時間性を想定することは,販売と購買においては許容されても,生産については「実質的変態」としてのその本性と矛盾をきたすことになる。よって本書でも一貫して生産の有時間性を考察の前提とする。タイムラグで表現すれば,

$$\forall t \in \mathbb{Z} \quad \alpha(t|0) = 0 \quad \cdots (1.7)$$

と仮定する。つまり生産期間が 0 であるような資本部分は存在しないと仮定するのである。

1.4 資本投下(投資)

1.1 節で述べたように,貨幣の「回収(還流)」と「前貸」とが量的に乖離する状況がある。すなわち創業期と拡大再生産の場合である。創業期には「回収」がないにもかかわらず「前貸」が必要である。拡大再生産の場合には「回収」した量をこえて「前貸」されなくてはならない。いずれにせよ「回収」(終点)と「前貸」(出発点)が量的に異なる。

このような区別を前提として,「回収」を超えて貨幣を「前貸」することを資本投下あるいは投資(Kapitalanlage)という。言い換えれば,資本投下とは任意の個別資本において資本循環に拘束されていなかった資本を新たにこの資本循環に拘束することである。したがってすでに拘束されている資本が行う形態変換である貨幣の「回収(還流)」や「前貸」や「支出」などとは明確に区別される必要がある[4]。

---

(3) MEW24, S.56.
(4) 『資本論』においては,「前貸」の概念が,資本投下の意味で併用される場合が頻繁にある。その代表的な用例として第 2 部第 15 章の表題「回転期間が資本前貸の大きさに及ぼす影響」が挙げられる。しかし本書では,「前貸」と「投下」とを区別し,前者を資本循環内部での形態変換を意味するものとして,後者を資本循環への資本の拘束を意味するものとして用いる。次節との関連で言えば「前貸」はフローにかかわる概念と

1　資本回転の基礎概念

1.5　価値回転

1.5.1　ストックとフロー
　資本回転概念においては，資本循環への時間性の導入にともなって，任意の資本価値は，異なる二つの量的規定を持つようになる。それがフローとストックである。ストックとは，ある任意の時点について，資本循環に拘束されている資本価値の現有量(Bestand)である。したがってストックは，過去に投資された資本価値の累計額に等しく，その意味で「投下資本(angelegtes Kapital)」とも呼ばれる。なお資本価値が貨幣資本，生産資本，商品資本の3形態を同時に取る場合は(「3 循環の統一」)，ストック全体はそれぞれ3つのストックの合計となる。

　フローとは，ある任意の期間（またはその無限小としての時点）について，実行された形態変換の出来高(Leistung)である。なお資本の形態変換には3種類あるから，フローにも3種類ある。すなわち①期間中の貨幣資本から生産資本への転化量（「充用資本(angewandtes Kapital)」）[5]，②期間中の生産資本から商品資本への転化量（「費用価格(Kostpreis)」），③期間中の商品資本から貨幣資本への転化量（「回転資本(umgeschlagenes Kapital)」）[6]である。総じてストックとフローとの関係について言えば，それは資本循環という運動に関して，運動主体とその運動量という関係に相当する。

　さて，ストックもフローも時点ごとに定義されるのであるから，それを時点順に並べれば，一つの数列となる。任意の時点 t における生産資本への転化量(「充用資本」)，商品資本への転化量(「費用価格」)，貨幣資本への転化量(「回転資本」)をそれぞれ $P(t)$, $W(t)$, $G(t)$と表記し，それぞれを t について並べた数列を $\{P(t)\}$, $\{W(t)\}$, $\{G(t)\}$と表記し，これをフローの時間列 (time sequence) あるいはタイムプロファイル (time profile) と呼ぶ。

　同様にストックについても任意の時点 t におけるストックを $K(t)$と表記し，その時間列を $\{K(t)\}$と表記する。総資本のストック $K(t)$の内訳としては，時点

して，「投下」はストックにかかわる概念として用いる。
(5)　MEW24, S.296.
(6)　MEW24, S.185.

第3章 資本回転と定常性

t における貨幣資本ストック，生産資本ストック，商品資本ストックをそれぞれ $F(t), Q(t), S(t)$ と表記し，それぞれの時間列を $\{F(t)\}, \{Q(t)\}, \{S(t)\}$ と表記する。

1.5.2 回転期間と回転数

資本価値の二つの量的規定であるストックとフローの比率を用いて資本回転の時間的規定が定義される。フローとしては，上で挙げた3つの種類のうち，③が用いられる[7]。すなわち貨幣形態への復帰による資本価値の回収をもって形態変換の出来高を計測するわけである。まず比率[ストック/フロー]は，投下された資本価値が回収されるまでの時間を表現するので，これは回転期間と定義される。回転期間の逆数をとれば資本の循環運動の速度，すなわち回転数が得られるから，比率[フロー/ストック]は回転数と定義される。

なお1.3節で定義されたタイムラグと価値回転との間には図3-1のような関係が成り立つ。任意の資本について，タイムラグとストックの時間列を与えれば，フローの時間列が算出できる。またフローの時間列が与えられれば，ストックの時間列が算出される。したがってフローの時間列が分かれば，価値回転数が求まることになる。

また価値回転における回転期間は観念的な計算上の時間的規定である。これに対して1.2節で定義したような回転期間は，資本の1循環に要する実際

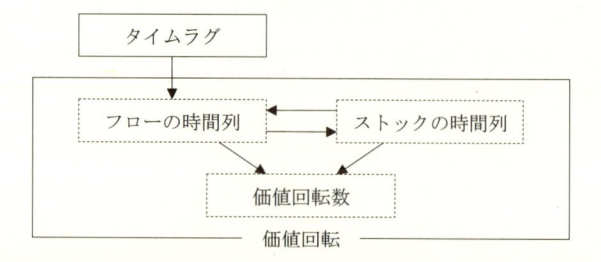

図 3-1　タイムラグと価値回転との規定関係

```
          ┌──────────┐
          │ タイムラグ │
          └──────────┘
    ┌┈┈┈┈┈┈┈┈┈┈┈┈┈┈┈┈┈┈┈┈┈┈┈┈┈┈┐
    ┊ ┌──────────────┐   ┌──────────────┐ ┊
    ┊ │ フローの時間列 │⇄ │ ストックの時間列 │ ┊
    ┊ └──────────────┘   └──────────────┘ ┊
    ┊        ┌──────────────┐              ┊
    ┊        │   価値回転数   │              ┊
    ┊        └──────────────┘              ┊
    └┈┈┈┈┈┈┈┈┈┈┈┈┈┈┈┈┈┈┈┈┈┈┈┈┈┈┘
                     価値回転
```

---

[7]「それゆえ，われわれは，前貸しされた生産資本の総回転を計算する場合には，この資本のすべての要素を貨幣形態に固定させて，貨幣形態への復帰が回転の結びになるようにするのである。」(MEW Bd. 24, S. 184)

の時間を計測したものである。両者を混同しないように，必要に応じて，ここでの回転期間を価値回転期間とよび，前出の回転期間を現実的回転期間と言い分けることがある。

2　流動資本

2.1　資本価値の分類

　生産資本の循環は，素材的に多様性をもつ生産要素を始点とするために，投入財（生産要素）の区別に従って，資本価値を区別してその運動を考察することを可能にする。個別資本について商品資本と貨幣資本はそれぞれ素材的に無差別である[8]。その意味では生産資本だけが資本価値を素材的に区分できる唯一の形態である。本書において，考察対象を限定する場合にはつねに投入財（生産要素）の区分に基づいている。この区分は重要である。なぜなら投入財ごとに資本価値を分類して考察することによって，投入財ごとの資本回転の相違を認識できるだけでなく，以下に見るように，資本回転の共通性や規則性を抽出し，回転様式を識別できるからである。

2.2　流動資本と固定資本

　1.3節でみたように資本の回転は複雑なタイムラグから構成されている。しかしどんな資本回転にも一定の規則性が存在する。いま資本回転の規則性を回転様式と呼ぶとすれば，どんな資本回転にも一つ以上の回転様式が含まれている。これらの回転様式は，始点としての資本の選び方しだいで認識可能になる。

　生産資本として労働対象と労働力の形態をとる資本価値に関しては，労働過程に素材的に投入された分量について，その価値の全額がその労働過程の生産物に再現する。他方，労働手段の形態をとる資本価値については，労働

---

(8)　もちろん結合生産によって多種の生産物が産出される場合，商品資本は区別可能である。

第3章　資本回転と定常性

過程に素材的に投入された分量のうち，その価値の一部分がその労働過程の生産物に再現する。このように労働対象と労働力の価値補填の仕方と労働手段の価値補填の仕方には違いがある。この価値補填上の区別に基づいて資本価値が流動資本と固定資本に区別される。

このように，流動資本と固定資本とを区別できるのは，資本価値を投入財（労働対象，労働力あるいは労働手段）ごとに分類できるからであり，このことを可能にする唯一の視角は，生産資本を始点とする生産資本循環である。[9]

2.3 流動資本の回転様式

流動資本の回転は，価値補填上の性質に対応して次のような規則性をもつ。まず任意の個別資本[10]を選び，流動資本に属する任意の投入財[11]を選ぶ。

(1) この資本は，全体として同時に商品資本に転化する。つまり生産過程で充用された資本価値はすべてその生産物商品に同時に再現する。その資本価値は決して部分的に分岐し，商品形態への復帰と平行して貨幣形態に留まったり，生産要素形態に留まったりすることはない。[12]　したがってこの資本価

---

(9) このことは，固定資本と流動資本の回転を他の循環範式にそくして考察することを妨げるものではない。たとえば，たしかに生産資本循環によってのみ流動資本を区別することができる。だがこのことと，こうして区別した流動資本を取り出して，それを商品資本循環にそくして分析することとはなんら矛盾することではない。そしてこれがまさに本書における流動資本の考察方法である。

(10) 本書では個別資本を一つの部門に属するものとし，複数部門にまたがる事態は想定しない。

(11) 「流動資本に属する投入財」という表現は厳密には不正確である。本来は「流動資本の生産要素形態としての投入財」と言うべきだが，とくに誤解が生じる恐れはないので，表現の簡便さのために不正確な表現をあえて用いている。

(12) もちろん流動資本の一部が，商品資本循環の複数回にまたがって生産在庫として機能する場合は，もちろんこうした同時性は達成されない。しかしこのような生産在庫形成をともなう流動資本は，流動資本の回転様式の例外というよりも，回転期間を異にする複数の資本循環の合成と

値は始点としての商品形態から一挙同時に出発して終点としての商品形態に一挙同時に復帰する。よってこの資本価値は，商品資本の 1 循環のために共通の経過時間を要する。もちろんそのことは，販売期間，購買期間，生産期間が各部分で異なり，タイムラグが存在することを妨げない。いずれにせよ，流動資本の回転様式は，商品形態への復帰の同時性という規則性を持つ。

(2) この資本が商品資本の 1 循環に要する所要時間をもって「流動資本の回転期間」と定義すれば，流動資本の回転期間とはこの資本の毎回の商品資本循環に対して一定である。その意味でそれはこの資本のもつ特有な周期性を表現する。

(3) 投入財の種類をこえて，すべての流動資本は，一挙同時に商品形態に復帰し，さらに共通の販売ラグをもつ。こうしてすべての流動資本は商品資本の 1 循環を同時に開始して同時に完了するのであるから，流動資本の回転期間もすべての流動資本に対して共通であり，その意味で流動資本の回転期間はその個別資本に固有の値である。

(4) この資本は，流動資本の回転期間を周期として同形のタイムラグを反復する。いま流動資本の回転期間を $T(>0)$ とすると，この資本は T を周期として同形のタイムラグを繰り返す。

2.4　回転様式の定式化

このように流動資本の回転がもつ規則性とは，(1)商品資本への同時的復帰（同時性），(2)商品資本循環の所要時間の一意性（周期性），(3)回転期間および販売ラグの共通性（共通性），そして(4)一定の周期での同形のタイムラグの反復（反復性）である。こうした流動資本の回転様式を次に定式化する。さしあたり投入財ごとに流動資本の回転様式を定式化すれば当面の課題にとって十分なので，投入財間の規則性である(3)にかんしては上の指摘にとどめ，(1)(2)(4)の含意にかんして定式化を行う。

みなされる。そうした合成の結果，生産在庫形成をともなう流動資本は全体として，むしろ固定資本の回転様式をもつようになる。

第3章　資本回転と定常性

　任意の個別資本を選び，流動資本に属する任意の投入財を選ぶ。そのタイムラグを $\beta(t|\tau)$, $\gamma(t|\tau)$, $\alpha(t|\tau)$ とする。

　(i)　周期性により，流動資本の回転期間 T によってこの資本に周期性が導入され，この資本にとって，ある任意の時点は

$$nT+m, \quad n\in\mathbb{Z}, m\in\{0,1,2,...,T-1\}$$

で一意的に表現することができる。なお

$$t_1 \equiv t_2 \ (\mathrm{mod}\ T) :\Leftrightarrow \underset{n\in\mathbb{Z}}{\exists}\ t_1=t_2+nT \quad \cdots(2.1)$$

と定義しておく。

　(ii)　周期性と反復性より，流動資本は周期 T で同形のタイムラグを繰り返すのだから，つぎのような関係が成り立つ。すなわち $t_1\equiv t_2\ (\mathrm{mod}\ T)$ ならば，すべての $\tau\in\mathbb{N}_0$ に関して

$$\beta(t_1|\tau)=\beta(t_2|\tau)$$
$$\gamma(t_1|\tau)=\gamma(t_2|\tau)$$
$$\alpha(t_1|\tau)=\alpha(t_2|\tau) \quad \cdots(2.2)$$

たとえば時点 t_0 で完成した商品資本が $\beta(t_0|\tau)$ の販売ラグで貨幣資本に転化するとすれば，そのちょうど T 期間後の時点 t_0+T に完成した商品資本もまたやはり $\beta(t_0|\tau)$ と同じ販売ラグで貨幣資本に転化する。貨幣資本，生産資本についても同じことが成り立つ。

　(iii)　同時性により，時点 t_0 で商品資本が一挙同時に完成するとすれば，次に再び商品資本が完成するのは時点 t_0+T であり，これも同時的である。商品形態への復帰が時点 t_0, t_0+T, $t_0+2T\cdots$ に間欠的に起こり，従って時点 t_0+nT, $n\in\mathbb{Z}$ の販売ラグだけが有効であり，それは $\beta(t_0|\tau)$ に等しい。なお T 期間で商品資本の一循環が完了するのだから，完成した商品の販売期間は最大で T である。すなわち

$$\sum_{i=0}^{T}\beta(t_0|i)=1 \quad \cdots(2.3)$$

である。さらに 1.3.5. 節における生産の有時間性の仮定より次の式が導ける。

$$\underset{i\geq T}{\forall}\ \beta(t_0|i)=0 \quad \cdots(2.4)$$

その理由は次のとおりである。仮に $\beta(t_0|T)>0$ であると仮定すれば，販売に

T 期間を要する資本部分が存在することになる。いま T 期間で商品資本の一循環が完了するのだから，この資本部分は，つづく購買および生産を瞬時に行わなければならなくなる。このことは生産の無時間性の仮定に反する。

(iv) 貨幣資本への転化が起こる時点では，そのつど新たな購買ラグが発生する。すなわち任意の時点 t での購買ラグは $\gamma(t|\tau)$ である。同時性により，T 期間で商品資本の一循環が完了するのだから，還流した貨幣の購買期間は最大でも T である。すなわち

$$\sum_{i=0}^{T}\gamma(t|i)=1 \qquad \cdots(2.5)$$

である。さらに生産の有時間性の仮定より次の式が導ける。

$$\underset{i+j\geqq T}{\forall}\ \beta(t|j)\gamma(t+j|i)=0 \qquad \cdots(2.6)$$

その理由は次のとおりである。$\beta(t|j)\gamma(t+j|i)>0$ かつ $i+j=T$ が成り立つような i, j が存在すると仮定すれば，販売期間と購買期間の合計期間が T となる資本部分が存在することになる。いま T 期間で商品資本の一循環が完了するのだから，この資本部分は，つづく生産を瞬時に行わなければならなくなる。このことは生産の有時間性の仮定に反する。

(v) 生産資本の更新が起こる時点では，そのつど新たな生産ラグが発生する。すなわち時点 t_0+j, $j\in\{0,1,2,...,T-1\}$ で更新される生産資本は，時点 t_0+T に一挙同時に商品資本に復帰するのであるから，生産ラグはかならず

$$\alpha(t_0+j|T-j)=1 \qquad \cdots(2.7)$$

という形をとる。よって生産ラグは 1 周期内の時点 (j) ごとに必ず異ならざるをえない。いずれにせよ任意の時点 t で更新された生産要素の生産期間が最大でも T であることは確かなので，

$$\sum_{i=0}^{T}\alpha(t|i)=1 \qquad \cdots(2.8)$$

が依然として成り立つ。

第 3 章　資本回転と定常性

3　資本分割と定常性

3.1　生産の連続性

いま生産局面を生産物完成までの残存期間で分類すれば，どの時点をとっても，すべての生産局面が同時進行する状態を生産の連続性という。この状態では，すべての時点において全体として同じ労働過程が行われること，つまりどの時点を比べても全体として同種の労働が同種の労働手段を用い同種の労働対象(中間生産物を含む)に働きかけている。生産の連続性は，そうでないときに比べて，第 1 に労働手段(機械や建物)の操業率 (Auslastung) が上昇し，産出量あたりの労働手段の投下資本量(ストック) が節約される。第 2 に労働手段の機能中断による摩損が回避され，産出量あたりの労働手段の減価償却(フロー)が減少する。第三に作業の転換にもとづく労働対象，労働力の浪費が回避され，産出量あたりの労働対象，労働力の消費量(フロー)が節約される。これらの生産の連続性の効果は，投入係数の減少および(または)労働手段の価値回転数上昇に集約され，他の事情を一定とすれば，この資本の個別的利潤率の上昇をもたらす。よって資本は生産の連続性を追求する強力な動機を持つ。

3.2　流動資本の資本分割

こうした生産の連続性は流動資本の資本分割によって達成される。流動資本の資本分割とは，流動資本価値を分割し，すべての時点で商品資本への転化が行われるように各分割部分の回転開始を調整する投資方法である。[13] 資本分割にはさまざまなタイプがありうるが，代表的なタイプとしては次のようなものがある。まず商品資本の転化量が各時点で同一の場合，これを単純な資本分割とよび，それが成長率 g で増加する場合を拡張的資本分割と呼ぶ。もちろん単純な資本分割は拡張的資本分割の一特殊ケース（$g=0$）である。

---

(13)　創業後一定期間は除く。

3 資本分割と定常性

また別の観点からは，資本分割の代表的な二つの方法として，単線的資本分割と複線的資本分割とがある。単線的資本分割とは，同時に商品資本に転化する資本部分について，それ自身が独立の回転を行い，本来の流動資本としてのタイムラグを保持する場合，これを単線的資本分割と呼ぶ。他方，資本分割にさいして分割部分間の貨幣流用に基づいて購買期間を解消する場合がある。これによるタイムラグの変更をともなう資本分割を複線的資本分割と呼ぶ[14]。これを厳密に定義すれば次のようになる。資本分割が行われず，時点 0 に商品資本に転化する流動資本のタイムラグを $\beta(t|\tau)$, $\gamma(t|\tau)$, $\alpha(t|\tau)$ とする。資本分割に際して，任意の時点 t において，この資本全体のタイムラグを次のように変更する。すなわち

販売ラグ： $\overline{\beta}(t|\tau) = \beta(0|\tau),$

購買ラグ： $\overline{\gamma}(t|\tau) = \begin{cases} 1(\tau=0 \text{のとき}) \\ 0(\tau \neq 0 \text{のとき}), \end{cases}$

生産ラグ： $\overline{\alpha}(t|\tau) = \dfrac{(1+g)^{-T+\tau}\sum_{i=0}^{T-\tau}\beta(0|T-\tau-i)\gamma(T-\tau-i|i)}{\sum_{j=0}^{T}(1+g)^{-j}\sum_{i=0}^{j}\beta(0|j-i)\gamma(j-i|i)}$

なお単線的および複線的資本分割いずれも，それぞれ創業時に一定の手続きに従って貨幣前貸を行うことによって実現可能である[15]。

---

(14) 複線的資本分割は，「複線的連続生産」「重複的連続生産」あるいは「並列的連続生産」ともよばれ古くから論及されてきた。藻利 [1957]; 馬場 [1959]; 浦野 [1965]; 公文 [1962]; 馬場 [1965]; 市村 [1973]; 浦野 [1974] を参照。また最近の研究としては亀﨑 [1996] が詳しい。これは「複線的連続生産」という論点を中心とした資本回転の研究である。これに対して本書は資本回転をより一般的にタイムラグによって定式化しているので，複線的資本分割も本文で以下に示すとおり，タイムラグの特殊な一形態として取り扱うことができる。

(15) 単線的および複線的資本分割を実現するためにはそれぞれ以下のようなアルゴリズムを実行すればよい。
　(i) 単線的資本分割実現のアルゴリズム
　　資本分割が行われず，時点 0 に商品資本に転化する流動資本のタイ

第3章　資本回転と定常性

3.3　資本分割における流動資本の回転

3.3.1　購買ラグ不変の仮定
次に，こうした資本分割が行われた場合の資本全体のタイムラグを導出してみる。いま資本分割の考察に当たり，一つの限定的な仮定を導入する。すなわち任意の個別資本について，流動資本に属する任意の投入財をとれば，その資本の購買ラグはすべての時点において等しいという条件である。つまり，二つの時点 $t_1, t_2 \in \mathbb{Z}$ を任意に選んだとき，すべての $\tau \in \mathbb{N}_0$ について

$$\gamma(t_1|\tau) = \gamma(t_2|\tau) =: \gamma(\tau) \qquad \cdots(3.1)$$

が成り立つという条件である。もちろんこの条件は限定的であって，この条件の導入によって考察の一般性は損なわれる。しかし同一の部門で同一の財を購入するわけであるから，市場の恒常性が保たれていれば，それらの購入に要する時間は購入の時点によらず一定であると想定しても現実的な妥当性

ムラグを $\beta(t|\tau)$，$\gamma(t|\tau)$，$\alpha(t|\tau)$ とする。始点として時点 0 をとる。いま資本分割を行い，時点 $k(k \geqq 0)$ から開始する貨幣前貸の時間列を $\{\bar{G}_k(t)\}_{t \geqq k}$ と書く（これはフローの時間列の一つであるが，「前貸」と「回収」の相違に基づいて，1.5.1 節における回転資本 (貨幣回収) の時間列 $\{G(t)\}$ とは概念的に区別される）。この時間列を $\bar{G}_k(t) := (1+g)^k \beta(0|t-k)$ と定義して，時点 0 から次々と実行する。そのさい任意の時間列 $\{\bar{G}_k(t)\}$ についてタイムラグを次のように実行する。すなわち購買ラグ $\bar{\gamma}(t|\tau) = \gamma(t-k|\tau)$，生産ラグ $\bar{\alpha}(t|\tau) = \alpha(t-k|\tau)$，販売ラグ $\bar{\beta}(t|\tau) = \beta(0|\tau)$。こうした手続きを経て時点 T 以降，単線的かつ拡張的資本分割が実現する。なおここで T とは流動資本の回転期間を指す。

(ii)　複線的資本分割実現のアルゴリズム

複線的資本分割の実現のためには，貨幣前貸の時間列を

$$\bar{G}_k(t) := (1+g)^k \sum_{i=0}^{t-k} \beta(0|t-k-i)\gamma(t-k-i|i)$$

と定義して，時点 0 から次々と実行する。そのさい任意の時間列 $\{\bar{G}_k(t)\}$ についてタイムラグを次のように実行する。すなわち購買ラグ $\bar{\gamma}(t|0) = 1$，生産ラグ $\bar{\alpha}(t|\tau) = \alpha(t-k|\tau)$，販売ラグ $\bar{\beta}(t|\tau) = \beta(0|\tau)$。こうした手続きを経て時点 T 以降，複線的かつ拡張的資本分割が実現する。

3 資本分割と定常性

を大きく損なうことはないであろう[16]。これ以降の考察では特に明記しないかぎり，流動資本の資本分割においては購買ラグの不変を仮定する。

なお以上のように仮定した購買ラグについて，単線的資本分割は資本分割に際してこの購買ラグを保持するが，複線的資本分割の場合は資本分割に際して購買期間が解消される。以下では資本分割が行われる場合のタイムラグを合成するのであるが，まず最初に単線的資本分割を考察し，引き続いて3.5節で複線的資本分割を考察することにする。

3.3.2 フロー行列

任意の個別資本を選び，流動資本に属する任意の投入財を選ぶ。その流動資本の回転期間を $T(\geqq 2)$ とし，この流動資本を商品資本を出発点として考察する。いま資本分割が行われ，任意の時点 k に商品資本に転化する資本部分を資本 No.k と名づける。任意の時点 t における資本 No.0 のタイムラグを $\beta_0(t|\tau)$, $\gamma_0(t|\tau)$, $\alpha_0(t|\tau)$ と書く。また各資本部分は1期間ずつ遅れて同形のタイムラグをもつのだから，時点 t における資本 No.k のタイムラグ $\beta_k(t|\tau)$, $\gamma_k(t|\tau)$, $\alpha_k(t|\tau)$ については明らかに，

$$\beta_k(t|\tau)=\beta_0(t-k|\tau), \quad \gamma_k(t|\tau)=\gamma_0(t-k|\tau), \quad \alpha_k(t|\tau)=\alpha_0(t-k|\tau) \quad \cdots(3.2)$$

が成り立つ。なお仮定により購買ラグは時点によらず一定であるから

$$\gamma_k(t|\tau)=\gamma_0(t-k|\tau)=\gamma(\tau)$$

と書ける。

さて，資本分割が行われる場合のフローを表示する場合には次のような行列による表示が好便である。

---

[16] 市場への原料の供給が特定の時期に集中する場合には，生産在庫が形成され，原料の購買が一括して行われるために，時点ごとに購買ラグが異なる。しかしこの場合は脚注12で注記したように，この流動資本部分は通常，固定資本の回転様式をもつのであり，そもそもここでの資本分割の対象とはならない。

第3章 資本回転と定常性

	時点 0	時点 1	時点 2	…
資本 NO.0	$W_{0,0}$ $G_{0,0}$ $P_{0,0}$	$W_{0,1}$ $G_{0,1}$ $P_{0,1}$	$W_{0,2}$ $G_{0,2}$ $P_{0,2}$	
資本 NO.1	$W_{1,0}$ $G_{1,0}$ $P_{1,0}$	$W_{1,1}$ $G_{1,1}$ $P_{1,1}$	$W_{1,2}$ $G_{1,2}$ $P_{1,2}$	
資本 NO.2	$W_{2,0}$ $G_{2,0}$ $P_{2,0}$	$W_{2,1}$ $G_{2,1}$ $P_{2,1}$	$W_{2,2}$ $G_{2,2}$ $P_{2,2}$	
⋮				

各行は,分割された資本部分を表現し,各列は時点を表現している。したがって $i+1$ 行 $j+1$ 列に置かれている数値(たとえば $W_{i,j}$)は,資本 No.i が時点 j に商品資本へ転化したことを示している。商品資本への転化量 $W_{i,j}$,貨幣資本への転化量 $G_{i,j}$,生産資本への転化量 $P_{i,j}$ を記載した行列をそれぞれ,商品資本のフロー行列 **W**,貨幣資本のフロー行列 **G**,生産資本のフロー行列 **P** とよぶ。まずそれぞれのフロー行列を導出してみる。

第1に,資本分割が行われているから,すべての時点で商品資本への転化が行われている。定義により時点 k に商品資本に転化する部分は資本 No.k と名づけられるのであるから,商品資本のフロー行列 **W** は対角行列となる。ここで時点 0 の転化量 $W_{0,0}$ を 1 とすれば,時点 t の転化量 $W_{t,t}$ は

$$W_{t,t}=(1+g)^t \qquad \cdots(3.3)$$

となる。フロー行列で表現すれば次のように書ける。

$$W = \begin{pmatrix} W_{0,0} & & & & 0 \\ & W_{1,1} & & & \\ & & W_{2,2} & & \\ & & & \ddots & \\ 0 & & & & \end{pmatrix}$$

$$= \begin{pmatrix} 1 & & & & 0 \\ & (1+g) & & & \\ & & (1+g)^2 & & \\ & & & \ddots & \\ 0 & & & & \end{pmatrix} \qquad \cdots(3.4)$$

第2に,任意の時点 t における貨幣資本への転化量は,資本 No.$(t\text{-}j)$,$j \geqq 0$ において

3 資本分割と定常性

$$G_{t-j,t} = \beta_0(0|j)(1+g)^{t-j} \qquad \cdots(3.5)$$

だけ発生する。(2.4)式より,

$$j \geqq T \text{のとき} \quad G_{t-j,t} = 0 \qquad \cdots(3.6)$$

である。なおここで用いられる販売ラグは,時点 0 における資本 No.0 の販売ラグ $\beta_0(0|\tau)$ だけであるから,簡単化のために次のように定義し直しておく。

$$\beta(\tau) := \beta_0(0|\tau) \qquad \cdots(3.7)$$

よって貨幣資本のフロー行列 **G** は次のように書ける。

$$\mathbf{G} = \begin{pmatrix} G_{0,0} & G_{0,1} & G_{0,2} & \cdots & G_{0,T} & & & 0 \\ & G_{1,1} & G_{1,2} & \cdots & G_{1,T} & G_{1,T+1} & & \\ & & G_{2,2} & \cdots & G_{2,T} & G_{2,T+1} & G_{2,T+2} & \\ & & & \ddots & & & & \ddots \\ 0 & & & & & & & \end{pmatrix}$$

$$= \begin{pmatrix} \beta(0) & \beta(1) & \beta(2) & \cdots & \beta(T) & & & 0 \\ & \beta(0)(1+g) & \beta(1)(1+g) & \cdots & \beta(T-1)(1+g) & \beta(T)(1+g) & & \\ & & \beta(0)(1+g)^2 & \cdots & \beta(T-2)(1+g)^2 & \beta(T-1)(1+g)^2 & \beta(T)(1+g)^2 & \\ & & & \ddots & & & & \ddots \\ 0 & & & & & & & \end{pmatrix} \qquad \cdots(3.8)$$

なお任意の時点 t における貨幣資本への転化量について,資本全体の合計を求めれば次のようになる。

$$\begin{aligned} G(t) &:= G_{t,t} + G_{t-1,t} + \cdots + G_{t-T,t} \\ &= \beta(0)(1+g)^t + \beta(1)(1+g)^{t-1} + \cdots + \beta(T)(1+g)^{t-T} \\ &= (1+g)^t \sum_{j=0}^{T} \beta(j)(1+g)^{-j} \end{aligned} \qquad \cdots(3.9)$$

第 3 に,任意の時点 t における生産資本への転化量は,資本 No.(t-j),$j \geqq 0$ において

$$\begin{aligned} P_{t-j,t} &= G_{t-j,t}\gamma(0) + \cdots + G_{t-j,t-j}\gamma(j) \\ &= \sum_{i=0}^{j} G_{t-j,t-i}\gamma(i) \\ &= \sum_{i=0}^{j} (1+g)^{t-j}\beta(j-i)\gamma(i) \\ &= (1+g)^{t-j}\sum_{i=0}^{j} \beta(j-i)\gamma(i) \end{aligned} \qquad \cdots(3.10)$$

第3章　資本回転と定常性

だけ発生する。(2.6)式より，

$\quad j \geqq T$ のとき $P_{t-j,t} = 0$ ………(3.11)

である。以上のことをフロー行列で表現すれば次のように書ける。

$$\mathbf{P} = \begin{pmatrix} P_{0,0} & P_{0,1} & P_{0,2} & \cdots & P_{0,T} & & 0 \\ & P_{1,1} & P_{1,2} & \cdots & P_{1,T} & P_{1,T+1} & \\ & & P_{2,2} & \cdots & P_{2,T} & P_{2,T+1} & P_{2,T+2} \\ & & & \ddots & & & & \ddots \\ 0 & & & & & & \end{pmatrix} \quad \cdots (3.12)$$

なお任意の時点 t における生産資本の転化量は，資本全体で合計すれば次のように求められる。

$$\begin{aligned} P(t) &:= P_{t,t} + P_{t-1,t} + \cdots + P_{t-T,t} \\ &= G_{t,t}\gamma(0) + \{G_{t-1,t}\gamma(0) + G_{t-1,t-1}\gamma(1)\} + \cdots + \{G_{t-T,t}\gamma(0) + \cdots + G_{t-T,t-T}\gamma(T)\} \\ &= \sum_{j=0}^{T}\sum_{i=0}^{j} G_{t-j,t-i}\gamma(i) \\ &= \sum_{j=0}^{T}\sum_{i=0}^{j} (1+g)^{t-j}\beta(j-i)\gamma(i) \\ &= (1+g)^{t}\sum_{j=0}^{T}(1+g)^{-j}\sum_{i=0}^{j}\beta(j-i)\gamma(i) \end{aligned} \quad \cdots(3.13)$$

最後に(3.3)(3.9)(3.13)におけるフローの時間列の考察により，いずれのフロー($W(t)$, $G(t)$, $P(t)$)についても，すべての時点で正の値をとり，また(3.9)(3.13)から各時点での貨幣資本フローおよび生産資本フローの増加率は

$$\frac{G(t+1)}{G(t)} = 1+g \quad \cdots(3.14)$$

$$\frac{P(t+1)}{P(t)} = 1+g \quad \cdots(3.15)$$

となる。このように，商品資本の転化量が各時点で増加率 g で増加するときに，正確に同率で貨幣資本および生産資本の転化量も増加することがわかる。

3.3.3　タイムラグの合成

第1に，時点 t に資本 No.t においてのみ商品資本への転化が行われるが，その額は，(3.3)式より

3 資本分割と定常性

$$W_{t,t}=(1+g)^t \qquad \cdots(3.16)$$

である。この商品資本のうち任意の τ 期間後に貨幣資本に転化する額は, (3.5)式より

$$G_{t,t+\tau} = \beta(\tau)(1+g)^t \qquad \cdots(3.17)$$

である。よって任意の時点 t において商品資本に転化した資本部分について，そのうち任意の τ 期間だけ商品形態に滞留する部分の割合 $\bar{\beta}(t|\tau)$ は

$$\bar{\beta}(t|\tau)=\frac{G_{t,t+\tau}}{W_{t,t}}=\beta(\tau) \qquad \cdots(3.18)$$

である。この $\bar{\beta}(t|\tau)$ は，この資本全体の時点 t における販売ラグを意味する。

 第 2 に，時点 t における貨幣資本への転化量は，全体の合計で，(3.9)式より

$$\begin{aligned}G(t) &= G_{t,t} + G_{t-1,t} + \cdots + G_{t-T,t} \\ &= (1+g)^t \sum_{j=0}^{T} \beta(j)(1+g)^{-j}\end{aligned} \qquad \cdots(3.19)$$

である。この貨幣資本のうち任意の τ 期間後に生産資本に転化する額は

$$G_{t,t}\gamma(\tau)+G_{t-1,t}\gamma(\tau)+\cdots+G_{t-T,t}(\tau)=G(t)\gamma(\tau) \qquad \cdots(3.20)$$

である。よって任意の時点 t において貨幣資本に転化した資本部分について，そのうち任意の τ 期間だけ貨幣形態に滞留する部分の割合 $\bar{\gamma}(t|\tau)$ は

$$\bar{\gamma}(t|\tau)=\frac{G(t)\gamma(\tau)}{G(t)}=\gamma(\tau) \qquad \cdots(3.21)$$

である。この $\bar{\gamma}(t|\tau)$ は，この資本全体の時点 t における購買ラグを意味する。

 第 3 に，流動資本の回転期間は T であるから，任意の時点 t_0 に出発した資本 No. t_0 が再び商品資本へ復帰するのは時点 t_0+T である。したがって時点 t に生産資本に転化した資本額 $P(t)$ のうち生産期間に τ 期間要するものは $P_{t-T+\tau,t}$ のみである。よってこの資本全体について，時点 t における生産ラグ $\bar{\alpha}(t|\tau)$ は

$$\bar{\alpha}(t|\tau)=\frac{P_{t-T+\tau,t}}{P(t)} \qquad \cdots(3.22)$$

となる。ここで(3.10)(3.13)式より

第3章　資本回転と定常性

$$\frac{P_{t-T+\tau,t}}{P(t)} = \frac{(1+g)^{-T+\tau}\sum_{i=0}^{T-\tau}\beta(T-\tau-i)\gamma(i)}{\sum_{j=0}^{T}(1+g)^{-j}\sum_{i=0}^{j}\beta(j-i)\gamma(i)} =: \alpha(g,\tau) \qquad \cdots(3.23)$$

である。このように生産ラグは，g に依存した関数となる。一定の τ に対して，

$$\overline{\alpha}(t|\tau) = \alpha(g,\tau) \qquad \cdots(3.24)$$

となり，それは g の値に左右され，定数とはならない。ただし $g=0$ の場合，すなわち単純な資本分割の場合は，生産ラグ $\overline{\alpha}(t|\tau)$ を定数として扱うことができる。

以上の考察をまとめると次のようになる。この流動資本の全体について，任意の時点 t におけるタイムラグは $\overline{\beta}(t|\tau), \overline{\gamma}(t|\tau), \overline{\alpha}(t|\tau)$ として求められる。もちろんすべての $\tau \in \mathbb{N}_0$ に関して，

$$\overline{\beta}(t|\tau) \geqq 0, \; \overline{\gamma}(t|\tau) \geqq 0, \; \overline{\alpha}(t|\tau) \geqq 0 \qquad \cdots(3.25)$$

および

$$\sum_{i=0}^{T}\overline{\beta}(t|i) = 1, \; \sum_{i=0}^{T}\overline{\gamma}(t|i) = 1, \; \sum_{i=0}^{T}\overline{\alpha}(t|i) = 1 \qquad \cdots(3.26)$$

が成り立っている。さらに $\overline{\beta}(t|\tau)$，$\overline{\gamma}(t|\tau)$，$\overline{\alpha}(t|\tau)$ の性質として特記すべきは，(1)これらは t に依存しない τ だけの関数であり，したがって観察する時点からは独立しているということである。このことは，どの時点をとってもこの資本が同一不変のタイムラグをもつということに等しい。ただし生産ラグ $\overline{\alpha}(t|\tau)$ だけは成長率 g にも依存する。(2)(3.26)式より単線的資本分割によっても生産期間，販売期間，購買期間の最大の長さが流動資本の回転期間 T を超えない。

3.4　流動資本の回転の定常性

任意の資本について，すべての時点においてタイムラグが不変であるとき，この状態を資本回転の定常性という。つまり二つの時点 $t_1, t_2 \in \mathbb{Z}$ を任意に選んだとき，すべての $\tau \in \mathbb{N}_0$ について

$$\beta(t_1|\tau) = \beta(t_2|\tau) =: \beta(\tau)$$

$\gamma(t_1|\tau) = \gamma(t_2|\tau) =: \gamma(\tau)$

$\alpha(t_1|\tau) = \alpha(t_2|\tau) =: \alpha(\tau)$

が成り立っている状態である。

資本回転の定常性については，フォーリーの分析の問題点が 2 点明らかになる。第 1 に，資本回転の定常性は本来証明すべき事柄であるにもかかわらず，フォーリーの考察においては前提として仮定されたにすぎなかった[17]。本書においてはこれまでの考察の中で，資本回転の定常性を論証してきた。すなわち任意の個別資本について，流動資本に属する任意の投入財を選べば，そこで単線的資本分割が行われているかぎり，流動資本の回転は定常性を持つ。すなわち単線的資本分割は流動資本の回転の定常性の十分条件である，と。もちろんこの論証において，生産の有時間性および購買ラグの不変性が前提されている。本書はこうした資本回転の定常性を論証することによって，いわば資本回転に関するマイクロファウンデーションを意図したのである。第 2 に，フォーリーは定常的タイムラグを成長率から独立したパラメータとして扱っているが，これは誤りで，タイムラグは成長率に依存した関数である。

3.5 複線的資本分割におけるタイムラグ

複線的資本分割が実行される場合には，3.2 節におけるその定義より，流動資本全体のタイムラグを合成してみれば，次の結果をうることはただちに明らかである。販売ラグと生産ラグについては

$\overline{\beta}(t|\tau) = \beta(\tau)$

$\overline{\alpha}(t|\tau) = \alpha(g,\tau)$

という同じ結果を得る。しかし購買ラグについては，購買期間が解消されているので，

---

[17] 「分析的には単純再生産および拡大再生産の仮定は…ラグ関数が時間を通じて不変であることを要求する。」(Foley [1986a] p.15)「これ以降…ラグは時間を通じて定常的であると仮定する。」(Foley [1982b] p.306)

第 3 章　資本回転と定常性

$$\overline{\gamma}(t|\tau) = \begin{cases} 1 & (\tau=0) \\ 0 & (\tau \geqq 1) \end{cases} \quad \cdots(3.27)$$

となる。

　こうした複線的資本分割については次の点を確認しておけばよい。すなわち複線的資本分割とは資本分割の特殊な一方法であり，それは，購買期間の解消を同時にともなう資本分割である。しかしここで重要なことはその特殊性にあるのではなく，むしろ単線的資本分割と共通な次の性質を確認することである。すなわち(1) これらの資本分割は流動資本の回転が定常性をもつための十分条件である。(2) これらの資本分割による定常的なタイムラグにおいて，生産期間，販売期間，購買期間の最大値は流動資本の回転期間を超えない。すなわち両者において(3.26)式が成り立つ。(3) これらの資本分割において，三形態のフローいずれもがすべての時点で発生する。これらの点は資本回転を考察する上で非常に重要な意味を持っている[18]。

3.6　部門における定常性

　同じ生産技術と流通条件をもつ個別資本の集合を部門と言う。より厳密に定義すれば，同等の生産物（産出係数ベクトル），同等の生産要素（投入係数ベクトル）および投入財ごとに同形のタイムラグをもつ個別資本の集合である。

　これまで個別資本ごとに流動資本を考察し，その回転の定常性を論証した。つぎに考察の対象を個別資本から一部門全体へと拡大してみる。いま任意の部門を選び，流動資本に属する任意の投入財を個別資本とは無関係に部門全体で選んだとする。部門の定義により，同一部門に存在する個別資本はすべて共通の定常的タイムラグをもつ。したがってこうして選んだこの資本部分もやはり部門共通の定常的タイムラグをもつことは自明である。

---

　(18)　つまり回転の定常性，各期間の有界，フローの正値は第 4 章以下の考察の前提となる。

4　固定資本

4.1　固定資本の回転様式

　固定資本の回転は，その価値補填上の性質に対応して次のような規則性をもつ。まず任意の個別資本を選び，固定資本に属する任意の投入財を選ぶ。

　(1)　この資本は，全体として同時に生産資本に転化する。つまり貨幣形態（減価償却基金）として徐々に回収され積み立てられた資本価値はすべて生産資本に同時に転化する。その資本価値は決して部分的に分岐し，生産資本への復帰と平行して商品形態あるいは貨幣形態のまま留まったりすることはない。したがってこの資本価値は始点としての生産資本から一挙同時に出発して終点としての生産資本に一挙同時に復帰する。よってこの資本価値は，生産資本の1循環のために共通の経過時間を要する。こうして固定資本の回転様式は，生産資本への復帰の同時性という規則性を持つ。

　(2)　もちろんそのことは，生産期間，販売期間，購買期間が各部分で異なり，タイムラグが存在することを妨げない。とりわけ生産資本の復帰のたびに生産ラグは必ず存在し，商品資本への転化は生産資本の1循環中に少なくとも2度以上に分けて行われる。しかも商品資本への転化は流動資本の場合と同じ時点で行われ，それらの時点で発生する販売ラグも流動資本のそれと同形である。[19]

　(3)　この資本が生産資本の1循環に要する所要時間をもって「固定資本の回転期間」と定義すれば，この回転期間はこの固定資本の毎回の生産資本循環に対して一定である。もちろん労働手段ごとに固定資本の回転期間は異なりうる。その意味で固定資本の回転期間はそれぞれの投入財に特有な周期性を表現する。

---

　　[19]　2.3節の(3)で見たように，同じ個別資本内部のすべての流動資本は同時に商品形態に復帰し，かつその時点での販売ラグはすべての流動資本に共通である。

(4) この資本は，その回転期間を周期として同形のタイムラグを反復する。いまこの資本の回転期間を $T(>0)$ とすると，この資本は T を周期として同形のタイムラグを繰り返す。

4.2 回転様式の定式化

このように固定資本の回転がもつ規則性とは，(1)生産資本への同時的復帰（同時性），(2)商品資本への漸次的転化（漸次性），(3)生産資本循環の経過時間の一意性（周期性），そして(4)一定の周期での同形のタイムラグの反復（反復性）である。

こうしてみると流動資本と固定資本との間に回転の規則性にかんして明確な類似性が存在する。すなわち商品資本の循環を生産資本の循環と入れ換えれば，固定資本の回転は流動資本の回転の規則性（同時性，周期性，反復性）を満たしている。[20] したがって商品資本を生産資本に，貨幣資本を商品資本に，生産資本を貨幣資本に読み替え，またそれに対応して販売ラグ $\beta(t|\tau)$ を生産ラグ $\alpha(t|\tau)$ に，購買ラグ $\gamma(t|\tau)$ を販売ラグ $\beta(t|\tau)$ に，生産ラグ $\alpha(t|\tau)$ を購買ラグ $\gamma(t|\tau)$ に読み替えることによって，流動資本に関して行った定式化は基本的に固定資本に関して妥当する。ただし固定資本の場合には，(2)の商品資本への漸次的転化というあらたな規則性が加わっているので，商品資本への転化時点および販売ラグについては必要な制約が加わる点で相違がある。つまり商品資本への転化時点およびその時点における販売ラグが流動資本のそれと連動するという制約である。いずれにせよここでは新たな条件が追加される（差し引かれるのではない）というだけであるので，もともとの定式の妥当性そのものに抵触するものではないことは明白である。したがって以下の固定資本の考察は，流動資本のそれのほとんどトリヴィアルな系をなす。

---

(20) ただし，流動資本の規則性のうち(3)の投入財間の「共通性」については，固定資本はこれを満たさない。しかし 2.4 節で見たように，流動資本の回転様式の定式化は「同時性」「周期性」「反復性」についてのみ行ったものであり，「共通性」はそのなかに含まれていない。

4　固定資本

任意の個別資本を選び，固定資本に属する任意の投入財を選ぶ．そのタイムラグを $\alpha(t|\tau)$, $\beta(t|\tau)$, $\gamma(t|\tau)$ とする．

(i) 固定資本の回転期間 T によって周期性が導入され，ある任意の時点は
$$nT+m, \quad n\in\mathbb{Z}, m\in\{0,1,2,...,T-1\}$$
で一意的に表現することができる．

(ii) 周期性と反復性より，固定資本は周期 T で同形のタイムラグを繰り返すのだから，つぎのような関係が成り立つ．すなわち $t_1\equiv t_2 \pmod{T}$ ならば，すべての $\tau\in\mathbb{N}_0$ に関して

$\beta(t_1|\tau)=\beta(t_2|\tau)$
$\gamma(t_1|\tau)=\gamma(t_2|\tau)$
$\alpha(t_1|\tau)=\alpha(t_2|\tau)$　　　　　　　　　　　　…(4.1)

(iii) 同時性により，時点 t_0 で生産資本が一挙同時に充用されるとすれば，次に再び生産資本が充用されるのは時点 t_0+T であり，これも同時的である．生産資本への復帰が時点 $t_0, t_0+T, t_0+2T\cdots$ に間欠的に起こり，従って時点 t_0+nT, $n\in\mathbb{Z}$ の生産ラグだけが有効であり，それは $\alpha(t_0|\tau)$ に等しい．なお T 期間で生産資本の一循環が完了するのだから，充用された生産資本の生産期間は最大で T である．すなわち

$$\sum_{i=0}^{T}\alpha(t_0|i)=1 \qquad \cdots(4.2)$$

である．

(iv) 生産物商品が完成されるたびに，その時点で新たな販売ラグが発生する．すなわち任意の時点 t での販売ラグは $\beta(t|\tau)$ である．同時性により，T 期間で生産資本の1循環が完了するのだから，完成された生産物商品の販売期間は最大でも T である．すなわち

$$\sum_{i=0}^{T}\beta(t|i)=1 \qquad \cdots(4.3)$$

である．

(v) 貨幣資本の還流が起こる時点では，そのつど新たな購買ラグが発生する．すなわち時点 t_0+j, $j\in\{1,2,...,T\}$ で回収される貨幣資本は，時点 t_0+T に

一挙同時に生産資本に復帰するのであるから，購買ラグはかならず
$$\gamma(t_0+j|T-j)=1 \qquad \cdots(4.4)$$
という形をとる。よって購買ラグは1周期内の時点(j)ごとに必ず異ならざるをえない。いずれにせよ任意の時点 t で更新された生産要素の生産期間が最大でも T であることは確かなので，
$$\sum_{i=0}^{T}\gamma(t|i)=1 \qquad \cdots(4.5)$$
が依然として成り立つ。

4.3　固定資本の資本分割

　すでに 3.2 節で流動資本の資本分割は考察した。固定資本の場合には，資本分割とは，固定資本価値を分割し，すべての時点で生産資本への転化が行[21]われるように各分割部分の回転開始を調整する投資方法である。このとき生産資本の転化量が各時点で同一の場合，これを単純な資本分割とよび，それが成長率 g で増加する場合を拡張的資本分割と呼ぶ。もちろん単純な資本分割は拡張的資本分割の一特殊ケース（$g=0$）である。また固定資本の資本分割の代表的な二つの方法として，単線的資本分割と複線的資本分割とがある。単線的資本分割とは，同時に生産資本に転化する資本部分について，それ自身が独立の回転を行い，本来の固定資本としてのタイムラグを保持する場合，これを単線的資本分割と呼ぶ。他方，資本分割にさいして分割部分間の貨幣流用に基づいて購買期間を解消する場合がある。これによるタイムラグの変更をともなう資本分割を複線的資本分割と呼ぶ[22]。これを厳密に定義すれば次

---

(21)　創業後一定期間を除く。

(22)　単線的および複線的資本分割を実現するためにはそれぞれ以下のようなアルゴリズムを実行すればよい。

　　(i)　単線的資本分割実現のアルゴリズム
　　　　資本分割が行われず，時点 0 に生産資本に転化する固定資本のタイムラグを $\alpha(t|\tau)$, $\beta(t|\tau)$, $\gamma(t|\tau)$ とする。始点として時点0をとる。いま資本分割を行い，時点 $k(k\geqq 0)$ から開始する貨幣前貸の時間列を $\{\bar{G}_k(t)\}_{t\geqq k}$ と書く（脚注15参照）。この時間列を

のようになる。資本分割が行われず，時点 0 に生産資本に転化する固定資本のタイムラグを $\alpha(t|\tau)$, $\beta(t|\tau)$, $\gamma(t|\tau)$ とする。資本分割に際して，任意の時点 t において，この資本全体のタイムラグを次のように変更する。すなわち

生産ラグ：$\overline{\alpha}(t|\tau) = \alpha(0|\tau)$

販売ラグ：$\overline{\beta}(t|\tau) = \beta(\tau)$ （$\beta(\tau)$ については 4.4.1 節(4.6)式参照）

購買ラグ：$\overline{\gamma}(t|\tau) = \begin{cases} 1 & (\tau = 0 \text{のとき}) \\ 0 & (\tau \neq 0 \text{のとき}) \end{cases}$

固定資本に関して，個別資本内部で資本分割を想定することも可能である。その一例として，のちに第 4 章 4.5.4 節で見るように，固定資本に対してとくに複線的資本分割を適用したものがいわゆる「ルフチ・ローマン効果(マルクス・エンゲルス効果)」である。しかし個別資本内部での資本分割に相当する投資方法を，1 部門の資本全体において想定することのほうが，固定資本の資本規模の大きさから見てより現実的である。とくに完全競争を扱う場合は

$\overline{G}_k(t) := (1+g)^k \sum_{i=0}^{t-k} \alpha(0|t-k-i)\beta(t-k-i|i)$ と定義して，時点 0 から次々と実行する。そのさい任意の時間列 $\{\overline{G}_k(t)\}$ についてタイムラグを次のように実行する。すなわち購買ラグ $\overline{\gamma}(t|\tau) = \gamma(t-k|\tau)$，生産ラグ $\overline{\alpha}(t|\tau) = \alpha(0|\tau)$，販売ラグ $\overline{\beta}(t|\tau) = \beta(t-k|\tau)$。なお 4.4.1 節で見る販売ラグの不変および(4.6)式により，すべての t（$\geq k$）について $\beta(t-k|\tau) = \beta(\tau)$ である。こうした手続きを経て時点 T 以降，単線的かつ拡張的資本分割が実現する。なおここで T とは固定資本の回転期間を指す。

(ii) 複線的資本分割実現のアルゴリズム

複線的資本分割の実現のためには，貨幣前貸の時間列を，$t=k$ のとき $\overline{G}_k(t) = (1+g)^k$，$t \neq k$ のとき $\overline{G}_k(t) := 0$ と定義して，時点 0 から次々と実行する。そのさい任意の時間列 $\{\overline{G}_k(t)\}$ についてタイムラグを次のように実行する。すなわち購買ラグ $\overline{\gamma}(t|0) = 1$，生産ラグ $\overline{\alpha}(t|\tau) = \alpha(0|\tau)$，販売ラグ $\overline{\beta}(t|\tau) = \beta(t-k|\tau) = \beta(\tau)$。こうした手続きを経て時点 T 以降，複線的かつ拡張的資本分割が実現する。なおここで T とは固定資本の回転期間を指す。

第3章　資本回転と定常性

そうである。なぜなら完全競争においては，その定義から個別資本の産出量は価格に影響を及ぼさない。このことは，部門において個別資本の占める割合が 0 に無限に近いことを意味している。言い換えれば資本の独立した所有主体は無限個あるということである。こうした無限個の個別資本について，固定資本の充用開始時点が，固定資本の有限の回転期間 T における各時点に一様に分布するということを想定すればよい。そこで以下では，個別資本内部であれ，1 部門全体においてであれ，固定資本において資本分割が行われた場合のタイムラグを考察する。

4.4　資本分割における固定資本の回転

4.4.1　販売ラグ不変

流動資本の場合この考察にあたり 3.3.1 節において購買ラグの不変という一つの限定的な条件を必要とした。固定資本の場合この条件にあたるものは販売ラグの不変である。しかし固定資本の回転には，商品資本への漸次的転化という規則性があり，この中には商品資本の復帰時点とそこで生じる販売ラグが，流動資本と共通するという性質が含まれていた。すでに見たように，流動資本の場合，商品資本への復帰時点は流動資本の回転期間を周期として間欠的に現れ，そこでの販売ラグは毎回等しい。よって販売ラグがすべての時点において等しいという条件は，すでに固定資本の規則性の中に含まれているので，その追加によって一般性をなんら阻害するものではない。いまこの条件を定式化すれば，二つの時点 $t_1, t_2 \in \mathbb{Z}$ を任意に選んだとき，すべての $\tau \in \mathbb{N}_0$ について

$$\beta(t_1|\tau) = \beta(t_2|\tau) =: \beta(\tau) \qquad \cdots (4.6)$$

が成り立つ。

　以下では資本分割が行われる場合のタイムラグを合成するのであるが，まず最初に単線的資本分割を考察し，引き続いて 4.5 節で複線的資本分割を考察することにする。

4.4.2　フロー行列

ここでも固定資本に対して，3.3 節での流動資本の資本分割についての考察が，4.2 節で行った読み替えによって基本的に妥当する。

任意の個別資本を選び,固定資本に属する任意の投入財を選ぶ。その固定資本の回転期間を $T(\geqq 2)$ とし,この固定資本を生産資本を出発点として考察する。いま資本分割が行われ,任意の時点 k に生産資本に転化する資本部分を資本 No.k と名づける。任意の時点 t における資本 No.0 のタイムラグを $\alpha_0(t|\tau)$, $\beta_0(t|\tau)$, $\gamma_0(t|\tau)$ と書く。また各資本部分は1期間ずつ遅れて同形のタイムラグをもつのだから,時点 t における資本 No.k のタイムラグ $\alpha_k(t|\tau)$, $\beta_k(t|\tau)$, $\gamma_k(t|\tau)$ については明らかに,

$$\alpha_k(t|\tau)=\alpha_0(t-k|\tau),\ \beta_k(t|\tau)=\beta_0(t-k|\tau),\ \gamma_k(t|\tau)=\gamma_0(t-k|\tau) \qquad \cdots(4.7)$$

が成り立つ。なお販売ラグは時点によらず一定であるから(4.6)式より

$$\beta_k(t|\tau)=\beta_0(t-k|\tau)=\beta(\tau)$$

と書ける。

ここでも 3.3.2.節で考察したフロー行列を考察する。資本 No.i が時点 j に生産資本,商品資本,貨幣資本へ転化した量をそれぞれ,$P_{i,j}$, $W_{i,j}$, $G_{i,j}$ とし,これらを $i+1$ 行 $j+1$ 列に配置した行列をそれぞれ,生産資本のフロー行列 **P**,商品資本のフロー行列 **W**,貨幣資本のフロー行列 **G** とする。

第1に,資本分割が行われているから,すべての時点で生産資本への転化が行われている。定義により時点 k に生産資本に転化する部分は資本 No.k と名づけられるのであるから,生産資本のフロー行列 **P** は対角行列となる。ここで時点 0 の転化量 $P_{0,0}$ を 1 とすれば,時点 t の転化量 $P_{t,t}$ は

$$P_{t,t}=(1+g)^t \qquad \cdots(4.8)$$

となる。フロー行列で表現すれば次のように書ける。

$$\mathbf{P}=\begin{pmatrix} P_{0,0} & & & & 0 \\ & P_{1,1} & & & \\ & & P_{2,2} & & \\ & & & \ddots & \\ 0 & & & & \end{pmatrix}$$

第3章 資本回転と定常性

$$= \begin{pmatrix} 1 & & & & & 0 \\ & (1+g) & & & & \\ & & (1+g)^2 & & & \\ & & & \ddots & & \\ 0 & & & & & \end{pmatrix} \quad \cdots(4.9)$$

第2に，任意の時点 t における商品資本への転化量は，資本 No.(t-j) において

$$W_{t-j,t} = \alpha_0(0 \mid j)(1+g)^{t-j} \quad \cdots(4.10)$$

だけ発生する。固定資本の回転期間 T より，$j \geq T+1$ のとき $\alpha_0(0 \mid j) = 0$ だから

$j \geq T+1$ のとき $\quad W_{t-j,t} = 0 \quad \cdots(4.11)$

である。また生産の有時間性より，

$$W_{t,t} = \alpha_0(0 \mid 0)(1+g)^t = 0 \quad \cdots(4.12)$$

である。なおここで用いられる生産ラグは，時点 0 における資本 No.0 の生産ラグ $\alpha_0(0 \mid \tau)$ だけであるから，簡単化のために次のように定義し直しておく。

$$\alpha(\tau) := \alpha_0(0 \mid \tau) \quad \cdots(4.13)$$

よって商品資本のフロー行列 **W** は次のように書ける。

$$\mathbf{W} = \begin{pmatrix} W_{0,0} & W_{0,1} & W_{0,2} & \cdots & W_{0,T} & & & 0 \\ & W_{1,1} & W_{1,2} & \cdots & W_{1,T} & W_{1,T+1} & & \\ & & W_{2,2} & \cdots & W_{2,T} & W_{2,T+1} & W_{2,T+2} & \\ & & & \ddots & & & & \ddots \\ 0 & & & & & & & \end{pmatrix}$$

$$= \begin{pmatrix} \alpha(0) & \alpha(1) & \alpha(2) & \cdots & \alpha(T) & & & 0 \\ & \alpha(0)(1+g) & \alpha(1)(1+g) & \cdots & \alpha(T-1)(1+g) & \alpha(T)(1+g) & & \\ & & \alpha(0)(1+g)^2 & \cdots & \alpha(T-2)(1+g)^2 & \alpha(T-1)(1+g)^2 & \alpha(T)(1+g)^2 & \\ & & & \ddots & & & & \ddots \\ 0 & & & & & & & \end{pmatrix} \cdots(4.14)$$

ここで任意の時点 t における商品資本への転化量について，資本全体の合計を求めれば次のようになる。

4 固定資本

$$\begin{aligned}W(t) &:= W_{t,t} + W_{t-1,t} + \cdots + W_{t-T,t} \\ &= \alpha(0)(1+g)^t + \alpha(1)(1+g)^{t-1} + \cdots + \alpha(T)(1+g)^{t-T} \\ &= (1+g)^t \sum_{j=0}^{T} \alpha(j)(1+g)^{-j}\end{aligned} \quad \cdots(4.15)$$

第3に，任意の時点 t における貨幣資本への転化量は，資本 No.(t-j)，$j \geqq 0$ において

$$\begin{aligned}G_{t-j,t} &= W_{t-j,t}\beta(0) + \cdots + W_{t-j,t-j}\beta(j) \\ &= \sum_{i=0}^{j} W_{t-j,t-i}\beta(i) \\ &= \sum_{i=0}^{j}(1+g)^{t-j}\alpha(j-i)\beta(i) \\ &= (1+g)^{t-j}\sum_{i=0}^{j}\alpha(j-i)\beta(i)\end{aligned} \quad \cdots(4.16)$$

だけ発生する。固定資本の回転期間 T より $j \geqq T+1$ のとき $\alpha(j-i)\beta(i) = 0$ だから

$$j \geqq T+1 \text{ のとき} \quad G_{t-j,t} = 0 \quad \cdots(4.17)$$

である。また生産の有時間性の仮定より

$$G_{t,t} = (1+g)^t \alpha(0)\beta(0) = 0 \quad \cdots(4.18)$$

は明らかである。以上のことをフロー行列で表現すれば次のように書ける。

$$\mathbf{G} = \begin{pmatrix} G_{0,0} & G_{0,1} & G_{0,2} & \cdots & G_{0,T} & & & 0 \\ & G_{1,1} & G_{1,2} & \cdots & G_{1,T} & G_{1,T+1} & & \\ & & G_{2,2} & \cdots & G_{2,T} & G_{2,T+1} & G_{2,T+2} & \\ & & & \ddots & & & & \ddots \\ 0 & & & & & & & \end{pmatrix} \quad \cdots(4.19)$$

ここで任意の時点 t における貨幣資本の転化量は，資本全体で合計すれば次のように求められる。

第 3 章 資本回転と定常性

$$\begin{aligned}
G(t) &:= G_{t,t} + G_{t-1,t} + \cdots + G_{t-T,t} \\
&= W_{t,t}\beta(0) + \{W_{t-1,t}\beta(0) + W_{t-1,t-1}\beta(1)\} + \cdots + \{W_{t-T,t}\beta(0) + \cdots + W_{t-T,t-T}\beta(T)\} \\
&= \sum_{j=0}^{T}\sum_{i=0}^{j} W_{t-j,t-i}\beta(i) \\
&= \sum_{j=0}^{T}\sum_{i=0}^{j} (1+g)^{t-j}\alpha(j-i)\beta(i) \\
&= (1+g)^{t}\sum_{j=0}^{T}(1+g)^{-j}\sum_{i=0}^{j}\alpha(j-i)\beta(i)
\end{aligned} \quad \cdots (4.20)$$

最後に(4.8)(4.15)(4.20)におけるフローの時間列の考察により，いずれのフロー($W(t)$, $G(t)$, $P(t)$)についても，すべての時点で正の値をとる。また(4.15)(4.20)式から，

$$\frac{W(t+1)}{W(t)} = \frac{G(t+1)}{G(t)} = 1 + g \quad \cdots (4.21)$$

となり，資本分割によって毎時点の生産資本フローを増加率 g で拡大したときに，商品資本および貨幣資本についてもフローの増加率が同じく g であることが確かめられる。

4.4.3 タイムラグの合成

第 1 に，時点 t に資本 No.t においてのみ生産資本への転化が行われるが，その額は，(4.8)式より

$$P_{t,t} = (1+g)^{t} \quad \cdots (4.22)$$

である。この生産資本のうち任意の τ 期間後に商品資本に転化する額は，(4.10)式より

$$W_{t,t+\tau} = \alpha(\tau)(1+g)^{t} \quad \cdots (4.23)$$

である。よって任意の時点 t において生産資本に転化した資本部分について，そのうち任意の τ 期間だけ生産資本形態に滞留する部分の割合 $\bar{\alpha}(t|\tau)$ は

$$\bar{\alpha}(t|\tau) = \frac{W_{t,t+\tau}}{P_{t,t}} = \alpha(\tau) \quad \cdots (4.24)$$

である。この $\bar{\alpha}(t|\tau)$ は，この資本全体の時点 t における生産ラグを意味する。

第 2 に，時点 t における商品資本への転化量は，全体の合計で，(4.15)式より

4 固定資本

$$W(t) = W_{t,t} + W_{t-1,t} + \cdots + W_{t-T,t}$$

$$= (1+g)^t \sum_{j=0}^{T} \alpha(j)(1+g)^{-j} \qquad \cdots(4.25)$$

である。この商品資本のうち任意の τ 期間後に貨幣資本に転化する額は

$$W_{t,t}\beta(\tau) + W_{t-1,t}\beta(\tau) + \cdots + W_{t-T,t}\beta(\tau) = W(t)\beta(\tau) \qquad \cdots(4.26)$$

である。よって任意の時点 t において商品資本に転化した資本部分について，そのうち任意の τ 期間だけ商品形態に滞留する部分の割合 $\bar{\beta}(t|\tau)$ は

$$\bar{\beta}(t|\tau) = \frac{W(t)\beta(\tau)}{W(t)} = \beta(\tau) \qquad \cdots(4.27)$$

である。この $\bar{\beta}(t|\tau)$ は，この資本全体の時点 t における販売ラグを意味する。

第3に，この固定資本の回転期間は T であるから，任意の時点 t_0 に出発した資本 No. t_0 が再び生産資本へ復帰するのは時点 $t_0 + T$ である。したがって時点 t に貨幣資本に転化した資本額 $G(t)$ のうち購買期間に τ 期間要するものは $G_{t-T+\tau,t}$ のみである。よってこの資本全体について，時点 t における購買ラグ $\bar{\gamma}(t|\tau)$ は

$$\bar{\gamma}(t|\tau) = \frac{G_{t-T+\tau,t}}{G(t)} \qquad \cdots(4.28)$$

となる。ここで(4.16)(4.20)式より

$$\frac{G_{t-T+\tau,t}}{G(t)} = \frac{(1+g)^{-T+\tau} \sum_{i=0}^{T-\tau} \alpha(T-\tau-i)\beta(i)}{\sum_{j=0}^{T}(1+g)^{-j}\sum_{i=0}^{j}\alpha(j-i)\beta(i)} =: \gamma(g,\tau) \qquad \cdots(4.29)$$

である。このように購買ラグは，g に依存した関数となる。一定の τ に対して，

$$\bar{\gamma}(t|\tau) = \gamma(g,\tau) \qquad \cdots(4.30)$$

となり，それは g の値に左右され，定数とはならない。ただし $g=0$ の場合，すなわち単純な資本分割の場合は，購買ラグ $\bar{\gamma}(t|\tau)$ を定数として扱うことができる。

以上の考察をまとめると次のようになる。この固定資本の全体について，任意の時点 t におけるタイムラグは $\bar{\alpha}(t|\tau)$, $\bar{\beta}(t|\tau)$, $\bar{\gamma}(t|\tau)$ として求められる。もちろんすべての $\tau \in \mathbb{N}_0$ に関して，

第3章　資本回転と定常性

$$\overline{\alpha}(t|\tau) \geqq 0, \ \overline{\beta}(t|\tau) \geqq 0, \ \overline{\gamma}(t|\tau) \geqq 0 \qquad \cdots(4.31)$$

および

$$\sum_{i=0}^{T}\overline{\alpha}(t|i) = 1, \ \sum_{i=0}^{T}\overline{\beta}(t|i) = 1, \ \sum_{i=0}^{T}\overline{\gamma}(t|i) = 1 \qquad \cdots(4.32)$$

が成り立っている。さらに$\overline{\beta}(t|\tau)$, $\overline{\gamma}(t|\tau)$, $\overline{\alpha}(t|\tau)$の性質として特記すべきは, (1)これらは$t$に依存しない$\tau$だけの関数であり, したがって定常的なタイムラグである。ただし購買ラグ$\overline{\gamma}(t|\tau)$だけは成長率$g$にも依存する。(2)(4.32)式より単線的資本分割によっても生産期間, 販売期間, 購買期間の最大の長さが固定資本の回転期間Tを超えない。

4.5 複線的資本分割におけるタイムラグ

すでに述べたように固定資本に関しても, 個別資本内部で複線的資本分割が実行される場合がある。この個別資本について固定資本全体のタイムラグを合成してみれば, 次の結果をうることは複線的資本分割の定義よりただちに明らかである。生産ラグと販売ラグについては

$$\overline{\alpha}(t|\tau) = \alpha(\tau)$$
$$\overline{\beta}(t|\tau) = \beta(\tau)$$

という同じ結果を得る。しかし購買ラグについては, 購買期間が解消されているので,

$$\overline{\gamma}(t|\tau) = \begin{cases} 1 & (\tau=0) \\ 0 & (\tau\geqq 1) \end{cases} \qquad \cdots(4.33)$$

となる。(4.33)式のこの購買ラグと, (4.29)式の$\overline{\gamma}(t|\tau) = \gamma(g,\tau)$という購買ラグとの差が, のちに第4章4.5.4節で見るいわゆる「ルフチ・ローマン効果」というストック節約効果を生み出すことになる。

複線的資本分割についてはここでは次の点を確認しておけばよい。すなわち複線的資本分割とは資本分割の特殊な一方法であり, それは, 購買期間の解消を同時にともなう資本分割である。しかしここで重要なことはその特殊性にあるのではなく, むしろ単線的資本分割と共通な次の性質を確認することである。すなわち (1) これらの資本分割は固定資本の回転が定常性をもつ

ための十分条件である。(2) これらの資本分割による定常的なタイムラグにおいて，生産期間，販売期間，購買期間の最大値は固定資本の回転期間を超えない。すなわち(4.32)式が成り立つ。(3) これらの資本分割において三形態のフローいずれもがすべての時点において発生する。これらの点は資本回転を考察する上で非常に重要な意味を持っている。[23]

4.6　固定資本の資本分割と「再生産の法則」

　固定資本に関して，個別資本内部であれ部門内部であれ資本分割を想定することは経済学では珍しくない。マルクスはその再生産表式において生産手段部門と生活手段部門との二大部門を考察しているがそのさい，部門内部で行われる固定資本の単純な単線的資本分割[24]を「再生産の法則」と呼んだ。[25] マルクスの定義では「再生産の法則」とは，現物更新のさいに新旧の労働手段の規模が変わらないとき，部門内で毎年，固定資本の現物更新額(生産資本への転化量)と減価償却額(貨幣資本への転化量)が一致するということであった。しかしこれは事実上，固定資本の単純な単線的資本分割と同値である。以下，この同値関係を一般的な形で論証する。

　いま任意の部門を選び，そこで充用される任意の固定資本財を選ぶ。固定資本の回転期間を T 期間とする。固定資本は T 期間ごとに現物更新が行われ，規模は不変である。任意の時点 t に更新される固定資本を P_t とする。なおす

---

(23) つまり回転の定常性，各期間の有界，フローの正値は第4章以下の考察の前提となる。

(24) 単純な単線的資本分割の定義については本章3.2節を参照のこと。

(25) マルクスは第Ⅱ部門(生活手段部門)の不変資本部分(Ⅱc)における固定資本について次のように述べている。「ここでは明らかに次のことが前提条件である。すなわち，不変資本Ⅱのうち，一方の…毎年現物で更新されなければならない固定成分…は，不変資本Ⅱのうち，他方の，まだ元の現物形態のままで機能を続けていてその損耗分…がさしあたりは貨幣で補填されればよい固定成分の毎年の損耗分に等しいということである。したがって，このような均衡は不変な規模での再生産の法則として現われるであろう。」(MEW Bd. 24, S. 461)

第3章　資本回転と定常性

べての t について P_t は同形のタイムラグをもつとする(P_t は同種の固定資本財だからそれは自然な仮定である)。

　この固定資本の回転期間は T だから時点 T で現物更新される固定資本は再び P_0 となる。任意の時点 t は $nT+m$ (n は整数, $m\in\{0,1,...,T\text{-}1\}$)と表すことができるので，任意の時点 $nT+m$ に更新される固定資本は P_m となる。すなわち $P_{nT+m}=P_m$ である。よって P_0 から $P_{T\text{-}1}$ まで求めれば，それ以降はその繰り返しなので，すべての時点における現物更新額を求めたことになる。

　つぎに $\tau(\in\{1,...,T\})$ 期間後における償却率を δ_τ とし

$$\delta_\tau > 0 \quad , \quad \sum_{k=1}^{T} \delta_k = 1$$

とする。なお δ_τ を P_0 のタイムラグを使って表現すれば，

$$\delta_\tau = \sum_{h=0}^{\tau} \alpha(0|h)\beta(h|\tau-h)$$

となる。任意の P_t について，それぞれが同形のタイムラグをもつのだから，δ_τ はすべての P_t に共通となる。

　よって各時点について，現物更新額と減価償却額は次のようになる。

時点 T　　　　現物更新額：P_0　　　減価償却額：$\delta_T P_0 + \delta_{T-1} P_1 + ... + \delta_2 P_{T-2} + \delta_1 P_{T-1}$
時点 $T+1$　　　現物更新額：P_1　　　減価償却額：$\delta_T P_1 + \delta_{T-1} P_2 + ... + \delta_2 P_{T-1} + \delta_1 P_T$
　　　　⋮

時点 $2T-2$　　現物更新額：P_{T-2}　　減価償却額：$\delta_T P_{T-2} + \delta_{T-1} P_{T-1} + ... + \delta_2 P_{2T-4} + \delta_1 P_{2T-3}$
時点 $2T-1$　　現物更新額：P_{T-1}　　減価償却額：$\delta_T P_{T-1} + \delta_{T-1} P_T + ... + \delta_2 P_{2T-3} + \delta_1 P_{2T-2}$

$P_{nT+m}=P_m$ を考慮すれば，任意の時点 $nT+m$ における現物更新額と減価償却額は，時点 $T+m$ の場合と同等であることがわかる。よってすべての時点において現物更新額と減価償却額が等しくなるための必要十分条件は，次の等式が成り立つことである。

4 固定資本

$$\begin{pmatrix} P_0 \\ P_1 \\ \vdots \\ P_{T-2} \\ P_{T-1} \end{pmatrix} = \begin{pmatrix} \delta_T & \delta_{T-1} & \cdots & \delta_2 & \delta_1 \\ \delta_1 & \delta_T & \cdots & \delta_3 & \delta_2 \\ \vdots & \vdots & & \vdots & \vdots \\ \delta_{T-2} & \delta_{T-3} & \cdots & \delta_T & \delta_{T-1} \\ \delta_{T-1} & \delta_{T-2} & \cdots & \delta_1 & \delta_T \end{pmatrix} \begin{pmatrix} P_0 \\ P_1 \\ \vdots \\ P_{T-2} \\ P_{T-1} \end{pmatrix} \text{かつ} \begin{pmatrix} P_0 \\ P_1 \\ \vdots \\ P_{T-2} \\ P_{T-1} \end{pmatrix} \geqq 0 \qquad \cdots(4.34)$$

$\sum_{k=1}^{T} \delta_k = 1$ だから係数行列は固有値 1 をもちそれに対応する固有ベクトルの中には$\lambda(1,\ldots,1)'$, $\lambda>0$ が含まれる。また，係数行列($T \times T$ 正方非負行列)は分解不能となるから，固有値 1 に対応するする非負の固有ベクトルは$\lambda(1,\ldots,1)'$, $\lambda>0$ だけである。したがって P_m がすべての $m \in \{0,1,\ldots,T-1\}$ について一定となることは(4.34)式が成り立つための必要十分条件である。P_m，$m \in \{0,1,\ldots,T-1\}$ が一定であることは，すべての時点において固定資本は同額ずつ充用されるということであり，定義よりこの投資方法は単純な資本分割であり，また同時に単線的資本分割でもある。

またフォン・ノイマンの均斉成長モデルでも，均衡においては，年齢の異なる固定資本が毎期同じ数量比で投入され，また事実上減価償却基金も即時支出される[26]。これは明らかに，固定資本の複線的資本分割にほかならない。パシネッティらスラッフィアンにおいても，均衡においては固定資本の複線的資本分割が実行される[27]。

---

(26) Neumann, J.v. [1945-6].
(27) Pasinetti (ed.) [1980].

#　第 4 章　資本回転と資本蓄積

　第 3 章では，資本回転の基礎概念であるタイムラグと価値回転について，その定義から導かれる関係を考察した．とくに流動資本，固定資本，資本分割という条件を付加して派生する関係を考察した．その結果タイムラグの性質として定常性を得た[1]．

　本章では，資本回転の基礎概念 (タイムラグ，価値回転)，資本蓄積の基礎概念 (マークアップ率，蓄積率，成長率) および利潤率概念の 3 者について，それらの定義から導かれる相互の規定関係を考察する．なお本章も同様にD.K.フォーリーの先駆的業績を継承し発展させたものである．すなわちフォーリーによって定式化された資本回転の「固有方程式」を，資本回転と資本蓄積の一般法則として位置付け (第 3 節)，これに基づく拡大再生産の考察を継承する (第 5 節)．他方で単純再生産の考察は資本回転の固有方程式とは別様の固有の論理を要請するので，この領域に関して独自の定式化を行う(第 4 節)．

1　資本蓄積の基礎概念

1.1　マークアップ率とその仮定

　商品の価格は，フルコスト原則に従って，その商品を生産するのに消費した生産要素の価格と利潤という二つの部分から構成される．任意の個別資本について，任意の時点 $t \in \mathbb{Z}$ に生産された生産物商品の全数量をとれば，その価格も，生産要素の価格を補填する部分と利潤とから構成される．時点 t に

---

(1)　第 3 章 3.3 節，3.4 節，3.5 節，および 4.4 節，4.5 節参照．

商品価格として，生産要素の価格を補填する部分は費用価格と呼ばれ，資本のフローの一形態である(第3章1.5.1節)。いまこの生産物商品の全数量について，フローとしての費用価格に対する利潤の比率は費用利潤率と呼ばれる。[(2)] すなわち商品の価格総額を $W'(t)$ とし，費用価格を $W(t)$，利潤を $\Delta W(t)$ とすれば，

$$W'(t)=W(t)+\Delta W(t) \qquad \cdots(1.1)$$

であり，費用利潤率 π は

$$\pi(t):=\Delta W(t)/W(t) \qquad \cdots(1.2)$$

と定義される。

つぎにこの個別資本について時点 t に還流した貨幣の総額をとる。商品資本から貨幣資本への転化が商品価格の実現によって行われるのだから，売上として還流した貨幣額もまた，生産要素の価格を回収する部分と利潤から構成されている。時点 t に売上として生産要素の価格を回収する部分は回転資本と呼ばれ，資本のフローの一形態である。いま時点 t について，フローとしての回転資本と利潤との比率はマークアップ率と呼ばれる。すなわち還流した貨幣総額を $G'(t)$ とし，回転資本を $G(t)$，利潤を $\Delta G(t)$ とすれば，

$$G'(t)=G(t)+\Delta G(t) \qquad \cdots(1.3)$$

であり，マークアップ率 q は

$$q(t):=\Delta G(t)/G(t) \qquad \cdots(1.4)$$

と定義される。

以上では費用利潤率およびマークアップ率を個別資本ごとに定義したが，それらを個別資本内部の投入財ごとに定義することもできる。任意の個別資本について投入財が n 種類あるとし，その中から任意の投入財 i ($i=1,\cdots,n$) を選ぶ。この資本部分について，時点 t の費用価格を W_i，回転資本を G_i とし，それぞれに対して割りあたる利潤を ΔW_i，ΔG_i とする。このとき投入財 i の

---

(2) 『資本論』では「費用価格をこえる超過分 (Überschuß über den Kostpreis)」と定義されている。Vgl. MEW Bd. 25, S. 44. A.Shaikh は「費用にたいする利潤マージン(profit-margin on costs)」と命名している。Shaikh [1978] p.242.

第4章　資本回転と資本蓄積

費用利潤率は

$$\pi_i(t) := \Delta W_i(t)/W_i(t) \qquad \cdots(1.5)$$

と定義され，マークアップ率は

$$q_i(t) := \Delta G_i(t)/G_i(t) \qquad \cdots(1.6)$$

と定義される。

　なお以下の資本蓄積に関する考察において一貫して，同一部門の同一投入財については費用利潤率およびマークアップ率が共通であり，かつこれらが時点とは無関係に一定であるとする。すなわち次式が成り立つことを仮定する。すなわち

$$\pi_i(t) = \pi_i \geqq 0, \quad q_i(t) = q_i \geqq 0 \qquad \cdots(1.7)$$

である。これらは同時に，この投入財についてのこの部門全体の費用利潤率，マークアップ率となることも明らかである。

　なおこの仮定の下では，のちに本章3.2節で証明するように，費用利潤率とマークアップ率は等しくなる。[3]

$$\pi_i = q_i \qquad \cdots(1.8)$$

1.2　蓄積率とその仮定

　任意の個別資本について任意の時点において，貨幣の還流に伴って実現された利潤のうち，次回の貨幣資本循環に資本として追加投資される部分の割合を蓄積率（あるいは貯蓄性向）という。すでに見たように[4]「投資」とは，資本循環に拘束されていなかった資本を新たにこの資本循環に拘束することである。したがってすでに拘束されている資本が行う形態変換である貨幣の「回収(還流)」や「前貸」や「支出」，さらに生産要素の「充用」[5]などとは明確に区別される概念である。

　他方，この利潤のうち，資本循環へは参入せず資本家の個人的消費のため

---

(3)　本章(3.8)(3.9)(3.10)式参照。
(4)　第3章1.4節参照。
(5)　これらの概念については第3章1.1節参照。

に支出される部分の割合を個人消費率（あるいは消費性向）という。追加投資と個人的消費は利潤の二つの使途であるので，蓄積率 s と個人消費率 c はつぎの条件を満たす。

$$s, c \in [0,1], \quad s+c=1 \quad \cdots(1.9)$$

また蓄積率についても，任意の投入財 i に割り当たる利潤 ΔG_i にそくして，投入財ごとの蓄積率を定義しうる。しかし以下の資本蓄積に関する考察においては一貫して，す・べ・て・の部門とす・べ・て・の投入財を通して任意の利潤部分について蓄積率(または個人消費率)が共通であり，かつこの共通の蓄積率は時点とは無関係に一定であると仮定する。

1.3　成長率とその仮定

任意の個別資本について，任意の時点 $t \in \mathbb{Z}$ における成長率 $g(t)$ を次のように定義する。

$$g(t) := \frac{W(t+1) - W(t)}{W(t)} \quad \cdots(1.10)$$

また成長率は，生産資本フロー(充用資本)および貨幣資本フロー(回転資本)に即して定義することもできる。

$$g(t) := \frac{P(t+1) - P(t)}{P(t)} \quad \cdots(1.11)$$

$$g(t) := \frac{G(t+1) - G(t)}{G(t)} \quad \cdots(1.12)$$

ここで $P(t)$ とはもちろん時点 t における生産資本への転化量を表す。なおのちに本章 5.3 節で示されるように，成長率に関する以上の 3 つの定義は同値である。さらに成長率についても，任意の投入財 i のフロー $W_i(t)$, $P_i(t)$, $G_i(t)$ を用いて，投入財ごとの成長率を定義しうる。以下の資本蓄積に関する考察においては一貫して，同一部門の同一投入財について成長率は共通であり，かつこの共通の成長率は時点とは無関係に定率であると仮定する。すなわち

$$g_i(t) = g_i \geqq 0 \quad \cdots(1.13)$$

である。これは同時に，この投入財についてのこの部門全体の成長率となることも明らかである。

第 4 章　資本回転と資本蓄積

2　利潤率の恒等式

2.1　価値回転

　任意の時点 t を選ぶ。任意の個別資本について，一方でストックとしての投下資本 $K(t)$ をとり，他方でフローとして回転資本 $G(t)$ をとる。投下資本の総回転 $U(t)$ は

$$U(t):=G(t)/K(t) \qquad \cdots(2.1)$$

と定義される。ところがこれはこの個別資本全体についての価値回転数にほかならず，価値回転数についてはすでに第 3 章 1.5.2 節において考察済みである。任意の投入財 i を選び，その回転資本を $G_i(t)$，ストックを $K_i(t)$ とすれば，投入財 i の価値回転数は次のようになる。

$$U_i(t)=G_i(t)/K_i(t) \qquad \cdots(2.2)$$

2.2　利潤率

2.2.1　利潤率の定義　　任意の時点 t を選ぶ。任意の個別資本について，一方でストックとしての投下資本 $K(t)$ をとり，他方で時点 t に実現された利潤 $\Delta G(t)$ をとる。利潤率 $r(t)$ は

$$r(t):=\Delta G(t)/K(t) \qquad \cdots(2.3)$$

と定義される。

2.2.2　利潤率の恒等式　　次の関係が恒等的に成り立つ。

$$\frac{\Delta G(t)}{K(t)} = \frac{\Delta G(t)}{G(t)}\frac{G(t)}{K(t)}$$

すなわち(1.4)(2.1)(2.3)の定義式より利潤率はマークアップ率と総回転との積と恒等的に等しい。つまり

$$r(t)=qU(t) \qquad \cdots(2.4)$$

である。[6]

2.2.3 利潤率の恒等式の分解

任意の個別資本を選び，任意の投入財 i を選ぶ。この資本部分について任意の時点 t において，投下資本 (ストック) を $K_i(t)$，回転資本 (フロー) を $G_i(t)$，利潤を $\Delta G_i(t)$ とし，またマークアップ率を q_i，価値回転数を $U_i(t)$ とする。ここで投入財 i の利潤率を

$$r_i(t) := \Delta G_i(t)/K_i(t) \qquad \cdots(2.5)$$

と定義する。このとき $\dfrac{\Delta G_i(t)}{K_i(t)} = \dfrac{\Delta G_i(t)}{G_i(t)} \dfrac{G_i(t)}{K_i(t)}$ の恒等関係より

$$r_i(t) = q_i U_i(t) \qquad \cdots(2.6)$$

という恒等式が投入財レベルで依然として成り立つ。また $U_i(t)$, $r_i(t)$ を同一部門全体で定義すれば，(2.6)の恒等式がその部門全体で妥当することも自明である。

3 資本回転の固有方程式

3.1 資本回転にかんする仮定

3.1.1 資本分割

以下の資本回転に関する考察においては一貫して，流動資本および固定資本について単線的または複線的資本分割を仮定する。これらの資本分割とは第 3 章 3.2 節および第 3 章 4.3 節においてそれぞれ定義したものである。なおこうした資本分割によって，任意の投入財についてすべての種類のフローが毎時点で発生する。[7]

3.1.2 資本回転の定常性

以下の資本回転に関する考察においては一貫して次のことを仮定する。すなわち，任意の部門を選び，任意の投入財を選べ

---

(6) マルクスは実際に，この利潤率の恒等式にそくした資本回転の考察を行っている。この点については第 1 章および補論 1 を参照のこと。Vgl. Mori [2000].

(7) 第 3 章 3.3.2 節および第 3 章 4.4.2 節参照。

第 4 章 資本回転と資本蓄積

ば，その部門全体として資本回転の定常性が実現されているということである。第 3 章 3.4 節で定義したように，資本回転の定常性とは，すべての時点において不変のタイムラグをもつ状態のことである。なお前節で仮定した資本分割は，部門規模での定常性が実現されるための十分条件である (第 3 章 3.3-3.6 節および 4.4-4.5 節)。

3.1.3 生産期間，販売期間，購買期間の有界性 以下の資本回転に関する考察においては一貫して次のことを仮定する。存在する任意の資本部分について，生産期間，販売期間，購買期間は有界である。すなわちそれぞれの期間に最大値 $T_\alpha, T_\beta, T_\gamma$ が存在する。すなわち任意の定常的タイムラグ $\beta(\tau), \gamma(\tau), \alpha(\tau)$ について次のようなの $T_\alpha, T_\beta, T_\gamma$ が存在するということである。

$$T_\alpha := \max\{\tau \in \mathbb{N}_0 \mid \alpha(\tau) > 0\} \qquad \cdots(3.1)$$
$$T_\beta := \max\{\tau \in \mathbb{N}_0 \mid \beta(\tau) > 0\} \qquad \cdots(3.2)$$
$$T_\gamma := \max\{\tau \in \mathbb{N}_0 \mid \gamma(\tau) > 0\} \qquad \cdots(3.3)$$

3.1.4 生産の有時間性 すでに第 3 章 1.3.5 節で論じたように，「実質的変態」としての生産はその本性おいて有時間的である。以下の資本回転に関する考察においても一貫して，生産は有時間的であると仮定する。すなわち

$$\alpha(0) = 0 \qquad \cdots(3.4)$$

3.2 資本回転の固有方程式

以上の仮定を措いた上で，以下において資本回転と資本蓄積との関係を導出していく。とくに本 3.2 節ではこの論点に関して先駆的な定式化を行ったフォーリー[8]に依拠して考察をすすめる。

任意の部門を選び，任意の投入財を選ぶ。3.1.2 と 3.1.3 節における仮定により，この資本部分は定常的タイムラグ $\beta(\tau), \gamma(\tau), \alpha(\tau)$ をもち，販売期間，購買期間，生産期間それぞれの最大値は $T_\beta, T_\gamma, T_\alpha$ とする。いまフロ

---

(8) Foley [1982b]; Foley [1986a].

一算出の基準値として時点 0 における商品資本への転化量(費用価格)$W(0)$を
とり，その大きさを 1 とする。

第 1 に，商品資本への転化量 $W(t)$ は資本分割によって毎時点，しかも定率
的に増加していくのだから，(1.10)(1.13)式および $W(0)=1$ より，任意の $t \in \mathbb{Z}$ に
ついて

$$W(t)=(1+g)^t \quad \cdots(3.5)$$

となる。なおこの費用価格に付加される利潤は，(1.5)式より

$$\Delta W(t) = \pi W(t) = \pi(1+g)^t \quad \cdots(3.6)$$

であり，商品の価格総額は

$$W'(t)=(1+\pi)W(t)=(1+\pi)(1+g)^t \quad \cdots(3.7)$$

となる。

第 2 に，一般に任意の時点 t における貨幣資本への転化量(回転資本)$G(t)$ に
は，時点$(t-\tau)$における商品資本への転化量(費用価格)$W(t-\tau)$ からは，τ 期
間の販売期間を経て $\beta(\tau)W(t-\tau)$ だけ含まれる。よって

$$G(t) = \sum_{i=0}^{T_\beta} \beta(i)W(t-i) \quad \cdots(3.8)$$

である。ところで費用価格 W とともに利潤 ΔW も一緒に実現されるから，時
点 t において実現される利潤は(1.5)式より

$$\begin{aligned}\Delta G(t) &= \sum_{i=0}^{T_\beta} \beta(i)\Delta W(t-i) \\ &= \pi \sum_{i=0}^{T_\beta} \beta(i)W(t-i)\end{aligned} \quad \cdots(3.9)$$

となる。こうして費用利潤率とマークアップ率との同等性(1.8 式)が証明され
る。すなわち

$$q = \Delta G(t)/G(t) = \pi \quad \cdots(3.10)$$

さて任意の時点 t における商品資本の転化量 $W(t)$ は(3.5)式で与えられている
ので，

$$G(t) = \sum_{i=0}^{T_\beta} \beta(i)W(t-i)$$

第4章　資本回転と資本蓄積

$$= \sum_{i=0}^{T_\beta} \beta(i)(1+g)^{t-i}$$
$$= (1+g)^t \sum_{i=0}^{T_\beta} \beta(i)(1+g)^{-i} \qquad \cdots (3.11)$$

ここで(3.2)式を用いて，g を変数とする関数を次のように定義する。

$$\beta^*: \mathbb{R}_+ \to \mathbb{R}_+, \quad g \mapsto \beta^*(g)$$
$$\beta^*(g) := \sum_{i=0}^{\infty} \beta(i)(1+g)^{-i} = \sum_{i=0}^{T_\beta} \beta(i)(1+g)^{-i} \qquad \cdots (3.12)$$

こうして(3.11)式は次のように書き換えられる。

$$G(t) = (1+g)^t \beta^*(g) \qquad \cdots (3.13)$$

なおこの回転資本とともに実現される利潤は，(1.6)式より

$$\Delta G(t) = qG(t) = q(1+g)^t \beta^*(g) \qquad \cdots (3.14)$$

であり，還流する貨幣総額は

$$G'(t) = (1+q)G(t) = (1+q)(1+g)^t \beta^*(g) \qquad \cdots (3.15)$$

となる。

　第3に，一般に任意の時点 t における生産資本への転化量(充用資本)$P(t)$ には，時点$(t-\tau)$における貨幣資本への転化量(回転資本)$G(t-\tau)$からは，τ期間の購買期間を経て $\gamma(\tau)G(t-\tau)$ だけ含まれる。そのときに $G(t-\tau)$ とともに $s\Delta G(t-\tau)$ が追加投資されているので，(3.13)(3.14)式より

$$P(t) = \sum_{j=0}^{T_\gamma} \gamma(j)(1+sq)G(t-j)$$
$$= \sum_{j=0}^{T_\gamma} \gamma(j)(1+sq)(1+g)^{t-j} \beta^*(g) \qquad \cdots (3.16)$$
$$= (1+sq)(1+g)^t \beta^*(g) \sum_{j=0}^{T_\gamma} \gamma(j)(1+g)^{-j}$$

だけの充用資本が得られる。ここで(3.3)式を使って，g を変数とする関数を次のように定義する。

$$\gamma^*: \mathbb{R}_+ \to \mathbb{R}_+, \quad g \mapsto \gamma^*(g)$$
$$\gamma^*(g) := \sum_{j=0}^{\infty} \gamma(j)(1+g)^{-j} = \sum_{j=0}^{T_\gamma} \gamma(j)(1+g)^{-j} \qquad \cdots (3.17)$$

こうして(3.16)式は次のように書き換えられる。

3 資本回転の固有方程式

$$P(t)=(1+sq)(1+g)^t \beta^*(g) \gamma^*(g) \quad \cdots(3.18)$$

第4に，一般に任意の時点tにおける商品資本への転化量(費用価格)$W(t)$には，時点$(t-\tau)$における生産資本への転化量(充用資本)$P(t-\tau)$からは，$\alpha(\tau)P(t-\tau)$だけ含まれる。よって(3.18)式より

$$\begin{aligned}W(t) &= \sum_{k=0}^{T_\alpha} \alpha(k)P(t-k) \\ &= \sum_{k=0}^{T_\alpha} \alpha(k)(1+sq)(1+g)^{t-k} \beta^*(g)\gamma^*(g) \\ &= (1+sq)(1+g)^t \beta^*(g)\gamma^*(g)\sum_{k=0}^{T_\alpha} \alpha(k)(1+g)^{-k}\end{aligned} \quad \cdots(3.19)$$

ここで(3.1)式を使って，g を変数とする関数を次のように定義する。

$$\begin{aligned}&\alpha^*: \mathbb{R}_+ \to \mathbb{R}_+, \quad g \mapsto \alpha^*(g) \\ &\alpha^*(g) := \sum_{k=0}^{\infty} \alpha(k)(1+g)^{-k} = \sum_{k=0}^{T_\alpha} \alpha(k)(1+g)^{-k}\end{aligned} \quad \cdots(3.20)$$

これによって(3.19)式は次のように書き換えられる。

$$W(t)=(1+sq)(1+g)^t \beta^*(g) \gamma^*(g) \alpha^*(g) \quad \cdots(3.21)$$

第5に，以上のような商品資本の1循環の考察において，その始点と終点を比較してみると(3.5)(3.21)式より，

$$\begin{aligned}W(t) &= (1+g)^t = (1+sq)(1+g)^t \beta^*(g) \gamma^*(g) \alpha^*(g) \\ 1 &= (1+sq) \beta^*(g) \gamma^*(g) \alpha^*(g)\end{aligned} \quad \cdots(3.22)$$

が成り立つ。この関係式は，資本回転を所与として成長率(g)とマークアップ率(q)と蓄積率(s)との一定の規則性を表現している。つまり所与の資本回転(タイムラグ)は資本蓄積の特定のあり方を要求し，その基礎上でしか資本蓄積は実行されえない。しかもその規則性は $\beta^*(g)$，$\gamma^*(g)$，$\alpha^*(g)$ の定義((3.12)(3.17)(3.20)式) から，タイムラグのあり方によって左右される。その意味でフォーリーはこの関係式(3.22)を資本回転の「固有方程式」と呼んだ。[9] この関係式はフォーリーによってはじめて定式化されたが，資本回転と資本蓄積の一般法則としてきわめて重要な意義をもつ発見であったと言ってよい。

---

(9) Foley [1986a] p.17.

3.3 伝達関数

3.3.1 伝達関数の意味
すでに(3.12)(3.17)(3.20)式において，g を変数とする 3 つの関数を定義した。これらの関数についてはさらに次のような関係が成り立っている。すなわちすべての $t \in \mathbb{Z}$ について，(3.5)(3.13)式より，

$$\beta^*(g) = G(t)/W(t) \qquad \cdots(3.23)$$

$$G(t) = \beta^*(g) W(t) \qquad \cdots(3.24)$$

であり，また(3.13)(3.18)式より

$$\gamma^*(g) = P(t)/(G(t) + s\Delta G(t)) = P(t)/(1+sq)G(t) \qquad \cdots(3.25)$$

$$P(t) = \gamma^*(g)(G(t) + s\Delta G(t)) = \gamma^*(g)(1+sq)G(t) \qquad \cdots(3.26)$$

であり，さらに(3.18)(3.21)式より

$$\alpha^*(g) = W(t)/P(t) \qquad \cdots(3.27)$$

$$W(t) = \alpha^*(g)P(t) \qquad \cdots(3.28)$$

である。したがってそれぞれは，同時点のフローにかんして形態を変換するための係数となっており，成長率(g)に依存するが，時点から独立した値である。$\beta^*(g)$を販売の伝達関数，$\gamma^*(g)$を購買の伝達関数，$\alpha^*(g)$を生産の伝達関数と呼ぶ。[10]

3.3.2 伝達関数の性質
伝達関数 $\beta^*(g)$，$\gamma^*(g)$，$\alpha^*(g)$ はその定義域 $g \in \mathbb{R}_+$ において以下の性質をもつ。なおそれらの性質はすべての伝達関数に共通なので，以下では生産の伝達関数 $\alpha^*(g)$ に即して表記しておく。しかしその証明はそれぞれの伝達関数ごとに相違するので，3.3.3 節以下でそれぞれの伝達関数ごとに順次に行う。

(i) $\alpha^*(g)$，$\beta^*(g)$，$\gamma^*(g)$それぞれに関する性質

(1) 連続性

(2) $\alpha^*(0) = 1$ $\qquad \cdots(3.29)$

(3) すべての $g \in \mathbb{R}_+$ について
$\alpha^*(g) > 0$ $\qquad \cdots(3.30)$

---

(10) 「伝達関数」の命名は佐藤隆大分大学経済学部講師のご教示に負う。

(4) 単調非増加性すなわち
$$g_1 < g_2 \Rightarrow \alpha^*(g_1) \geqq \alpha^*(g_2) \qquad \cdots(3.31)$$

(ii) 伝達関数の積 $\alpha^*(g)\beta^*(g)\gamma^*(g)$ に関する性質

(5) 連続性

(6) $\alpha^*(0)\beta^*(0)\gamma^*(0) = 1$ $\qquad\cdots(3.32)$

(7) すべての $g \in \mathbb{R}_+$ について
$$\alpha^*(g)\beta^*(g)\gamma^*(g) > 0 \qquad \cdots(3.33)$$

(8) 単調減少性(あるいは単調非増加かつ単射)すなわち
$$g_1 < g_2 \Rightarrow \alpha^*(g_1)\beta^*(g_1)\gamma^*(g_1) > \alpha^*(g_2)\beta^*(g_2)\gamma^*(g_2) \qquad \cdots(3.34)$$

(9) $\lim_{g \to \infty} \alpha^*(g)\beta^*(g)\gamma^*(g) = 0$ $\qquad\cdots(3.35)$

3.3.3 $\beta^*(g)$にかんする証明

性質(1)については,(3.12)式における $\beta^*(g)$ の定義により
$$\beta^*(g) = \beta(0) + \beta(1)(1+g)^{-1} + \cdots + \beta(T_\beta)(1+g)^{-T_\beta} \qquad \cdots(3.36)$$
であり,これが $g \in \mathbb{R}_+$ について連続であることは自明である。

性質(2)について。$g=0$ のとき,任意の自然数 $n \geqq 1$ について
$$(1+g)^{-n} = 1$$
であるから
$$\beta^*(g) = \sum_{i=0}^{T_\beta} \beta(i) = 1$$
は明らかである。

性質(3)について。任意の $g \in \mathbb{R}_+$ を選ぶ。任意の自然数 $n \geqq 1$ について
$$(1+g)^{-n} > 0$$
であり,(3.36)式より
$$\beta^*(g) > 0$$
は明らかである。

最後に性質(4)について。任意の $g_1, g_2, 0 \leqq g_1 < g_2$ を選ぶ。任意の自然数 $n \geqq 1$ について

第4章　資本回転と資本蓄積

$$(1+g_1)^{-n} > (1+g_2)^{-n}$$

であり，(3.36)式より

$$\beta^*(g_1) \geqq \beta^*(g_2)$$

は明らかである。

3.3.4　$\alpha^*(g)$ にかんする証明

考察対象の投入財が固定資本の場合，生産ラグ $\alpha(\tau)$ は，成長率 g には依存しない τ だけの関数である。その限りでは，販売ラグ $\beta(\tau)$ と違いはないので，証明は前節の $\beta^*(g)$ にかんする証明に完全に準拠する。一方，投入財が流動資本の場合は，第3章3.3.3節で導出したように，生産ラグ $\alpha(\tau)$ は一般に，成長率 g に依存する関数 $\alpha(g, \tau)$ となる。いま T は流動資本の回転期間であり，第3章(3.26)式より，T は生産期間，販売期間，購買期間それぞれの上界である。第3章(3.23)式より

$$\alpha(\tau) = \alpha(g,\tau) = \frac{(1+g)^{-T+\tau} \sum_{i=0}^{T-\tau} \tilde{\beta}(T-\tau-i)\tilde{\gamma}(i)}{\sum_{j=0}^{T}(1+g)^{-j} \sum_{i=0}^{j} \tilde{\beta}(j-i)\tilde{\gamma}(i)} \qquad \cdots(3.37)$$

である。ここで $\tilde{\beta}(\cdot)$，$\tilde{\gamma}(\cdot)$ は，この部門に属する個別資本についての資本分割以前のタイムラグを指す。よって生産の伝達関数 $\alpha^*(g)$ は次のようになる。

$$\begin{aligned}\alpha^*(g) &= \sum_{k=0}^{\infty} \alpha(g,k)(1+g)^{-k} \\ &= \frac{\sum_{k=0}^{T}\sum_{i=0}^{T-k} \tilde{\beta}(T-k-i)\tilde{\gamma}(i)}{\sum_{j=0}^{T}\sum_{i=0}^{j}(1+g)^{T-j} \tilde{\beta}(j-i)\tilde{\gamma}(i)}\end{aligned} \qquad \cdots(3.38)$$

ここで $\alpha^*(g)$ の分母 $\sum_{j=0}^{T}\sum_{i=0}^{j}(1+g)^{T-j}\tilde{\beta}(j-i)\tilde{\gamma}(i)$ または分子 $\sum_{k=0}^{T}\sum_{i=0}^{T-k}\tilde{\beta}(T-k-i)\tilde{\gamma}(i)$ が仮に 0 であったと仮定してみる。すると

$$\mathop{\forall}_{0 \leqq j \leqq T} \mathop{\forall}_{0 \leqq i \leqq j} \tilde{\beta}(j-i)\tilde{\gamma}(i) = 0 \qquad \cdots(3.39)$$

となる。また第3章(3.10)式より，時点 t に出発した商品資本 No.t が t_0 期間後に生産資本に転化する量は，

3　資本回転の固有方程式

$$P_{t,t+t_0} = (1+g)^t \sum_{i=0}^{t_0} \tilde{\beta}(t_0 - i)\tilde{\gamma}(i)$$

と書ける。したがって(3.39)式は，任意の時点 t において出発した商品資本が T 期間経過しても，まったく生産資本に転化していないことを意味する。これは矛盾である。なぜなら流動資本の回転期間は T 期間であるので，この資本は時点 $t+T$ には100%商品資本に転化しているはずだからである。よって(3.38)式の $\alpha^*(g)$ の分母も分子も 0 より大きくなければならない。まずこれで(3)が証明された。さらに $\forall_{0 \leq j \leq T} T - j \geq 0$ より，(3.38)式の $\alpha^*(g)$ の分母は $(1+g)$ の多項式である。そこで分子は定数であるから $\alpha^*(g)$ は定義域 $g \in \mathbb{R}_+$ について連続である。これで(1)が証明された。つぎに $g=0$ のとき明らかに(3.38)式の $\alpha^*(g)$ の分母と分子は等しくなるから $\alpha^*(0)=1$ となり，(2)が証明される。最後に，(3.38)式の $\alpha^*(g)$ の分母は $(1+g)$ の多項式であり，明らかに

$$\forall_{0 \leq j \leq T} \sum_{i=0}^{j} \tilde{\beta}(j-i)\tilde{\gamma}(i) \geq 0$$

が成り立つから，$\alpha^*(g)$ の分母は g の単調非減少関数である。ここで分子は正数だから，$\alpha^*(g)$ は g の単調非増加関数であり，これで(4)が証明された。

3.3.5　$\gamma^*(g)$ にかんする証明

考察対象の投入財が流動資本の場合，購買ラグ $\gamma(\tau)$ は，成長率 g には依存しない τ だけの関数である。その限りでは，販売ラグ $\beta(\tau)$ と違いはないので，証明は 3.3.3 節の $\beta^*(g)$ かんする証明に完全に準拠する。一方，投入財が固定資本の場合は，第3章4.4.3節で導出したように，購買ラグ $\gamma(\tau)$ は一般に，成長率 g に依存する関数 $\gamma(g, \tau)$ となる。[11] いま T は固定資本の回転期間であり，第3章(4.32)式より，T は生産期間，販売期間，購買期間それぞれの上界である。第3章(4.29)式より

---

(11)　複線的資本分割の場合は，資本分割にともない購買期間が解消される（$\gamma(0)=1$）ので，性質(1)〜(4)の証明はすべてトリヴィアルである。

第4章 資本回転と資本蓄積

$$\gamma(\tau) = \gamma(g,\tau) = \frac{(1+g)^{-T+\tau}\sum_{i=0}^{T-\tau}\tilde{\alpha}(T-\tau-i)\tilde{\beta}(i)}{\sum_{j=0}^{T}(1+g)^{-j}\sum_{i=0}^{j}\tilde{\alpha}(j-i)\tilde{\beta}(i)} \quad \cdots(3.40)$$

である[12]。よって購買の伝達関数 $\gamma^*(g)$ は次のようになる。

$$\gamma^*(g) = \sum_{k=0}^{\infty}\gamma(g,k)(1+g)^{-k}$$

$$= \frac{\sum_{k=0}^{T}\sum_{i=0}^{T-k}\tilde{\alpha}(T-k-i)\tilde{\beta}(i)}{\sum_{j=0}^{T}\sum_{i=0}^{j}(1+g)^{T-j}\tilde{\alpha}(j-i)\tilde{\beta}(i)} \quad \cdots(3.41)$$

ここで $\gamma^*(g)$ の分母 $\sum_{j=0}^{T}\sum_{i=0}^{j}(1+g)^{T-j}\tilde{\alpha}(j-i)\tilde{\beta}(i)$ または分子 $\sum_{k=0}^{T}\sum_{i=0}^{T-k}\tilde{\alpha}(T-k-i)\tilde{\beta}(i)$

が仮に 0 であったと仮定してみる。すると

$$\forall_{0\leq j\leq T}\ \forall_{0\leq i\leq j}\ \tilde{\alpha}(j-i)\tilde{\beta}(i) = 0 \quad \cdots(3.42)$$

となる。また第3章(4.16)式より，時点 t に出発した生産資本 No.t が t_0 期間後に貨幣資本に転化する量は，

$$G_{t,t+t_0} = (1+g)^t\sum_{i=0}^{t_0}\tilde{\alpha}(t_0-i)\tilde{\beta}(i)$$

と書ける。したがって(3.42)式は，任意の時点 t において出発した生産資本が T 期間経過しても，まったく貨幣資本に転化していないことを意味する。これは矛盾である。なぜなら，固定資本の回転期間は T 期間であるので，この資本は時点 $t+T$ には 100％生産資本に転化しているはずだからである。よって(3.41)式の $\gamma^*(g)$ の分母も分子も 0 より大きい。まずこれで(3)が証明された。さらに $\forall_{0\leq j\leq T}\ T-j\geq 0$ より，(3.41)式の $\gamma^*(g)$ の分母は $(1+g)$ の多項式である。そこで分子は定数であるから $\gamma^*(g)$ は定義域 $g\in\mathbb{R}_+$ について連続である。これで(1)が証明された。さらに $g=0$ のとき明らかに (3.41) 式の $\gamma^*(g)$ の分母と分子は等しくなるから $\gamma^*(0)=1$ となり，(2)が証明される。最後に，(3.41)式の

---

(12) ここでも，$\tilde{\alpha}(\cdot)$，$\tilde{\beta}(\cdot)$，$\tilde{\gamma}(\cdot)$ は，この部門に属する個別資本についての資本分割以前のタイムラグを指す。

3 資本回転の固有方程式

$\gamma^*(g)$の分母は$(1+g)$の多項式であり，明らかに

$$\forall_{0\leq j\leq T} \sum_{i=0}^{j} \tilde{\alpha}(j-i)\tilde{\beta}(i)\geq 0$$

が成り立つから，$\gamma^*(g)$の分母はgの単調非減少関数である。ここで分子は正数だから，$\gamma^*(g)$はgの単調非増加関数であり，これで(4)が証明された。

3.3.6 $\alpha^*(g)\beta^*(g)\gamma^*(g)$にかんする証明 性質(5)については，性質(1)より明らかである。性質(6)については，性質(2)より明らかである。性質(7)については，性質(3)より明らかである。

さて性質(8)と性質(9)については，生産ラグ$\alpha(\tau)$が成長率gに依存しない固定資本の場合と，gに依存する流動資本の場合とに場合分けをして証明しなければならない。まず固定資本の場合について証明する。生産の有時間性の仮定より$\alpha(0)=0$である。任意の$g_1, g_2, 0\leq g_1<g_2$を選ぶ。任意の自然数$n\geq 1$について

$$(1+g_1)^{-n} > (1+g_2)^{-n}$$

であり，(3.1)(3.36)式より

$$\alpha^*(g_1) > \alpha^*(g_2)$$

は明らかである。さらに性質の(3)(4)より$\beta^*(g_1)\geq\beta^*(g_2)>0$および$\gamma^*(g_1)\geq\gamma^*(g_2)>0$が成り立つから，$\alpha^*(g_1)\beta^*(g_1)\gamma^*(g_1)>\alpha^*(g_2)\beta^*(g_2)\gamma^*(g_2)$が得られる。これで性質(8)が証明された。

性質(9)の証明についてはまず，任意に$\varepsilon>0$を選ぶ。タイムラグの定義よりすべての$\tau\in\mathbb{N}_0$について$0\leq\alpha(\tau)\leq 1$であり，また生産の有時間性の仮定より$\alpha(0)=0$だから，任意の$g>0$について

$$\left|\alpha^*(g)\right| = \sum_{k=1}^{\infty}\alpha(k)(1+g)^{-k} \leq \sum_{k=1}^{\infty}(1+g)^{-k} = \frac{1}{g}$$

が成り立つ。よってすべての$g>1/\varepsilon$で

$$\left|\alpha^*(g)\beta^*(g)\gamma^*(g)\right| \leq \left|\alpha^*(g)\right| < \varepsilon$$

となる。これで性質(9)が証明された。

さてつぎに生産ラグ$\alpha(\tau)$が成長率gに依存する流動資本の場合について

第 4 章　資本回転と資本蓄積

証明を行う。流動資本の回転期間を T とする。まず生産の有時間性から導かれる第 3 章(2.6)式より直ちに

$$\forall_{j \geqq T} \sum_{i=0}^{j} \tilde{\beta}(j-i)\tilde{\gamma}(i) = 0 \qquad \cdots(3.43)$$

が導ける[13]。このことから

$$1 = \{\sum_{k=0}^{T} \tilde{\beta}(k)\}\{\sum_{h=0}^{T} \tilde{\gamma}(h)\}$$
$$= \sum_{j=0}^{T-1} \sum_{i=0}^{j} \tilde{\beta}(j-i)\tilde{\gamma}(i) + \sum_{j=T}^{2T} \sum_{i=j-T}^{T} \tilde{\beta}(j-i)\tilde{\gamma}(i) \qquad \cdots(3.44)$$
$$= \sum_{j=0}^{T-1} \sum_{i=0}^{j} \tilde{\beta}(j-i)\tilde{\gamma}(i)$$

が成り立つ。ところで明らかに

$$\forall_{0 \leqq j \leqq T-1} \quad T-j \geqq 1$$

であり，$g \geqq 0$ だから

$$\forall_{0 \leqq j \leqq T-1} (1+g)^{T-j} \geqq (1+g) \qquad \cdots(3.45)$$

が成り立つ。よって(3.38)式の $\alpha^*(g)$ の分母にかんして，(3.43)(3.44)(3.45)式を考慮すれば

$$\sum_{j=0}^{T} \sum_{i=0}^{j} (1+g)^{T-j} \tilde{\beta}(j-i)\tilde{\gamma}(i)$$
$$= \sum_{j=0}^{T-1} \sum_{i=0}^{j} (1+g)^{T-j} \tilde{\beta}(j-i)\tilde{\gamma}(i) \qquad \cdots(3.46)$$
$$\geqq (1+g) \sum_{j=0}^{T-1} \sum_{i=0}^{j} \tilde{\beta}(j-i)\tilde{\gamma}(i)$$
$$= 1+g$$

が成り立つ。他方，(3.38)式の $\alpha^*(g)$ の分子にかんしては，(3.43)(3.44)式を考慮して

---

(13)　脚注(12)参照。

3 資本回転の固有方程式

$$\sum_{k=0}^{T}\sum_{i=0}^{T-k}\tilde{\beta}(T-k-i)\tilde{\gamma}(i)$$
$$=\sum_{k=1}^{T}\sum_{i=0}^{T-k}\tilde{\beta}(T-k-i)\tilde{\gamma}(i) \qquad \cdots(3.47)$$
$$=1$$

が成り立つ。よって(3.38)(3.46)(3.47)式から

$$\alpha^*(g) \leqq \frac{1}{1+g}$$

が導ける。ここで任意に $\varepsilon>0$ を選ぶ。$g>\frac{1}{\varepsilon}-1$ をみたすすべての $g\geqq 0$ について

$$\left|\alpha^*(g)\beta^*(g)\gamma^*(g)\right| \leqq \left|\alpha^*(g)\right| \leqq \frac{1}{1+g} < \varepsilon$$

が成り立つから,これで性質(9)が証明された。

つぎに(3.38)式の $\alpha^*(g)$ の分母にかんして,(3.46)式より

$$\sum_{j=0}^{T}\sum_{i=0}^{j}(1+g)^{T-j}\tilde{\beta}(j-i)\tilde{\gamma}(i)$$
$$=\sum_{j=0}^{T-1}(1+g)^{T-j}\sum_{i=0}^{j}\tilde{\beta}(j-i)\tilde{\gamma}(i)$$
$$\geqq 1+g > 0$$

が成り立つ。よって

$$\mathop{\forall}_{0\leqq j\leqq T-1}(1+g)^{T-j}\sum_{i=0}^{j}\tilde{\beta}(j-i)\tilde{\gamma}(i)\geqq 0$$

$$\mathop{\exists}_{0\leqq j\leqq T-1}(1+g)^{T-j}\sum_{i=0}^{j}\tilde{\beta}(j-i)\tilde{\gamma}(i) > 0$$

が成り立つ。また明らかに $\mathop{\forall}_{0\leqq j\leqq T-1} T-j\geqq 1$ だから,$\alpha^*(g)$ の分母は$(1+g)$にかんする1次以上の多項式である。よって $\alpha^*(g)$ の分母は g の単調増加関数である。(3.47)より $\alpha^*(g)$ の分子は1であるから,$\alpha^*(g)$ それ自体は,g の単調減少関数である。これによって性質8)が導びける。(*qed*)

第 4 章　資本回転と資本蓄積

図 4-1　$\alpha^*(g)\beta^*(g)\gamma^*(g)$のグラフ

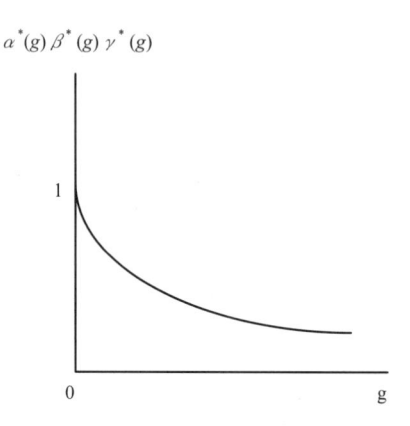

$\alpha^*(g)\beta^*(g)\gamma^*(g)$

1

0　　　　　　　　　　　　　　g

なお 3.3.2 節の 5)〜9)の性質をもつ伝達関数の積 $\alpha^*(g)\beta^*(g)\gamma^*(g)$は図 4-1 のような曲線となる。こうして任意の $s \geqq 0$, $q \geqq 0$ について，資本回転の固有方程式(3.22)を満たす $g \geqq 0$ が必ず存在する(5.2 節図 4-2 参照)。

4　資本回転と単純再生産

4.1　単純再生産の定義

単純再生産とは，任意の個別資本において生産が同じ規模で繰り返されることである。したがってこの資本において生産される商品の数量および価額は毎回同じである。よって単純再生産においては，各時点での商品資本への転化量(費用価格)は一定である。二つの時点 $t_1, t_2 \in \mathbb{Z}$ を任意に選び，それぞれの時点での商品資本への転化量を $W(t_1), W(t_2)$ とすれば，

$$W(t_1) = W(t_2) \quad \cdots(4.1)$$

が成り立つ。したがってすべての時点 $t \in \mathbb{Z}$ において成長率 $g(t)$ は，(1.10)式より

$$g(t) = 0 \quad \cdots(4.2)$$

である。

4.2 単純再生産の必要十分条件

単純再生産においては $g=0$ だから，資本回転の固有方程式(3.22)および伝達関数の性質(3.32)式より

$$1 = (1+sq)\,\beta^*(0)\,\gamma^*(0)\,\alpha^*(0) = 1+sq$$

$$sq = 0 \qquad\cdots(4.3)$$

である。また逆に $sq=0$ であれば $g=0$ でなければならない。なぜなら伝達関数の性質(3.32)(3.34)式よりもし $g>0$ であれば $\beta^*(g)\,\gamma^*(g)\,\alpha^*(g)<1$ となり，

$$sq = \frac{1}{\beta^*(g)\gamma^*(g)\alpha^*(g)} - 1 > 0$$

となってしまうからである。よって蓄積率がゼロ($s=0$)またはマークアップ率がゼロ($q=0$)であることは単純再生産($g=0$)の必要十分条件である。

4.3 単純再生産におけるフロー

任意の部門を選び，任意の投入財を選ぶ。いま単純再生産が行われ，ある定数 $\mathcal{E}>0$ があり，すべての時点 $t\in\mathbb{Z}$ において

$$W(t) = \mathcal{E} \qquad\cdots(4.4)$$

が成り立っているものとする。すなわち毎時点で完成する商品資本の額は $\mathcal{E}$ であるとする。

そこで任意の時点 t において還流する貨幣資本の額は，伝達関数の定義より，(3.24)(3.29)(4.2)(4.4)式から

$$G(t) = \beta^*(0)\mathcal{E} = \mathcal{E} \qquad\cdots(4.5)$$

となる。同様にこの時点において充用される生産資本の額は，(3.26)(3.29)(4.3)(4.5)式より

$$P(t) = \gamma^*(0)\,(1+sq)G(t) = \mathcal{E} \qquad\cdots(4.6)$$

となる。

以上のように単純再生産の場合は，フローはすべての時点で不変であり，かつフローは費用価格，回転資本，充用資本のいずれの形態で計測しても等しい。

4.4 単純再生産におけるストック

4.3.のように選んだ資本について，次の 3 つの命題が成り立つ。(1)一般的に，回転期間の最大値は $T_\beta+T_\gamma+T_\alpha$ 期間である。すなわち任意の時点に任意の形態に復帰した資本について，その 1 循環に要した時間は長くても $T_\beta+T_\gamma+T_\alpha$ 期間である。(2)単純再生産の場合には，始点から数えて $T_\beta+T_\gamma+T_\alpha$ 期間[14]以後はいかなる形態においても投資も資本縮小も必要がない[15]。(3)こうして単純再生産の場合には，ストックは始点から $T_\beta+T_\gamma+T_\alpha$ 期間以内に投資された資本額の累計に等しいのであるが，このストック(投下資本)はひとつの公式によって一意的に決定される。以下でこれら 3 つの命題を証明する。

4.4.1 回転期間の最大値

任意の時点 $t \in \mathbb{Z}$ において還流した貨幣資本 $G(t)$ について，貨幣資本の 1 循環を過去へと遡ることによってこれを定式化すれば次のようになる。すなわち(3.8)(3.19)(3.16)式より

$$\begin{aligned}G(t) &= \sum_{i=0}^{T_\beta} \beta(i) W(t-i) \\ &= \sum_{i=0}^{T_\beta} \beta(i) \sum_{k=0}^{T_\alpha} \alpha(k) P(t-i-k) \\ &= \sum_{i=0}^{T_\beta} \beta(i) \sum_{k=0}^{T_\alpha} \alpha(k) \sum_{j=0}^{T_\gamma} \gamma(j)(1+sq) G(t-i-k-j)\end{aligned} \quad \cdots(4.7)$$

この式は，任意の時点 t に還流する貨幣資本は，過去 $T_\gamma+T_\alpha+T_\beta$ 期間の間に出発した貨幣資本から転化したものであることを示している。すなわち任意の貨幣資本についてその回転期間は $T_\gamma+T_\alpha+T_\beta$ 期間を超えない。同じことが $P(t)$，$W(t)$ についても成り立つことは同様にして容易に示せる。もちろんこのことは単純再生産に限らず，有界な販売期間，購買期間，生産期間をもつすべての場合に一般的に成り立つ。

---

(14) ここで始点とは，ストック計測のために設定する論理的創業時である。

(15) 「投資」の定義については第 3 章 1.4 節参照。

4.4.2 投資の期限

つぎに単純再生産($sq=0$)を前提すれば，(4.5)式より毎時点で貨幣額$\mathcal{E}$が還流し，次の循環を開始する。このとき任意の時点tにおいて還流する貨幣額は，(4.7)式より

$$\begin{aligned}G(t) &= \sum_{i=0}^{T_\beta}\beta(i)\sum_{k=0}^{T_\alpha}\alpha(k)\sum_{j=0}^{T_\gamma}\gamma(j)G(t-i-k-j)\\&= \sum_{i=0}^{T_\beta}\beta(i)\sum_{k=0}^{T_\alpha}\alpha(k)\sum_{j=0}^{T_\gamma}\gamma(j)\mathcal{E}\\&= \mathcal{E}\end{aligned} \quad\cdots(4.8)$$

となる。すなわち過去$T_\gamma+T_\alpha+T_\beta$期間にわたって毎時点で貨幣額$\mathcal{E}$が準備(前貸)されれば，時点$t$においては，ちょうど$\mathcal{E}$だけの貨幣額が還流してくる。それゆえ，過去の貨幣から還流する額だけで，時点tで準備されるべき貨幣額$\mathcal{E}$がちょうど全額まかなえることになる。したがって，いま時点0を始点として，時点0から時点$T_\gamma+T_\alpha+T_\beta$まで（厳密には生産の有時間性より時点$T_\gamma+T_\alpha+T_\beta-1$まで）毎時点で貨幣を$\mathcal{E}$ずつ準備できれば，時点$T_\gamma+T_\alpha+T_\beta$以降はいっさいの貨幣資本の投資も資本縮小も必要ないということである。いずれにせよ投資は時点$T_\gamma+T_\alpha+T_\beta$までには完了している。

4.4.3 ストックの公式

ストックは，資本循環に拘束されている資本額の現有量であるから，資本の減価や増価が起こらない限り，始点よりそれまでに投資された(貨幣)資本の累計額によって計測される。しかし4.4.2節から分かるように，遅くとも時点$T_\gamma+T_\alpha+T_\beta$以降はいっさいの投資も資本縮小も行われず，投資はそれ以前に完了している。よって資本循環に投資された資本額の累計としてのストックは，時点0から時点$T_\gamma+T_\alpha+T_\beta$までの期間だけを対象として計測することができる。すなわちこの期間内の毎時点で貨幣を$\mathcal{E}$ずつ準備(前貸)するために投資される(貨幣)資本の累計額を求めればよいのである。その額は一意的に存在し，次の手続きで求められる。

まず

$$T:=T_\alpha+T_\beta+T_\gamma+1 \quad\cdots(4.9)$$

と定義し，T次の非負正方行列 **Γ**, **A**, **B**, **I** を次のように定義する。

第4章 資本回転と資本蓄積

$\Gamma \in M(T \times T, \mathbb{R}_+)$

$$\Gamma := \begin{pmatrix} \gamma(0) & \gamma(1) & \cdots & \gamma(T_\gamma) & 0 & \cdots & 0 \\ 0 & \gamma(0) & \gamma(1) & \cdots & \gamma(T_\gamma) & 0 & \cdots \\ \vdots & & & & & & \\ & & & \cdots & 0 & \gamma(0) & \gamma(1) \\ 0 & & & \cdots & & 0 & \gamma(0) \end{pmatrix} \quad \cdots(4.10)$$

$A \in M(T \times T, \mathbb{R}_+)$

$$A := \begin{pmatrix} \alpha(0) & \alpha(1) & \cdots & \alpha(T_\alpha) & 0 & \cdots & 0 \\ 0 & \alpha(0) & \alpha(1) & \cdots & \alpha(T_\alpha) & 0 & \cdots \\ \vdots & & & & & & \\ & & & \cdots & 0 & \alpha(0) & \alpha(1) \\ 0 & & & \cdots & & 0 & \alpha(0) \end{pmatrix} \quad \cdots(4.11)$$

$B \in M(T \times T, \mathbb{R}_+)$

$$B := \begin{pmatrix} \beta(0) & \beta(1) & \cdots & \beta(T_\beta) & 0 & \cdots & 0 \\ 0 & \beta(0) & \beta(1) & \cdots & \beta(T_\beta) & 0 & \cdots \\ \vdots & & & & & & \\ & & & \cdots & 0 & \beta(0) & \beta(1) \\ 0 & & & \cdots & & 0 & \beta(0) \end{pmatrix} \quad \cdots(4.12)$$

$I \in M(T \times T, \mathbb{R}_+)$

$$I := \begin{pmatrix} 1 & 0 & \cdots & 0 \\ 0 & 1 & 0 & \vdots \\ \vdots & & \ddots & \vdots \\ 0 & \cdots & 0 & 1 \end{pmatrix} \quad (T次の単位行列) \quad \cdots(4.13)$$

Γ, A, B をそれぞれ T 次の購買ラグ行列，生産ラグ行列，販売ラグ行列と呼ぶ．この3つのラグ行列の積 ΓAB を考察する．この積もやはり T 次の非負正方行列であるが，それぞれの行列の成分の配置から，この積の i 行 j 列は，時点 $(i-1)$ で出発した貨幣が時点 $(j-1)$ で還流する割合を表現している．だからいま j 列の列和をとればそれは，時点 0 から時点 $(j-1)$ まで毎時点で 1 ずつ出発した貨幣が時点 $(j-1)$ で還流する総額を表現している．よって 1 と j 列和との差は，時点 $(j-1)$ で準備(前貸)すべき貨幣量と同時点で還流する貨幣量との差を表現する．この差，すなわち貨幣の不足量がこの時点で投資されるべき貨幣量である．したがって時点 0 から時点 $T_\gamma+T_\alpha+T_\beta$ まで全期間にわたっ

4 資本回転と単純再生産

て不足する貨幣量，すなわち投資されなければならない貨幣量は，各列の列和の合計をもとめ，これを T から引くことによって得られる。

よって単純再生産において各時点で $\mathcal{E}$ のフローを得るのに必要な投下資本（ストック）K は次の公式で一意的に求めることができる。すなわち $e' := (1,\cdots,1) \in \mathbb{R}^T$ とし，e' を e の転置ベクトルとすれば，

$$K = \mathcal{E}(T - e'\mathbf{\Gamma AB}e)$$
$$= \mathcal{E}e'(I - \mathbf{\Gamma AB})e \quad \cdots(4.14)$$

となる。このようにフローを所与として与えれば，ストックは定数として一意的に定まり，時点とは独立して不変である。

4.5 単純再生産におけるマークアップ率・価値回転・利潤率

4.5.1 価値回転の公式

単純再生産において，フロー/ストック比率としての価値回転数 U は，ストックの公式(4.14)より

$$U = \mathcal{E}/K$$
$$= \frac{\mathcal{E}}{\mathcal{E}e'(I - \mathbf{\Gamma AB})e}$$
$$= \frac{1}{e'(I - \mathbf{\Gamma AB})e} \quad \cdots(4.15)$$

となる。このように価値回転数 U は $\mathcal{E}$ には依存せず，ただタイムラグによってのみ決定される。なお生産の有時間性の仮定により $\alpha(0) = 0$ であるから，

$$e'(I - \mathbf{\Gamma AB})e > 0$$

であることが確かめられる。したがって次がなりたつ。

$$K > 0 \quad \cdots(4.16)$$
$$U > 0 \quad \cdots(4.17)$$

以上の価値回転の公式より，利潤率の恒等式(2.6)を考慮して

$$r = qU = \frac{q}{e'(I - \mathbf{\Gamma AB})e}$$

---

(16) e は集計ベクトルを表す数学記号として慣用的に使われているのでここでもそれを踏襲する。したがって第 6 章で定義する資本家の消費需要ベクトル e とはまったく関係がない。

第4章 資本回転と資本蓄積

$$q=r/U=r\,e'(I-\mathbf{\Gamma AB})e$$

が得られる。

4.5.2 価値回転の数値例　以下の3節(4.5.2～4.5.4)では単純再生産における価値回転のいくつかの例を取り上げる。

(i) 数値例1

次のような定常的タイムラグとフローを持つ資本についてストックを求める[17]。

$\gamma(0)=1$

$\alpha(1)=6/17, \quad \alpha(2)=3/17, \quad \alpha(3)=8/17$

$\beta(1)=1$

$\mathcal{E}=170$

ここから $T=T_\gamma+T_\alpha+T_\beta+1=0+3+1+1=5$ となるので，5次の非負正方行列を用いればよい。

$$\mathbf{\Gamma}=\begin{pmatrix}1&0&0&0&0\\0&1&0&0&0\\0&0&1&0&0\\0&0&0&1&0\\0&0&0&0&1\end{pmatrix} \qquad \mathbf{A}=\frac{1}{17}\begin{pmatrix}0&6&3&8&0\\0&0&6&3&8\\0&0&0&6&3\\0&0&0&0&6\\0&0&0&0&0\end{pmatrix}$$

$$\mathbf{B}=\begin{pmatrix}0&1&0&0&0\\0&0&1&0&0\\0&0&0&1&0\\0&0&0&0&1\\0&0&0&0&0\end{pmatrix} \qquad \mathbf{\Gamma AB}=\frac{1}{17}\begin{pmatrix}0&0&6&3&8\\0&0&0&6&3\\0&0&0&0&6\\0&0&0&0&0\\0&0&0&0&0\end{pmatrix}$$

よってストック K は（4.14）式より

$K=170\{5-(6+3+6+8+3+6)/17\}=530$

となり，価値回転数は(4.15)式より，1期間あたり

$U=170/530$

---

(17) これは亀﨑 [1996] における「資本A」の事例である。亀﨑 [1996] 69頁。

4 資本回転と単純再生産

となる。

(ii) 数値例 2

つぎに以下のような定常的タイムラグとフローを持つ資本についてストックを求める。

$\gamma(0)=0,\quad \gamma(1)=2/3,\quad \gamma(2)=1/3$

$\alpha(0)=0,\quad \alpha(1)=4/10,\quad \alpha(2)=3/10,\quad \alpha(3)=2/10,\quad \alpha(4)=1/10$

$\beta(0)=0,\quad \beta(1)=3/6,\quad \beta(2)=2/6,\quad \beta(3)=1/6$

$\mathcal{E}=1$

ここでは $T=2+4+3+1=10$ となるので，10 次の非負正方行列が用いられ，Γ, A, B および 3 者の積 ΓAB はそれぞれ次のようになる。

$$\Gamma = \frac{1}{3}\begin{pmatrix} 0 & 2 & 1 & 0 & 0 & 0 & 0 & 0 & 0 & 0 \\ 0 & 0 & 2 & 1 & 0 & 0 & 0 & 0 & 0 & 0 \\ 0 & 0 & 0 & 2 & 1 & 0 & 0 & 0 & 0 & 0 \\ 0 & 0 & 0 & 0 & 2 & 1 & 0 & 0 & 0 & 0 \\ 0 & 0 & 0 & 0 & 0 & 2 & 1 & 0 & 0 & 0 \\ 0 & 0 & 0 & 0 & 0 & 0 & 2 & 1 & 0 & 0 \\ 0 & 0 & 0 & 0 & 0 & 0 & 0 & 2 & 1 & 0 \\ 0 & 0 & 0 & 0 & 0 & 0 & 0 & 0 & 2 & 1 \\ 0 & 0 & 0 & 0 & 0 & 0 & 0 & 0 & 0 & 2 \\ 0 & 0 & 0 & 0 & 0 & 0 & 0 & 0 & 0 & 0 \end{pmatrix}$$

$$A = \frac{1}{10}\begin{pmatrix} 0 & 4 & 3 & 2 & 1 & 0 & 0 & 0 & 0 & 0 \\ 0 & 0 & 4 & 3 & 2 & 1 & 0 & 0 & 0 & 0 \\ 0 & 0 & 0 & 4 & 3 & 2 & 1 & 0 & 0 & 0 \\ 0 & 0 & 0 & 0 & 4 & 3 & 2 & 1 & 0 & 0 \\ 0 & 0 & 0 & 0 & 0 & 4 & 3 & 2 & 1 & 0 \\ 0 & 0 & 0 & 0 & 0 & 0 & 4 & 3 & 2 & 1 \\ 0 & 0 & 0 & 0 & 0 & 0 & 0 & 4 & 3 & 2 \\ 0 & 0 & 0 & 0 & 0 & 0 & 0 & 0 & 4 & 3 \\ 0 & 0 & 0 & 0 & 0 & 0 & 0 & 0 & 0 & 4 \\ 0 & 0 & 0 & 0 & 0 & 0 & 0 & 0 & 0 & 0 \end{pmatrix}$$

$$B = \frac{1}{6}\begin{pmatrix} 0 & 3 & 2 & 1 & 0 & 0 & 0 & 0 & 0 & 0 \\ 0 & 0 & 3 & 2 & 1 & 0 & 0 & 0 & 0 & 0 \\ 0 & 0 & 0 & 3 & 2 & 1 & 0 & 0 & 0 & 0 \\ 0 & 0 & 0 & 0 & 3 & 2 & 1 & 0 & 0 & 0 \\ 0 & 0 & 0 & 0 & 0 & 3 & 2 & 1 & 0 & 0 \\ 0 & 0 & 0 & 0 & 0 & 0 & 3 & 2 & 1 & 0 \\ 0 & 0 & 0 & 0 & 0 & 0 & 0 & 3 & 2 & 1 \\ 0 & 0 & 0 & 0 & 0 & 0 & 0 & 0 & 3 & 2 \\ 0 & 0 & 0 & 0 & 0 & 0 & 0 & 0 & 0 & 3 \\ 0 & 0 & 0 & 0 & 0 & 0 & 0 & 0 & 0 & 0 \end{pmatrix}$$

$$\Gamma AB = \frac{1}{180}\begin{pmatrix} 0 & 0 & 0 & 24 & 46 & 49 & 36 & 18 & 6 & 1 \\ 0 & 0 & 0 & 0 & 24 & 46 & 49 & 36 & 18 & 6 \\ 0 & 0 & 0 & 0 & 0 & 24 & 46 & 49 & 36 & 18 \\ 0 & 0 & 0 & 0 & 0 & 0 & 24 & 46 & 49 & 36 \\ 0 & 0 & 0 & 0 & 0 & 0 & 0 & 24 & 46 & 49 \\ 0 & 0 & 0 & 0 & 0 & 0 & 0 & 0 & 24 & 46 \\ 0 & 0 & 0 & 0 & 0 & 0 & 0 & 0 & 0 & 24 \\ 0 & 0 & 0 & 0 & 0 & 0 & 0 & 0 & 0 & 0 \\ 0 & 0 & 0 & 0 & 0 & 0 & 0 & 0 & 0 & 0 \\ 0 & 0 & 0 & 0 & 0 & 0 & 0 & 0 & 0 & 0 \end{pmatrix}$$

よってストック K は(4.14)式より

$K = 10 - (24 \times 7 + 46 \times 6 + 49 \times 5 + 36 \times 4 + 18 \times 3 + 6 \times 2 + 1)/180 = 5$

となり，価値回転数 U は，1 期間あたり

$U = 1/5$

であり，価値回転期間 θ は

$$\theta = 5$$

である。このように任意の定常的タイムラグについて容易にストックおよび価値回転を求めることができる。

4.5.3 オーストリア学派の「生産のリレー制」

ベーム・バヴェルクは，現実においては「生産のリレー制(Staffelung der Produktion)」[18]にもとづいて生産が編成されるのが一般的であるとした。「生産のリレー制」とは実は複線的資本分割の一種であり[19]，よって定常的タイムラグの一種である。タイムラグを用いて定義すれば，「生産のリレー制」とは次のようなタイムラグをもつ資本回転として定義できる。

$$\gamma(0) = 1 \qquad \cdots(4.18)$$

$$\alpha(0) = 0 \text{ かつ } \underset{T_\alpha \in \mathbb{N}}{\exists} \underset{1 \leq \tau \leq T_\alpha}{\forall} \alpha(\tau) = \frac{1}{T_\alpha} \qquad \cdots(4.19)$$

$$\beta(0) = 1 \qquad \cdots(4.20)$$

つまり購買期間および販売期間はどの資本部分をとってもゼロであり，生産期間に関しては，1期間から T_α 期間まで資本価値が均等に分布している。すなわち各時点で投入される生産資本は，T_α 等分され，各部分は生産過程に1期間，2期間，…，T_α 期間それぞれ滞留する。ここで T_α は (4.19)式より

$$\sum_{k=0}^{T_\alpha} \alpha(k) = 1 \qquad (4.21)$$

を満たす。よって T_α は(3.1)式によれば，資本価値の取りうる生産期間の最大値に他ならないが，ベーム・バヴェルクは T_α を単に「生産期間(Produktionsperiode)」と呼んでいる。

「生産のリレー制」を上のように定常的タイムラグによって定義すれば，ストックおよび価値回転を求めることは容易である。上のタイムラグの形から $T = T_\alpha + 1$ となるので，$T_\alpha + 1$ 次の非負正方行列を用いて，ラグ行列は次のよ

---

(18) Böhm-Bawerk [⁴1921] Erster Band, S.397-400; Wicksell [1893] S.99-100.
(19) 第3章 3.2 および 3.5 節参照。

うに表現できる。

$\Gamma = B = I$, I は $T_\alpha + 1$ 次の単位行列

$$A = \frac{1}{T_\alpha}\begin{pmatrix} 0 & 1 & \cdots & 1 & 1 \\ 0 & 0 & 1 & \cdots & 1 \\ \vdots & \vdots & \ddots & \ddots & \vdots \\ 0 & 0 & \cdots & 0 & 1 \\ 0 & 0 & \cdots & 0 & 0 \end{pmatrix} \in M((T_\alpha + 1) \times (T_\alpha + 1), \mathbb{R}_+)$$

生産ラグ行列 **A** ではこのように，対角成分の右隣から始めて右に向かって1が並ぶ。いま簡単な行列の演算により次の結果を得る。$e' = (1, \cdots, 1) \in \mathbb{R}^{T_\alpha + 1}$ として

$$e'\Gamma ABe = \frac{T_\alpha + 1}{2}$$

いま単純再生産によって各時点でのフローを ε とすれば，ストックは(4.14)式より

$$K = \varepsilon \frac{T_\alpha + 1}{2} \tag{4.22}$$

となるが，これはベーム・バヴェルクのストック概念である「当初基金（Anfangsfonds）[20]」あるいは「生存基本（Subsistenzfonds）[21]」と一致する。またストック/フロー比率としての価値回転期間 θ は

$$\theta = \frac{T_\alpha + 1}{2} \tag{4.23}$$

となるが，これはベーム・バヴェルクの「平均生産期間」と一致し，彼はこれを「生産期間の半分に時間単位の半分を加えたもの[22]」と表現した。

ここで1期間を細分して単位時間を非常に小さく設定する。そうしてきめ細かく「生産のリレー制」を実行したときのストックと価値回転を求めてみ

---

(20) Böhm-Bawerk [⁴1921] Zweiter Band (Exkurse), S.346.
(21) Böhm-Bawerk [⁴1921] Erster Band, S.394. そのほか同書では「生存前貸（Subsistenzvorschuß）」「前貸基金（Vorschußfonds）」などの用語がストックと同義に用いられている。
(22) Böhm-Bawerk [⁴1921] Zweiter Band (Exkurse), S.346. Vgl. Böhm-Bawerk [⁴1921] Erster Band, S.399-400.

る。まず1期間を n 等分してそれを単位時間とした場合のストックは

$$K_n = \frac{\mathcal{E}}{n} \frac{nT_\alpha + 1}{2} \tag{4.24}$$

となり，価値回転期間は

$$\theta_n = \frac{nT_\alpha + 1}{2n} \tag{4.25}$$

となる。そこでこの n を無限大にして事実上，時間を連続変数と考えれば

$$\lim_{n \to \infty} K_n = \mathcal{E} \frac{T_\alpha}{2} \tag{4.26}$$

$$\lim_{n \to \infty} \theta_n = \frac{T_\alpha}{2} \tag{4.27}$$

が得られる。そしてこの $\frac{T_\alpha}{2}$ は，ヴィクセルが「資本投資の平均的長さ」[23]と呼んだものである。

4.5.4 「ルフチ・ローマン効果」

いま固定資本について，単純な資本分割を行う。そのさい同時に購買期間を解消する複線的資本分割を実行する[24]。すなわち毎時点で同額の労働手段が充用されるように連続投資を行いながら，減価償却基金をただちに(購買期間ゼロで)現物更新のために支出する。このとき購買期間の解消が固定資本ストックの節約を可能にするが，この節約効果は一般に「ルフチ・ローマン効果(Ruchti-Lohmann-Effekt)」と呼ばれている[25]。

---

(23) Wicksell [1893] S.96.
(24) 単純な資本分割，複線的資本分割の定義については第3章3.2節および4.3節を参照のこと。
(25) この節約効果とは固定資本の価値回転数の増加と同義である。とくに充用固定資本(フロー)を一定とすれば，投下固定資本(ストック)が小さくなり，ストックを一定とすれば，フローが拡大する。この点を「ルフチ・ローマン効果」の「本質」としてはじめて論定したのは別府正十郎である。別府 [1966] 参照。別府によるさらに重要な指摘は，この効果が単純再生産の問題とは別次元の問題だということである。つまりこの効果は単純再生産だけではなく拡大再生産においても同様にえられるからである。それはちょうど複線的資本分割が単純再生産にも拡大再生産にも適用できるのと同じである。なお拡大再生産における「ルフチ・ローマン

4 資本回転と単純再生産

なおこの効果についてはマルクスとエンゲルスとの往復書簡の中ですでに分析されていたことから「マルクス・エンゲルス効果」とも称される[26]。いずれにせよこの効果は複線的資本分割の一つの例である。

毎時点で充用される価値量 1 の機械は，T_α 期間の耐用期間をもつ。販売期間はないものとする。定額償却が行われるとし，1 期間後から T_α 期間後まで，毎回 $1/T_\alpha$ の減価償却基金が回収される。回収された減価償却基金はただちに労働手段の購入に支出される。このような単純な複線的資本分割をタイムラグによって表現してみれば，ここでのタイムラグが前節(4.18)～(4.20)における「生産のリレー制」とまったく同じものであることがわかる。

$$\alpha(0)=0 \text{ かつ } \forall_{1\leq \tau \leq T_\alpha} \alpha(\tau)=\frac{1}{T_\alpha} \qquad \cdots(4.28)$$

$$\beta(0)=1 \qquad \cdots(4.29)$$

$$\gamma(0)=1 \qquad \cdots(4.30)$$

したがって価値回転の算出結果も当然同じになるはずである。
ラグ行列をそれぞれ **A**, **B**, **Γ** とし，e' を集計ベクトルとすれば

$$e'\mathbf{\Gamma AB}e = \frac{T_\alpha+1}{2}$$

となり，(4.14)(4.15)式よりストックおよび価値回転数は次の値になる。

$$K=\frac{T_\alpha+1}{2} \tag{4.31}$$

$$U=\frac{2}{T_\alpha+1} \tag{4.32}$$

ここで，複線化を伴わない単線的資本分割を想定してみる。もちろんこの場合は購買期間は解消されない。本来の固定資本の回転様式にしたがって[27]，減価償却基金は積み立てられ，耐久期間の T_α 期間終了後に一挙に現物更新のために支出される。ここでは単純な資本分割によって毎時点で価値量 1 の固

効果」は成長率の増加と一致する。論証は守 [2003] を参照のこと。
(26) とくにマルクスからの手紙(1867年8月24日)とエンゲルスからの手紙(1867年8月26日，8月27日)に詳しい。MEW31, S.327-32.
(27) 第 3 章 4.1 節および 4.2 節を参照。

第4章　資本回転と資本蓄積

定資本が充用されるのだから，必要な投下資本額(ストック)が T_a であることは明らかである。とすれば先の複線的資本分割の場合と比較して見ると，同じフロー(毎時点での充用額)を実行するのに必要なストックが T_a から $\dfrac{T_a+1}{2}$ に減少しているのが分かる。このストックの節約効果が「ルフチ・ローマン(マルクス・エンゲルス)効果」と呼ばれるものであり，それは減価償却基金の即時再利用(購買期間の解消)によって得られることも明らかである。この節約効果を表現するために，両方のストックの比をとれば，

$$\frac{T_\alpha}{\dfrac{T_\alpha+1}{2}} = \frac{2T_\alpha}{T_\alpha+1}$$

となるが，これは「拡大乗数(Erweiterungsmultiplikator)」[28]あるいは「生産拡張率収斂値」[29]と呼ばれているものである。

いまエンゲルスによって提起され，久留間鮫造[30]，林直道[31]，高須賀義博[32]らによって再検討された数値例を用いれば，固定資本ストック $K=1000$，固定資本の償却期間 $T_a=10$ であるから，この固定資本の価値回転数 U は

$U=2/11≒0.182$

となり，固定資本フロー(各時点での固定資本充用額) $\mathcal{E}$ は

$\mathcal{E}=UK≒182$

となる。[33]

---

(28) 高須賀 [1968] 236 頁。
(29) 宮川 [1990] 215 頁。
(30) 久留間 [1965]。
(31) 林 [1959] 308, 316 頁。
(32) 高須賀 [1968] 232-3 頁。
(33) 「ルフチ・ローマン効果」においてはこうしたフローの均衡値を静態的に求めることよりも，この均衡値の安定性(収斂)を動態的に分析することがより興味深い問題である。本文の数値例を用いれば，時点 t における固定資本充用額(フロー)を P_t とすれば，これは

$$P_t + \frac{9}{10}P_{t-1} + \cdots + \frac{1}{10}P_{t-9} = 1000 \quad \cdots(*)$$

という 9 階の非同次差分方程式の解として求められる。この差分方程式

5 資本回転と拡大再生産

5.1 拡大再生産の定義

拡大再生産とは，任意の個別資本において生産が毎回規模を拡張しながら繰り返されることである。したがってこの資本において生産される商品の数量および価額は毎回増加する。よって拡大再生産においては，各時点での商品資本への転化量(費用価格)は単調増加性を示す。二つの時点 $t_1, t_2 \in \mathbb{Z}$，$t_1 < t_2$ を任意に選び，それぞれの時点での商品資本への転化量を $W(t_1), W(t_2)$ とすれば，

$$0 < W(t_1) < W(t_2) \qquad \cdots(5.1)$$

が成り立つ。よって任意の時点 $t \in \mathbb{Z}$ における成長率 $g(t)$ は(1.10)式より

$$g(t) > 0 \qquad \cdots(5.2)$$

である。

以下では 1.3 節における成長率に関する仮定により，とくに定率的な拡大

の固有方程式は

$$\lambda^9 + \frac{9}{10}\lambda^8 + \cdots + \frac{1}{10} = 0 \qquad \cdots(**)$$

この固有方程式の 9 個の解は，小数点第 6 位までの近似値であらわせば，{-0.747054, -0.617518±0.426103i, -0.269412±0.711294i, 0.189254±0.757699i, 0.621203±0.536707i}であり，実数解は最初の 1 個だけである。これら解の絶対値は{0.747054, 0.750262, 0.760606, 0.780977, 0.820943}であり，いずれも 1 より小さい。いまこれらの 9 個の解を $\lambda_1, \lambda_2, \cdots, \lambda_9$ とすれば，差分方程式(*)の一般解は

$$P_t = C_1\lambda_1^t + C_2\lambda_2^t + \cdots + C_9\lambda_9^t + \frac{2}{11}1000 \quad (C_1, \cdots, C_9 は任意の定数)$$

と書ける。$\lambda_1, \lambda_2, \cdots, \lambda_9$ の絶対値はすべて 1 より小さいから，一般解 P_t は確かに $\frac{2}{11}1000 \fallingdotseq 182$ に収束していく。なお拡大再生産における「ルフチ・ローマン効果」の動態的分析については守[2003]を参照のこと。そこでは拡大再生産の場合にも「効果」の均衡値への収束(安定性)が証明される。

第4章 資本回転と資本蓄積

再生産を考察する。すなわち成長率は各時点で一定であり，すべての時点 t において

$$g(t)=g>0, \quad g は定数 \quad \cdots(5.3)$$

とする。

5.2 拡大再生産の必要十分条件

拡大再生産においては $g>0$ だから，伝達関数の性質(3.32)(3.34)式より

$$\beta^*(g)\gamma^*(g)\alpha^*(g)<1$$

である。よって資本回転の固有方程式(3.22)より

$$sq = \frac{1}{\beta^*(g)\gamma^*(g)\alpha^*(g)} - 1 > 0 \quad \cdots(5.4)$$

である。

また逆に $sq>0$ であれば $g>0$ が成り立つ。証明：$sq>0$ であれば

$$0 < \frac{1}{1+sq} < 1$$

が成り立つが，資本回転の固有方程式(3.22)より

$$0 < \frac{1}{1+sq} = \beta^*(g)\gamma^*(g)\alpha^*(g) < 1 \quad \cdots(5.5)$$

である。$\beta^*(g)$, $\gamma^*(g)$, $\alpha^*(g)$ はそれぞれ連続だから，それらの積 $\beta^*(g)\gamma^*(g)\alpha^*(g)$ も連続である。さらに伝達関数の性質(3.32)(3.35)式より

$$\beta^*(0)\gamma^*(0)\alpha^*(0)=1$$
$$\lim_{g\to\infty}\beta^*(g)\gamma^*(g)\alpha^*(g) = 0$$

であるから，中間値定理および(3.34)式より(5.5)式を満たす g がただ一つ存在し，$g>0$ が成り立つ(qed)。よって蓄積率が正であり($s>0$)，かつマークアップ率が正である($q>0$)ことは拡大再生産($g>0$)の必要十分条件である。

図 4-2　sq と g との関係

$\alpha^*(g)\ \beta^*(g)\ \gamma^*(g)$

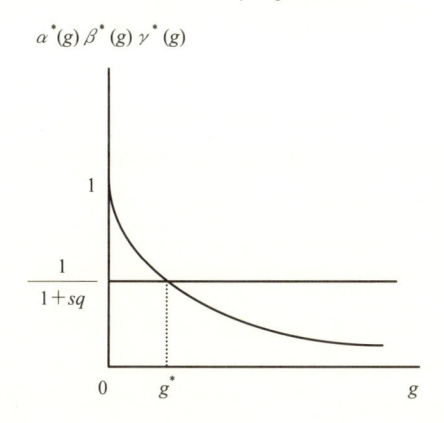

$\dfrac{1}{1+sq}$

$0 \quad g^* \qquad\qquad g$

5.3　拡大再生産におけるフロー

　従来，資本回転は主として単純再生産を前提として考察されてきたのであり，拡大再生産における資本回転は研究史上いわば未踏の分野であった。フォーリーは資本回転の固有方程式の定立によってこの分野の理論化に道を拓いた。よって以下の3つの節(5.3-5.5)では拡大再生産における価値回転をフォーリーの定式に依拠して考察することにする。[34]

　任意の部門を選び，任意の投入財を選ぶ。いまフロー算出の基準値として時点 0 における商品資本への転化量(費用価格)$W(0)$をとり，その大きさを 1 とする。そのさい定率的な拡大再生産が行われており，任意の $t \in \mathbb{Z}$ について商品資本の転化量 $W(t)$ は，

$$W(t)=(1+g)^t \qquad\qquad \cdots(5.6)$$

とする。

　すでに見たように(3.13) (3.18)式より，任意の t について貨幣資本の転化量 $G(t)$ および生産資本の転化量 $P(t)$ は

$$G(t)=(1+g)^t \beta^*(g) \qquad\qquad \cdots(5.7)$$

---

(34)　Foley [1982b] pp.305-8. Foley [1986a] pp.15-8.

$P(t)=(1+sq)(1+g)^t \beta^*(g) \gamma^*(g)$ ...(5.8)

であり，$g>0$ よりすべてのフロー $W(t), G(t), P(t)$ は時間とともに増加していく。それぞれのフローの増加率はいずれも g である。このことによって，1.3 節における 3 つの成長率の定義(1.10)(1.11)(1.12)が同値であることが示される。

さらに $g>0$ より $\beta^*(g)\leq 1$，$\gamma^*(g)\leq 1$，$\alpha^*(g)\leq 1$ だから，(3.23)～(3.28)式を使って，任意の時点 t におけるフローの大小関係を次のように導ける。

$G(t)\leq W(t)\leq P(t)\leq (1+sq)G(t)$ ...(5.9)

このように同じ時点でも各形態のフローは異なりうる。

以上のように拡大再生産の場合は，単純再生産の場合とは異なり，フローは時間とともに累乗的に増加し，しかもフローは費用価格，回転資本，充用資本のいずれの形態で計測するかによって大きさが異なりうる。

5.4 拡大再生産におけるストック

拡大再生産の必要十分条件は，マークアップ率 q も蓄積率 s もともに正であることだから，毎時点で利潤が貨幣形態で実現されるたびに，その一部または全部が新たな貨幣資本の循環に追加資本として拘束される。よって資本循環に拘束されている資本額の現有量であるストックは毎時点，増加することは明らかである。問題はその現有量の算定である。

ある時点をとり，その資産目録を見れば資本は貨幣資本，生産資本，商品資本という 3 つの形態から構成されている。このように資本額の現有量であるストックは貨幣資本ストック，生産資本ストック，商品資本ストックの 3 部分から構成される。

第 1 に貨幣資本ストックは，毎時点，商品資本から還流してくる量（回転資本）と新たに追加投資される量だけ増加し，逆に生産資本へ転化していく量(充用資本)だけ減少する。よって任意の時点 $t\in\mathbb{Z}$ における貨幣資本ストックの増加分 $\Delta F(t)$ は

$\Delta F(t)=(1+sq)G(t)-P(t)$ ...(5.10)

である。時点 t における貨幣資本ストック $F(t)$ は，過去の(現在進行中の増加は含まない)増加分の累計額と考えられるから，(3.13)(3.18) 式および $g>0$ から

5 資本回転と拡大再生産

$$\begin{aligned}
F(t) &= \sum_{j=1}^{\infty} \Delta F(t-j) \\
&= \sum_{j=1}^{\infty} \{(1+sq)G(t-j) - P(t-j)\} \\
&= \sum_{j=1}^{\infty} (1+sq)(1+g)^{t-j} \beta^*(g)(1-\gamma^*(g)) \qquad \cdots(5.11) \\
&= (1+sq)(1+g)^t \beta^*(g)(1-\gamma^*(g)) \sum_{j=1}^{\infty} (1+g)^{-j} \\
&= \frac{1}{g}(1+sq)(1+g)^t \beta^*(g)(1-\gamma^*(g))
\end{aligned}$$

となる。

第2に生産資本ストックは,毎時点,貨幣資本から転化してくる量(充用資本)だけ増加し,逆に商品資本へ転化していく量(費用価格)だけ減少する。よって任意の時点 t における生産資本ストックの増加分 $\Delta Q(t)$ は

$$\Delta Q(t) = P(t) - W(t) \qquad \cdots(5.12)$$

である。よって時点 t における生産資本ストック $Q(t)$ は (3.18)(3.21)式および $g>0$ から

$$\begin{aligned}
Q(t) &= \sum_{k=1}^{\infty} \Delta Q(t-k) \\
&= \sum_{k=1}^{\infty} \{P(t-k) - W(t-k)\} \\
&= \sum_{k=1}^{\infty} (1+sq)(1+g)^{t-k} \beta^*(g)\gamma^*(g)(1-\alpha^*(g)) \qquad \cdots(5.13) \\
&= (1+sq)(1+g)^t \beta^*(g)\gamma^*(g)(1-\alpha^*(g)) \sum_{k=1}^{\infty} (1+g)^{-k} \\
&= \frac{1}{g}(1+sq)(1+g)^t \beta^*(g)\gamma^*(g)(1-\alpha^*(g))
\end{aligned}$$

となる。

第3に商品資本ストックは,毎時点,生産資本から転化してくる量(費用価格)だけ増加し,逆に貨幣資本へ転化していく量(回転資本)だけ減少する。よって任意の時点 t における商品資本ストックの増加分 $\Delta S(t)$ は

$$\Delta S(t) = W(t) - G(t) \qquad \cdots(5.14)$$

第4章　資本回転と資本蓄積

である。よって時点 t における商品資本ストック $S(t)$ は (3.5) (3.13)式および $g>0$ から

$$\begin{aligned}S(t) &= \sum_{i=1}^{\infty} \Delta S(t-i) \\ &= \sum_{i=1}^{\infty} \{W(t-i) - G(t-i)\} \\ &= \sum_{i=1}^{\infty} (1+g)^{t-i}(1-\beta^*(g)) \\ &= (1+g)^t(1-\beta^*(g))\sum_{i=1}^{\infty}(1+g)^{-i} \\ &= \frac{1}{g}(1+g)^t(1-\beta^*(g))\end{aligned}$$ …(5.15)

となる。

よって任意の時点 t における資本のストック $K(t)$ は，(5.11)(5.13)(5.15)式および資本回転の固有方程式(3.22)より，

$$\begin{aligned}K(t) &= F(t) + Q(t) + S(t) \\ &= \frac{1}{g}(1+g)^t\{sq\beta^*(g) + 1 - (1+sq)\alpha^*(g)\beta^*(g)\gamma^*(g)\} \\ &= \frac{1}{g}(1+g)^t sq\beta^*(g)\end{aligned}$$ …(5.16)

となる。このように拡大再生産の場合には，単純再生産の場合と異なり，ストックは時間とともに累乗的に増加する。

5.5　拡大再生産におけるマークアップ率・価値回転・利潤率

いまフローを回転資本に即して計測することによって，フロー/ストック比率としての価値回転数を算出する。拡大再生産の場合には，任意の時点 $t \in \mathbb{Z}$ における価値回転数 $U(t)$ は，(5.7)(5.16)式より

$$U(t) = \frac{G(t)}{K(t)} = \frac{g}{sq}$$ …(5.17)

となる。g，s，q はいずれも時点とは無関係に一定だから，価値回転数 $U(t)$ も時点から独立して一定であり，よってこれを改めて U と書く。さらに利潤率の恒等式(2.6)より

5　資本回転と拡大再生産

$$r = qU = \frac{g}{s} \qquad \cdots(5.18)$$

が導かれる。これはいわゆる「ケンブリッジ方程式」[35]に他ならず，それによれば利潤率はただ成長率 g と蓄積率 s とにのみ依存し，時点から独立して一定である。g と s を独立変数と解釈すれば，利潤率はさらに資本回転(タイムラグ)とも無関係に決定されることになる。

つぎに資本回転の固有方程式(3.22)より

$$q = \frac{1}{s}\left(\frac{1}{\alpha^*(g)\beta^*(g)\gamma^*(g)} - 1\right) \qquad \cdots(5.19)$$

が得られる。そしてこれを(5.17)式に代入すれば

$$U = \frac{g\alpha^*(g)\beta^*(g)\gamma^*(g)}{1-\alpha^*(g)\beta^*(g)\gamma^*(g)} \qquad \cdots(5.20)$$

が得られる。

5.6　マークアップ関数

フォーリーに即してこれまで導出した諸関係について，ここで第6章以下の展開に接続すべく，その含意を独自に敷衍しておく必要がある。すなわち資本回転の固有方程式から導かれる(5.19)式について，蓄積率を所与の定数($s>0$)として前提すれば，成長率を独立変数とし，マークアップ率を従属変数とする1変数関数として(5.19)式を解釈することができる。このように解釈してマークアップ関数を次のように定義する。

$$q:\mathbb{R}_{++} \to \mathbb{R}_+, \quad g \mapsto q(g)$$
$$q(g) := \frac{1}{s}\left(\frac{1}{\alpha^*(g)\beta^*(g)\gamma^*(g)} - 1\right) \qquad \cdots(5.21)$$

また(5.18)式を用いて，マークアップ率を利潤率 r の関数として定義することも可能である。すなわち

$$\tilde{q}:\mathbb{R}_{++} \to \mathbb{R}_+, \quad r \mapsto \tilde{q}(r)$$
$$\tilde{q}(r) := q(sr) = \frac{1}{s}\left(\frac{1}{\alpha^*(sr)\beta^*(sr)\gamma^*(sr)} - 1\right) \qquad \cdots(5.22)$$

---

(35)　Pasinetti [1974] pp.121-2. Pasinetti [1977] pp.217-8.

以上のようなマークアップ関数の経済学的含意は次の点にある。すなわちマークアップ関数には，一般的利潤率およびそれに対応する均等成長率が現に支配しているときに，j 部門 i 投入財に割り当たるマークアップ率が示される。また逆にマークアップ関数によって与えられるマークアップ率を各部門の各投入財ごとに確保すれば一般的利潤率およびそれに対応する均等成長率が実現するということである。[36]

5.7 マークアップ関数の性質

伝達関数の諸性質(3.3節)に基づいてマークアップ関数が以下の性質を持つことは容易に示すことができる。すなわち定義域 $g \in \mathbb{R}_{++}$ において

(1) 連続性
(2) 単調増加性（あるいは単調非減少かつ単射），すなわち
$$g_1 < g_2 \Rightarrow q(g_1) < q(g_2) \qquad \cdots (5.23)$$
(3) $\lim_{g \searrow 0} q(g) = 0 \qquad \cdots (5.24)$
(4) $\lim_{g \to \infty} q(g) = \infty$ すなわち $\forall_{C \in \mathbb{R}} \exists_{r \in \mathbb{R}} \forall_{\substack{g \in \mathbb{R}_{++} \\ g \geq r}} \quad q(g) > C \qquad \cdots (5.25)$

この性質は利潤率 r を変数とするマークアップ関数 $\tilde{q}(r)$ についても g を r と置き換えれば同様に妥当する。

---

[36] もちろんこのことはマークアップ関数の逆関数が存在することを前提とするが，次節で見るようにマークアップ関数は単射であるからこのことは保証される。

5 資本回転と拡大再生産

図3　マークアップ関数

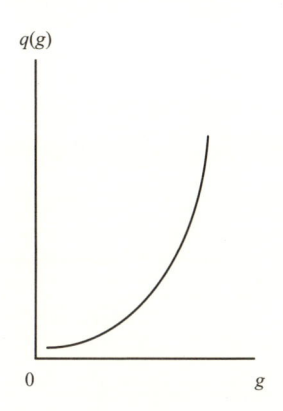

5.8　要約：資本回転と資本蓄積の規定関係

　冒頭でも述べたように，第3章では，資本回転の基礎概念であるタイムラグと価値回転について，その定義から導かれる関係を考察した。とくに流動資本，固定資本，資本分割という条件を付加して派生する関係を考察した。その結果タイムラグの性質として定常性を得た。これに対して第4章では，資本回転の基礎概念(タイムラグ，価値回転)，資本蓄積の基礎概念(マークアップ率，蓄積率，成長率)および利潤率概念の3者について，それらの定義から導かれる関係を考察した。とくにタイムラグの定常性および成長の定率性という条件を付加して派生する関係を考察した。その結果得られた関係は次のとおりである。

　(i)　単純再生産の場合

　　①利潤率の恒等式　$r=qU$　(2.6式)

　　②価値回転の公式　$U=\dfrac{1}{e'(I-\Gamma A B)e}$　(4.15式)

①はもちろん利潤率の定義から直接導かれる関係である。②はタイムラグの定常性の条件から導かれる関係である。なお以下の拡大再生産の場合と比べると，単純再生産の場合は資本回転の固有方程式が挙げられておらず，両場

第4章　資本回転と資本蓄積

合が非対称となっている。これは単純再生産に資本回転の固有方程式が妥当しないということでは決してない。これを取り上げないのは，ただそこから導かれる関係が(4.3)式にあるように，$sq=0$ というトリヴィアルなものだからである。すなわち $s>0$ のときは $q=0$ であり，$s=0$ のときは q は任意であり，いずれの場合にも q は他の変数と何の依存関係にもないからである。

(ii)　拡大再生産の場合

①利潤率の恒等式 $r=qU$　　(2.6式)

②資本回転の固有方程式 $q=\dfrac{1}{s}\left(\dfrac{1}{\alpha^{*}(g)\beta^{*}(g)\gamma^{*}(g)}-1\right)$

(3.22 式および 5.19 式)

③価値回転の公式 $U=\dfrac{g}{sq}$　　(5.17 式)

②はタイムラグの定常性と成長率の定率性という条件をフロー概念に適用した結果であり，③は，②をストック概念に適用した結果である。

図4-4　資本回転と資本蓄積の規定関係(拡大再生産の場合)

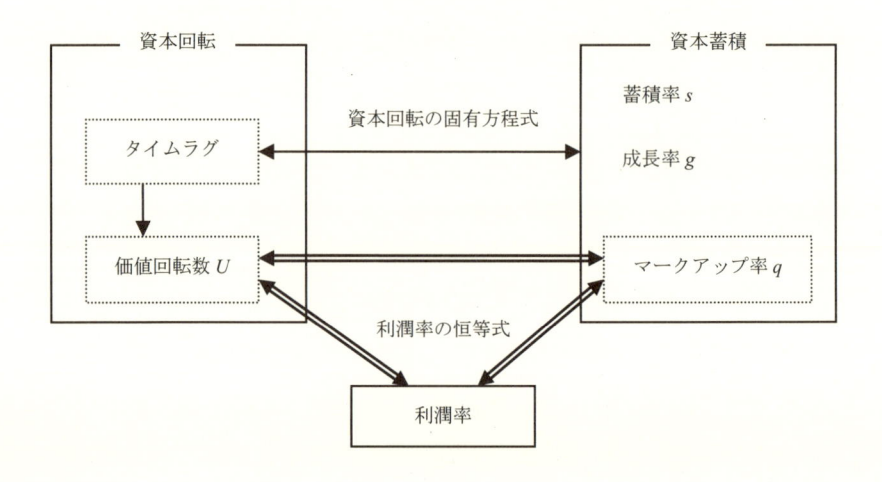

第5章　拡大再生産と購買期間

　本章では，資本回転を含む一般均衡の分析 (第6章) に先立って，拡大再生産における購買期間の存在が再生産に及ぼす重大な影響を考察する。このいわゆる「購買期間問題」について，その理論的処理のあり方をめぐる論争を回顧し，あわせてそのなかで本書の考察が立脚する位置を確認する。

1　購買期間の論理的含意

1.1　購買期間と購買ラグ

　第3章1.2節で定義したように，回転期間とは資本の1循環に必要な時間であり，それは生産期間と流通期間との合計である。流通期間はさらに販売期間と購買期間とから構成される。すなわち販売期間とは，生産物商品の完成から貨幣の還流(=回収)まで，資本価値が商品資本として滞留する時間であり，購買期間とは貨幣の前貸から生産要素の購買まで，資本価値が貨幣資本として滞留する時間である。[1]

　購買期間が存在する場合，購買ラグのパタンは次の3つの基本形をもつ。

(i)　パタン1

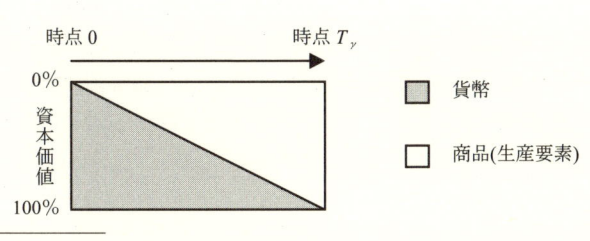

---

(1)　貨幣の「還流(あるいは回収)」および「前貸」のそれぞれの定義については第3章1.1節参照のこと。

125

第5章 拡大再生産と購買期間

いま任意の資本部分をとる。この資本は時点 0 に一挙に貨幣に転化し、それ以降徐々に貨幣が支出されていく。白の部分が各時点で購買によってすでに商品に転化した割合を示し、したがってグレーの部分が依然として貨幣形態で滞留する部分である。T_γ 期間後には100%の資本部分が購買を完了する。象徴的に形容すれば「年金型」の購買ラグである。

(ii) **パタン 2**

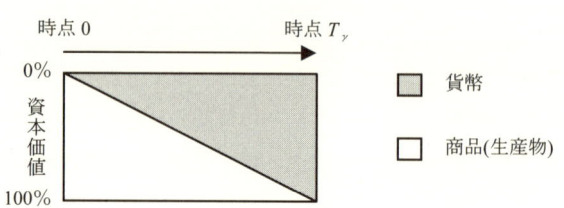

いま任意の資本部分をとる。この資本の各部分は時点 0 から時点 T_γ にかけて徐々に貨幣に転化し、これらの貨幣が次々と積み立てられて時点 T_γ に一挙に支出される。いわば「積立型」の購買ラグである。

(iii) **パタン 3**

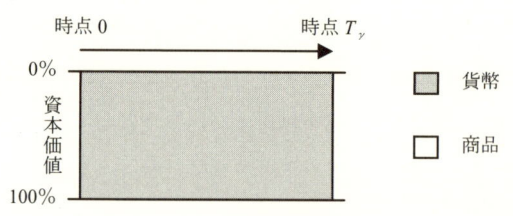

いま任意の資本部分をとる。この資本は時点 0 に一挙に貨幣に転化し、それが T_γ 期間後にふたたび一挙に支出される。いわば「待機型」である。

さて本来の購買期間は、資本価値の経過する時間である。しかし収入も販売と購買の運動(W−G−W)を行う以上、そこには資本価値の場合と同様に販売期間と購買期間がある。ここではこの収入の購買期間も、本来の資本価値の購買期間とあわせて、「広義の購買期間」概念として考察しておく。もちろ

---

(2) 賃金および利潤収入に関して、消費財購入のための購買期間の存在に言及しているものとしては井村 [1973] 41-2 頁参照のこと。

1 購買期間の論理的含意

んこれらの購買期間は資本価値から分岐した価値部分の経過時間なので，資本の価値増殖(利潤率)には影響を及ぼさない。

また購買期間にかんする多様なデータを表現する定式が，購買ラグである。いまこの定式化についても資本価値だけではなく，収入にも適用し，資本と収入の双方に妥当する「広義の購買ラグ」を定義する。時点 t に入手された貨幣額について，この額のうち τ 期間だけ貨幣形態に滞留する割合を $\gamma(t|\tau)$ ×100%と表記する。つまりこの貨幣額にかんする購買ラグは次の関数として定義される。[3]

$$\gamma(t): \mathbb{N}_0 \to \mathbb{R}_+, \quad \tau \mapsto \gamma(t|\tau)$$

この「広義の購買ラグ」についても論旨の首尾一貫性の観点から，第4章3節における資本回転の定常性の仮定(3.1.2 節)および購買期間の有界性の仮定(3.1.3 節)を適用し，次のような性質が成り立つとする。

$$\forall_{t \in \mathbb{Z}} \quad \gamma(t|\tau) = \gamma(\tau)$$

$$\exists_{T \in \mathbb{N}_0} \quad \sum_{\tau=0}^{T} \gamma(\tau) = 1$$

利潤については，それは大きく次の2つの構成部分に分かれる。第1の部分は資本として追加投資される部分である。この貨幣は生産要素の購入に支出されるまで大小の期間，積み立てられる場合もある。その場合貨幣は，まだ機能してはいないがすでに潜在的な資本価値であり，[4]その積み立て期間は資本としての購買期間に含まれる。いうまでもなく利潤に占めるこの第一の部分の割合は蓄積率 s である。[5]第2の部分は，資本家の個人的消費に支出される部分であり，賃金の場合と同様に，その一部は支出まで一定期間，貨幣形態に留まる。

---

(3) この定義は本来の購買ラグの定義と同じである。第3章(1.5)式参照のこと。
(4) 「貨幣蓄積基金はすでに潜在的な貨幣資本の存在である。すなわち，貨幣の貨幣資本への転化である。」(MEW24,S.90)
(5) 蓄積率については第4章1.2節を参照のこと。

第 5 章　拡大再生産と購買期間

賃金についてはその全額が収入として，個人的消費のために支出される。[6]
労働者による賃金の獲得から消費財へのその支出までの期間が購買期間となる。賃金の支給間隔が比較的長いときは，その一部は支出されるまで一定期間，貨幣形態で待機している。

1.2　資本家による需要

1.2.1　資本価値が引き起こす需要

任意の部門を選び，任意の投入財を選ぶ。成長率を g，マークアップ率を q とし，蓄積率を s とする。[7] いまフロー算出の基準値として時点 0 における供給額(販売額) $G'(0)=G(0)+qG(0)(>0)$ をとる。いま「広義の購買ラグ」の定義に即してこのうち資本部分の購買ラグを改めて次の関数によって定義する。

$$\gamma(t): \mathbb{N}_0 \to \mathbb{R}_+, \quad \tau \mapsto \gamma(t\,|\,\tau)$$

ここで購買期間の最大値を T_γ として購買の伝達関数 $\gamma^*(g)$ を次のように定義する。[8]

$$\gamma^*: \mathbb{R}_+ \to \mathbb{R}_+, \quad g \mapsto \gamma^*(g)$$

$$\gamma^*(g) := \sum_{j=0}^{\infty} \gamma(j)(1+g)^{-j} = \sum_{i=0}^{T_\gamma} \gamma(j)(1+g)^{-j} \qquad \cdots(1.1)$$

すると任意の時点 $t\in\mathbb{Z}$ における生産資本への転化量(充用資本) $P(t)$，すなわち生産要素の購入額には，時点 $t-\tau$ における売上げ $(1+q)G(t-\tau)$ からは τ 期間の購買期間を経て $\gamma(\tau)(1+sq)G(t-\tau)$ だけ含まれる。なぜなら $G(t-\tau)$ とともに $sqG(t-\tau)$ が追加投資されるからである。

---

(6)　本書では労働者による貯蓄および投資は捨象する。
(7)　「成長率 g」「マークアップ率 q」「蓄積率 s」の定義およびそれらにかかわる仮定については第 4 章第 1 節を参照のこと。
(8)　この定義は，本来の購買ラグにもとづく伝達関数の定義と同じである。第 4 章(3.17)式参照のこと。

1　購買期間の論理的含意

$$P(t) = \sum_{j=0}^{T_r} \gamma(j)(1+sq)G(t-j) \qquad \cdots(1.2)$$

$$= (1+sq)(1+g)^t G(0) \sum_{j=0}^{T_r} \gamma(j)(1+g)^{-j}$$

だけの充用資本が得られる。購買の伝達関数 $\gamma^*(g)$ を用いて(1.2)式は次のように書き換えられる。

$$P(t) = (1+sq)(1+g)^t G(0)\, \gamma^*(g) \qquad \cdots(1.3)$$

このようにこの資本価値は時点 t において $P(t)$ だけの生産要素を購入するのであるから，これがこの資本価値の引き起こす時点 t での需要ということになる。

1.2.2　利潤収入が引き起こす需要　ところでこの資本価値のフローには，それに付加される利潤のフローが随伴する。すなわち時点 t において貨幣化した利潤 $qG(t)$ は追加資本 $sqG(t)$ と資本家の収入 $(1-s)qG(t)$ に分割される。すなわち

$$qG(t) = sqG(t) + (1-s)qG(t) = sq(1+g)^t G(0) + (1-s)q(1+g)^t G(0) \qquad \cdots(1.4)$$

である。分割されたのち前者は資本価値の一部として生産要素の購買を行い，後者は収入として消費財の購買を行う。したがってこれら二つの分割部分の描く購買ラグは完全に別のものになる。そこで 1.1 節での「広義の購買ラグ」の定義に即して，利潤の収入部分の購買ラグを次の関数によって定義する。

$$\gamma_c : \mathbb{N}_0 \to \mathbb{R}_+, \quad \tau \mapsto \gamma_c(\tau)$$

購買期間の最大値を T_c とすれば購買ラグ $\gamma_c(\tau)$ に基づく伝達関数は

$$\gamma_c^* : \mathbb{R}_+ \to \mathbb{R}_+, \quad g \mapsto \gamma_c^*(g)$$

$$\gamma_c^*(g) := \sum_{j=0}^{T_c} \gamma_c(j)(1+g)^{-j}$$

と定義できる。よって時点 t における利潤収入部分の消費財の購入額 $E(t)$ は

$$E(t) = (1-s)qG(t)\gamma_c^*(g) = (1-s)q(1+g)^t G(0)\gamma_c^*(g) \qquad \cdots(1.5)$$

となり，これがこの収入部分の引き起こす時点 t での需要である。

以上のように，資本家がもたらす需要には 2 種類ある。資本価値それ自体

による生産要素需要 $P(t)$ と，利潤収入部分が生み出す消費財需要 $E(t)$ である。よって需要の合計は(1.3)(1.5)式より次のようになる。

$$P(t)+E(t)=(1+g)^t G(0)\{(1+sq)\gamma^*(g)+(1-s)q\gamma_c^*(g)\} \qquad \cdots(1.6)$$

1.3 資本家による財の供給

1.2.1 節のように選ばれた資本部分について，つぎに生産物の供給額を考察する。資本家が時点 t において取得する売上は，資本価値(回転資本)として $G(t)=(1+g)^t G(0)$ および利潤として $qG(t)=q(1+g)^t G(0)$ である。したがってこの合計が，この資本部分が時点 t において供給する商品の価値額である。すなわち

$$G(t)+qG(t)=(1+q)(1+g)^t G(0) \qquad \cdots(1.7)$$

1.4 購買期間問題

1.4.1 資本家における供給超過

以上のように任意の部門の任意の投入財について，任意の時点 t における需要額と供給額が算出される。そこで両者を比較してみる。まず単純再生産の場合は，$g=0, sq=0$ であり[9]，購買ラグおよび伝達関数の定義よりただちに

$$\gamma^*(0)=\gamma_c^*(0)=1$$

が導けるから，(1.6)(1.7)式より任意の時点 t において

$$P(t)+E(t)=G(t)+qG(t)=(1+q)G(0) \qquad \cdots(1.8)$$

が成り立つ。つまりこの資本部分について需要(購買)額と供給(販売)額はすべての時点で等しい。

しかし拡大再生産の場合には事情は大きく異なってくる。拡大再生産の場合は $g>0, 1\geqq s>0, q>0$ であるから[10]，伝達関数の性質より[11]

$$1\geqq\gamma^*(g)>0, \quad 1\geqq\gamma_c^*(g)>0$$

---

(9) 第 4 章 4.2 節参照のこと。
(10) 第 4 章 5.2 節参照のこと。
(11) 第 4 章 3.3.2 節(i)を参照のこと。

となる。したがって任意の時点 t において

$$G(t)+qG(t)-P(t)-E(t)$$
$$=(1+g)^t G(0)\{(1-\gamma^*(g))+q(1-s\gamma^*(g)-(1-s)\gamma_c^*(g))\}$$
$$\geq 0 \qquad \cdots(1.9)$$

が成り立つ。とくに

$$\gamma^*(g)<1$$

または

$$s<1 \text{ かつ } \gamma_c^*(g)<1$$

ならば厳密な不等式が成立し

$$G(t)+qG(t) > P(t)+E(t) \qquad \cdots(1.10)$$

となる。さらに逆も真である。この命題の経済的含意を考えてみる。

まず拡大再生産($g>0$)の場合, 伝達関数が $\gamma^*(g)<1$ であるとは, その定義より, ある $\tau\geq 1$ について $\gamma(\tau)>0$ であることと同値である。つまり購買に時間を要する部分がわずかでも存在するということと同値である。そしてその場合には必ずこの資本家に関してはすべての時点において, 供給(販売)額が需要(購買)額を超過する。あるいは資本家が利潤から個人的収入を取得する場合($s<1$)には, この収入に購買期間を必要とする($\gamma_c^*(g)<1$)ならば, この場合も必ず供給の超過が発生する。以上のように資本家が資本と収入に関してが全部瞬時に購買を行わないかぎり, すべての時点で貨幣の取得額(販売額)が貨幣の支出額(購買額)を上回ることになる。ここでは部門および投入財を任意に選んでいるのであるから, どの部門のどの投入財においても資本価値および利潤収入について, すべての時点において貨幣の取得額が貨幣の支出額を上回るのであり, このことは, 資本家階級全体が, 購買を伴わない一方的販売を行うということを意味している。

1.4.2 労働者における供給超過 ところで資本回転分析の抽象的論理次元では, 社会には資本家と労働者という2種類の経済主体しか存在しない。いま資本家についてその資本価値と利潤収入を考察したので, 残るのは労働者の賃金収入である。

第 5 章　拡大再生産と購買期間

　任意の部門について，労働力を購入する資本部分(可変資本)を選ぶ．マークアップ率を q_l とする．基準値として時点 0 における供給額(販売額) $G_l(0)+q_l G_l(0)$（>0）をとる．任意の時点 t における労働力の購入額 $P_l(t)$ は

$$P_l(t) = (1+sq_l)(1+g)^t G_l(0)\gamma_l^*(g) \qquad \cdots(1.11)$$

である．ここで $\gamma_l^*(g)$ とはこの可変資本部分の購買の伝達関数である．したがってこの $P_l(t)$ が，時点 t においてこの部門の資本家から労働者が賃金として受け取った貨幣額に等しい．労働者はこの貨幣額を一定期間にわたって徐々に消費財の購入に支出する．そこで 1.1 節での「広義の購買ラグ」の定義に即して，賃金の購買ラグを次の関数によって定義する．

$$\gamma_v : \mathbb{N}_0 \to \mathbb{R}_+, \quad \tau \mapsto \gamma_v(\tau)$$

購買期間の最大値を T_v とすれば購買ラグ $\gamma_v(\tau)$ に基づく伝達関数は

$$\gamma_v^* : \mathbb{R}_+ \to \mathbb{R}_+, \quad g \mapsto \gamma_v^*(g)$$

$$\gamma_v^*(g) := \sum_{j=0}^{T_v} \gamma_v(j)(1+g)^{-j}$$

と定義できる．よって時点 t における賃金による消費財の購入額は

$$D(t) := P_l(t)\gamma_v^*(g) = (1+sq_l)(1+g)^t G_l(0)\gamma_l^*(g)\gamma_v^*(g) \qquad \cdots(1.12)$$

となり，これが賃金が引き起こす時点 t での需要である．ここでも単純再生産のときは $g=0$ だから，伝達関数の性質より $\gamma_v^*(0)=1$ となり，(1.11)(1.12)式からすべての時点 t において

$$P_l(t) = D(t) \qquad \cdots(1.13)$$

が成立する．つまりすべての時点において供給(労働力販売)と需要(消費財購入)は一致し，したがって貨幣の収入と支出が一致する．

　ところが拡大再生産 ($g>0$) の場合は $\gamma_v^*(g) \leqq 1$ であるから，

$$P_l(t) \geqq D(t) \qquad \cdots(1.14)$$

が成立する．とくに $\gamma_v^*(g)<1$ ならば，厳密な不等号が成立する．すなわち

$$P_l(t) > D(t) \qquad \cdots(1.15)$$

逆もまた真である．したがって賃金での消費財購入に時間を要するかぎり，すべての時点で貨幣の収入額が貨幣の支出額を厳密に上回る．なお部門は任意に選んだのだから，このことはすべての部門の労働者について当てはまる．

労働者についても階級全体が,消費財購入を伴わない一方的な(労働力)販売を行っているということである.

以上のように資本家の資本および収入,労働者の収入それぞれについて考察したわけであるが,この抽象的論理次元において社会に存在するどの経済主体をとっても,一方的に購買を行うものは存在しない.たしかに単純再生産の場合にはそれでも,社会の総需要額と総供給額との間に不一致が発生する必然性はない.しかし拡大再生産の場合には,購買期間をわずかでも要する資本あるいは収入が存在するかぎり(すべての購買が瞬時に行われないかぎり),必然的に社会の総供給額は総需要額を超過せざるを得ない.この場合購買ラグがどんな形状(パタン)を取るかはまったく無関係であり,とにかく正の購買期間をもつ資本または収入が存在すればただそれだけで超過が発生する.拡大再生産における購買期間の論理的帰結としての供給超過は,再生産の均衡分析にとって重大な問題を提起するのであり,その意味でこれを購買期間問題と呼ぶことにする.

1.5 貨幣ストックの形成

これまでの考察により,拡大再生産において,購買期間の存在は必然的に供給超過をもたらすことが明らかになった.つぎにこうした購買期間問題のさらなる含意を引き出してみる.

いま拡大再生産が行われている.ある時点をとって資本の資産目録を見れば,資本は貨幣資本,生産資本,商品資本という3つの形態から構成されているのがわかる(3循環の統一).つまり資本額の現有量であるストックも貨幣資本ストック,生産資本ストック,商品資本ストックの3部分から構成される.拡大再生産においては,毎時点で利潤が貨幣形態で実現されるたびに,その一部または全部が新たな貨幣資本の循環に追加資本として拘束される.よって資本額の現有量であるストックは毎時点,増加することは明らかである.

任意の部門の任意の投入財を選ぶ.拡大再生産において貨幣資本ストックは,毎時点,商品資本から転化してくる量 $G(t)$ および新たに追加投資される

第 5 章　拡大再生産と購買期間

量 $sqG(t)$ だけ増加し，逆に生産資本へ転化していく量 $P(t)$ だけ減少する。よって任意の時点 $t \in \mathbb{Z}$ における貨幣資本ストックの増加分 $\Delta F(t)$ は

$$\Delta F(t) = (1+sq)G(t) - P(t) \qquad \cdots (1.16)$$

である。

また拡大再生産 $(g>0)$ の場合，時点 t における貨幣資本ストックの総額 $F(t)$ は，過去の増加分の累計額と考えられるから[12]

$$F(t) = \sum_{j=1}^{\infty} \Delta F(t-j) \qquad \cdots (1.17)$$
$$= \frac{1}{g}(1+sq)(1+g)^t G(0)(1-\gamma^*(g))$$

である。ここで $\gamma^*(g) < 1$ が成り立つならば，すなわち購買期間がわずかでも存在するならば，$F(t) > 0$ となる。逆もまた成り立つ。したがってここですでに明らかなことは，購買期間の存在と貨幣資本ストックの存在は同値だということである。

同様の議論を，この資本部分から派生する利潤収入にも適用すれば，資本家の個人消費用の貨幣ストックは，毎時点，利潤から収入として入手される額だけ増加し，逆に消費財に支出される額だけ減少することがわかる。よって任意の時点 $t \in \mathbb{Z}$ における貨幣ストックの増加分 $\Delta F_c(t)$ は

$$\Delta F_c(t) = (1-s)qG(t) - E(t) \qquad \cdots (1.18)$$

である。また時点 t における貨幣ストックの総額 $F_c(t)$ は，過去の増加分の累計額と考えられるから，

$$F_c(t) = \sum_{j=1}^{\infty} \Delta F_c(t-j) \qquad \cdots (1.19)$$
$$= \frac{1}{g}(1-s)q(1+g)^t G(0)(1-\gamma_c^*(g))$$

となる。ここですでに明らかなことは，資本家の個人的収入が存在し ($1 > s > 0$)，かつこの収入が購買期間を必要とする ($\gamma_c^*(g) < 1$) ならば，収入の貨幣ストックが存在する ($F_c(t) > 0$) ということである。逆もまた真である。

---

(12)　この点は第 4 章 5 節(5.11)式参照のこと。

1 購買期間の論理的含意

ここで貨幣資本ストックの増加分と収入の貨幣ストックの増加分とを合計すると(1.16)(1.18)式より

$$\Delta F(t) + \Delta F_c(t) = (1+q)G(t) - P(t) - E(t)$$

となるが, これは(1.6)(1.7)(1.10)式より, この資本家のもとで発生する供給の超過額と一致する。

さらにこの部門における労働者の賃金収入についても同様の議論が成り立つ。労働者の個人消費用の貨幣ストックは, 毎時点, 賃金として入手される量だけ増加し, 逆に消費財に支出される量だけ減少する。よって任意の時点 t における貨幣ストックの増加分 $\Delta F_v(t)$ は,

$$\Delta F_v(t) = P_l(t) - D(t)$$

である。これは, (1.11)(1.12)(1.15)式より, 労働者のもとで発生する供給の超過額と一致していることがわかる。また拡大再生産($g>0$)における貨幣ストックの総額 $F_v(t)$ を求めれば次のようになる。

$$\begin{aligned} F_v(t) &= \sum_{j=1}^{\infty} \Delta F_v(t-j) \\ &= \sum_{j=1}^{\infty} P_l(t-j)(1-\gamma_v^*(g)) \qquad \cdots (1.20) \\ &= \frac{1}{g}(1+sq_l)(1+g)^t G_l(0)\gamma_l^*(g)(1-\gamma_v^*(g)) \end{aligned}$$

労働者が消費財の購入に時間を必要とする($\gamma_c^*(g)<1$)かぎり, 労働者のもとに常時, 貨幣ストックが存在する($F_v(t)>0$)ということである。逆もまた真である。

部門および投入財は任意に選んだのであるから, すべての部門の資本家および労働者について上の諸命題は当てはまる。すなわち資本家と労働者という2つの経済主体からなる社会全体について, 拡大再生産が行われている場合に, 社会の貨幣ストックの存在と購買期間の存在は同値であり, また貨幣ストックの増加分は, 社会の総供給の超過額と正確に一致する。そもそも供給の超過は, 購買なしに一方的に販売することと同義なのであるから, 一方的販売による代金の差額と供給の超過額とが一致するのは自明のことである。各経済主体のもとで貨幣ストックが新たに形成される分だけ, 購買力が減少

し供給の過剰が発生するのである。

2 『資本論』における購買期間

2.1 購買期間と貨幣ストック

　以上のように拡大再生産において発生する購買期間問題を初めて直接的に, かつ問題の一般形において定式化したのはD.K.フォーリーである[13]。もちろん『資本論』およびマルクス経済学の展開は, この購買期間問題を認知していなかったわけではなく, むしろかなり集中的に議論を重ねてきたといってよい。ただしそこでは購買期間問題は, むしろ特殊的かつ間接的に取り扱われてきたのであり, この問題をその一般性において直接的に定式化した点においてフォーリーの貢献を評価することができる。この点について以下で立ち入って検討する。

　『資本論』において購買期間が主題的に論じられる個所は, 第2部第5章「流通期間」, 同第6章「流通費」そして同第14章「流通期間」の3つの章である。まず第5章においては, 資本の流通期間が「資本が商品から貨幣に転化するために必要な時間」と「貨幣から商品に転化するために必要な時間」[14]との二つの部分からなり, いずれも資本の価値増殖過程の制限をなすことが述べられている。第6章では, 前者を販売期間(Verkaufszeit), 後者を購買期間(Kaufzeit)と命名した上で, それらの期間に費やされる労働時間は価値も生産物もつくりださない空費であることが論じられている。さらに第14章では, 購買期間があるために「前貸資本の一定部分がつねに貨幣形態で存在すること」[15]あるいは「いつでも貨幣資本として存在している部分」[16]が指摘されている。さらにこの不断に存在する貨幣資本こそ経済学者たちが忘れているもの

---

(13) Foley [1986a] p.19; Foley [1982b] p.309-10.
(14) MEW24,S.128.
(15) MEW24,S.258.
(16) MEW24,S.259.

2 『資本論』における購買期間

であり,「ブルジョア経済の理解のために非常に必要な」[17]ことである点が強調されている。

これらの章を通して見ると,販売が「資本の変態の最も困難な部分」[18]として位置づけられている。また販売が剰余価値の実現を含む運動であるために,販売期間のほうが購買期間に対して「相対的に最も決定的な一部分」[19]として位置づけられ,叙述も従って販売期間に重点がおかれている(「だから,売りは買いよりも重要である」[20])。事実,購買期間は『資本論』において,これ以上の分析の直接的対象とはならなかった。ちなみに「購買期間(Kaufzeit)」の語は,『資本論』全編を通じて,如上の第2部第6章で1回[21],同第14章で3回[22],計4回用いられるにすぎない。

しかし文字通り「忘れて」ならないことは,マルクスにとって購買期間の考察とは,何よりも「いつでも貨幣資本として存在している部分」の考察に他ならなかったということである。「貨幣が生産資本の諸要素に再転化させられる流通期間の後半の考察では,考察されるのは,それ自体として見たこの転換そのものだけではない。また…貨幣の還流に必要な時間だけではない。そのほかにまず第一に考察にはいるのは,前貸資本の一部分が絶えず貨幣形態に,すなわち貨幣資本の状態に,なっていなければならないその大きさである。」[23]ここで「いつでも貨幣資本として存在している部分」とは本書の用語法では「貨幣資本ストック」[24]と同義である。前節で見たように購買期間の存

---

(17) Ebenda.
(18) MEW24,S.128.
(19) MEW24,S.251.
(20) MEW24,S.129.
(21) MEW24,S.131.
(22) MEW24,S.254,256,257.
(23) MEW24,S.258.
(24) 「貨幣資本ストック」の定義は第3章1.5.1.節を参照のこと。なお後出の「貨幣ストック」は「貨幣資本ストック」のほかに,貨幣形態にある収入の現有量(Bestand)を含む総称として用いている。本書ではいずれも,有界な(広義の)購買期間に起因するという自らの根拠を内包した概念で

第 5 章　拡大再生産と購買期間

在と貨幣資本ストックの存在とは論理的に同値関係にあるからである。マルクス自身の言葉を流用すれば「購買期間は絶えず貨幣を発汗している」。こうしてマルクスは貨幣資本ストックを考察することによって，間接的に購買期間の考察を果たすことを企図したのである。つまり「時間」の問題を「貨幣量」の問題として考察しようとしたわけである。そして実際に『資本論』の叙述は，資本であれ収入であれ，(広義の)購買期間に起因するこの貨幣ストックの存在を執拗なまでに追及することになる。その足跡が『資本論』における「準備金」の概念である。

2.2 『資本論』における「準備金」の諸概念
2.2.1 「準備金」の分類
『資本論』において広く"reserve"を語幹にもつ用語は全編にわたって延べ 233 回使用されている[25]。そのうち，商品流通にかかわる用語としては Reserve(65), Reservefonds(61), Geldreserve(12), Reservegeld(1), Geldreservefonds(5), Reservekapital(9), Geldreservekapital(1), Reservegeldkapital(1), Reserveschatz(2), Münzreserve(1), Zirkulationsreserve(1)が使用されている(括弧内の数字は使用回数を表す)[26]。また外来語 Reserve に対応するドイツ語としての Geldvorrat については合計 10 回用いられている。これらの使用回数だけからみても，いかに『資本論』がこの「準備金」の存在を追跡しようとしていたかが分かる。

一つ一つの用語のもつ指示対象はきわめて多岐にわたっており，かつ用語間の意味の重複もあり，すべての用語についての厳密な定義は非常に困難である。しかし翻って見れば，用語の多義性とは貨幣ストックという対象のと

ある。
(25)　Digitale Bibliothek Spektrum Band 4: Marx: Das Kapital により計測。内訳は第 1 部で 32 回，第 2 部で 43 回，第 3 部で 158 回である。
(26)　ただしこの回数の中には，商品流通とは直接「無関係」な銀行の支払準備を表現する用例も含まれている。たとえば「銀行機能と関連するが，単なる貨幣としての貨幣の機能とは無関係な事柄，すなわち預金支払および銀行券の兌換性のための準備金。」(MEW25,S.582-3)

る具体的発現形態の多様性の正確な表現であるし，用語の重複性とは購買期間という共通の原因をもつことの忠実な反映でもある。「準備金」にかんするこれら一連の諸概念は，購買期間に起因する貨幣ストックの形態学(Morphologie)であるといっても過言ではない。

以下に「準備金」の諸概念について，商品流通にかかわる限りでその指示対象を分類してみる。なおそのさい，本章でこれまで考察した貨幣ストックの分類との対応関係を「量的規定」の列に明示しておく。

表 5-1 準備金の分類

資本流通				一般的商品流通[27]
分配形態	支出形態	準備金	量的規定	
資本	流動資本	準備貨幣資本	$F(t)$	購買手段の準備金 支払手段の準備金
	固定資本	減価償却基金		蓄蔵貨幣
利潤	潜在的貨幣資本[28]	貨幣蓄積基金 本来的準備金		蓄蔵貨幣
	収入	(消費の準備金)	$F_c(t)$	蓄蔵貨幣
賃金		(消費の準備金)	$F_v(t)$	

2.2.2 準備貨幣資本(Reservegeldkapital)　準備金の諸概念の中で，流動資本にかんする準備金の総称として適切なものに「準備貨幣資本」がある。なぜ

---

(27) 周知のように，「支払・購買手段の準備金」と「蓄蔵貨幣」の2つの概念についてはその関連をめぐって論争がある。マルクスには「鋳貨準備金(Münzreserve)」なる概念もあるので問題はさらに複雑である。よって貨幣に関する概念を自ら用いるときは，つねに定義を明確にしておく必要がある。本書の「貨幣ストック」概念とは，有界な購買期間に起因し，購買ラグによって一意的にその量を確定することができる貨幣の現有量をさす。なお論争の争点については小林[1977]，竹村[1984]を参照のこと。

(28) エンゲルスの注釈のとおり(MEW24,S.83)，現行第2部においてこの貨幣資本部分についての形容詞は，第2稿および第5稿部分では専らlatent(潜在的)を用いているが，第8稿部分では potentiell(潜勢的)およびvirtuell(可能的)が併用されている。

第5章　拡大再生産と購買期間

ならこの概念は，準備金形成の原因として購買期間の存在を，その定義のなかで明確にしているからである。「生産過程の連続性において絶えず準備貨幣資本が形成される。というのは，今日支払を受けても，再び支払うのはもっとあとの時期でよいということもあれば，今日多量の商品が売れても，再び多量の商品を買うのは後日でよいということもあるからである。だから，この中間の期間にはいつでも流通中の資本の一部分は貨幣形態で存在しているのである。」(29) なおマルクスはこの「準備貨幣資本」は，一般的商品流通のカテゴリーとしては「購買手段の準備金」ないし「支払手段の準備金」に属するとみなしている。(30)

ところで同じ流動資本にかんする準備金であっても，その形成の仕方は，それぞれの購買ラグのパタンに応じてさまざまである。(31) 流動資本のうち可変資本部分は通常，賃金の支給間隔(週給，月給など)に応じて労働期間中に徐々に支払われるが，その支払総額は生産物商品の販売によって一挙に回収される。したがって一挙に回収された貨幣がふたたび徐々に支出されていくという形(パタン1)で，準備金が形成される。流動不変資本(原料，補助材料)に関しても，生産用在庫が形成されないかぎりでは通常，可変資本部分と同じ形

---

(29)　MEW24,S.89.傍点は引用者による。
(30)　Ebenda.
(31)　「一労働期間のために前貸しされる資本は…一部分は原料や補助材料に，この労働期間のための生産用在庫に，つまり不変流動資本に投ぜられ，一部分は可変流動資本に，つまり労働そのものへの支払に投ぜられる。」(MEW24,S.266)不変流動資本の生産用在庫が形成される場合には「ときどきかなり大きい額の貨幣が一度に前貸されなければならない。この貨幣は，資本の回転に応じて速いおそいはあるにしても，とにかく絶えず少しずつ還流する。…つまり原料などに再転化する部分は，仕入れのためや支払のために準備金(Reservefonds)として比較的長い期間積み立てておかなければならない。それだから，この部分は貨幣資本の形態で存在するのである。」(MEW24,S.258)「商品の販売によって得られた貨幣の他の一部分は，そのまま準備金(Geldvorrat)としておかれて，生産過程に合体される労働力への支払のためにだんだん支出されていく。この部分は流動可変資本をなしている。」(MEW24,S.297)

(パタン1)で準備金が形成される。すなわち生産過程の技術に応じて投入待ちの時間が発生するので，貨幣が一定期間にわたって徐々に支出されていく。他方では，流動不変資本部分のなかには，生産用在庫を形成するものがあり，その場合には通常，特定の時期に一括して購入され，その額が相次ぐ生産物商品の生産と販売によって徐々に回収される。したがってこの場合，徐々に回収される貨幣が長期にわたって積み立てられたのち再び一挙に支出されるという形(パタン2)で準備金が形成される。生産用在庫をともなう流動不変資本におけるこのような準備金の形成は，次節に見る固定資本と同じ形をとる。[32]

以上のような準備金の形成はかなり一般的に行われる形態であるが，マルクスは，流動資本における準備金形成のある特殊な形態を繰り返し取り上げ，重点的に考察を加えている。それが第2部第15章で主題的に取り扱われるいわゆる「遊離貨幣資本(freigesetztes Geldkapital)」である。[33] いわゆる「単線的連続生産」[34]とよばれるある特殊な連続的投資方法を実行したときに，ある特定の条件のもとで準備金の形成が行われる。その条件とは「流通期間が労働期間よりも長いがその単純な倍数ではない場合」または「労働期間が流通期間よりも長い場合」[35]である。このとき，還流した貨幣の一部が次の流通期間の開始まで待機するという，パタン3に相当する準備金形成が行われる。

しかしこのような「遊離貨幣資本」は，特殊な投資方法によって，そのうえ特殊な条件のもとで発生する特殊な準備金である。しかし1.5節で証明したように，購買期間が存在するかぎり必然的に準備金形成は行われるのであって，「遊離貨幣資本」はその特殊な1ケースにすぎない。[36] エンゲルスの次の評言は非常に的確である。「たしかに貨幣の遊離が，つまり貨幣形態にある潜在的な単に潜勢的な資本の形成が，行われるにはちがいない。しかし，どん

---

(32) この点は，第3章2節の脚注12ですでに指摘した。
(33) MEW24,S.291.
(34) 「単線的連続生産」については亀﨑[1996]68-71頁参照。なおこれは本書の単線的資本分割とは異なる概念である。
(35) MEW24,S.282.
(36) この点については Mori [2004]を参照のこと。

な事情のもとでもそうなのであって，ただ本文に詳述してある特殊な諸条件のもとだけでそうなのではない。そして，それは本文で仮定されている規模よりももっと大きい規模で起きるのである。」[37] こうした特殊な準備金形成をマルクスは流動資本に関する準備金形成として一般化する傾向があり，この準備金の社会的集中と自立化に商業資本の成立を示そうとしていたことも事実である。[38] マルクスが流動資本における準備金形成の必然性を示そうとしたこと自体は決して誤りではない。問題はただ，特殊的な形態を一般的な形態とみなすという点にあったのであって，そのかぎりでエンゲルスの次の評価は正当である。「マルクスは，一つの—私の見るところでは—事実上あまり重要でない事情を不当に重要視することになってしまった。」[39]

以上のように，流動資本について，購買ラグのパタンに応じてさまざまな準備金形成の仕方がある。しかしいずれのパタンをとるにせよ，購買期間が存在するかぎり必然的に準備金は形成される。

2.2.3 減価償却基金(Amortisationsfonds)

固定資本については，使用機械の耐久性に応じて，徐々に回収される貨幣が長期にわたって減価償却基金として蓄えられたのち一挙に支出される。[40] この場合パタン 2 に相当する準備金形成が行われる。なおマルクスはこの減価償却基金を，一般的商品流通のカテゴリーとしては蓄蔵貨幣に属するものと捉えていた。[41]

---

(37) MEW24,S.287.
(38) MEW25,S.286.
(39) MEW24,S.286.
(40) 「固定資本は生産過程で引き続き現物として働いていても，その価値の一部分は，平均損耗度に応じて，生産物といっしょに流通し，貨幣に転化していて，それが現物で再生産されるまでの期間は資本補填のための準備金(Reservefonds)の要素をなしている。」(MEW24,S.172)
(41) 「減価償却基金によって…流通貨幣の一部分はふたたび蓄蔵貨幣を形成する。」(MEW24,S.182)

2 『資本論』における購買期間

2.2.4 貨幣蓄積基金(Geldakkumulationsfonds)　利潤のうち追加資本として投資される部分は，事業に適した規模になるまで一定期間積み立てられる場合がある。貨幣は，利潤の一部として徐々に取得され，大小の期間にわたって積み立てられたのちに一挙に支出される。これはパタン2に相当する準備金形成である。この貨幣蓄積基金は，一方では将来の追加資本として予定されており収入として消費することはできないのであるが，他方では「それが蓄蔵貨幣状態にあるかぎり，それはまだ貨幣資本として機能していないのであり，まだ遊休している貨幣資本なのである。」その意味でこの準備金は「潜在的貨幣資本(latentes Geldkapital)」である。

2.2.5 本来的準備金(eigentlicher Reservefonds)　上記の貨幣蓄積基金はその積み立ての期間中に，ある「副次的な役立ち」をすることができる。つまり価格変動や流通の遅滞など，不規則な攪乱を調整するための費用として利用される。これは「本来的準備金」と命名される。そのかぎりでは本来的準備金は貨幣蓄積基金の流用なのであるから，その形成の仕方，一般的商品流通上の規定性は後者に従う(その意味で表5-1における両者の境界は実線ではなく，点線としている)。

2.2.6 利潤収入の消費準備金　利潤のうち追加資本として投資される部分を除いた残りの部分は，収入として資本家の個人的消費に支出される。取得

---

(42)　「次に考察しなければならないのは，現実の蓄積すなわち生産規模の直接的拡大が行われるのではなく，実現された剰余価値の一部分が後に生産資本に転化させられるために長短の期間貨幣準備金(Geldreservefonds)として積み立てられる場合である。」(MEW24,S.347)

(43)　MEW24,S.88.

(44)　Ebenda.

(45)　MEW24,S.89.

(46)　「不測の支出のための貨幣準備(Geldvorrat)，すなわち攪乱調整のための本来的準備金」(MEW24,S.266)

第5章 拡大再生産と購買期間

した収入は通常，徐々に支出されるので，収入の一部は大小の期間，貨幣形態にとどまっている。この場合，パタン1に相当する準備金が形成される。マルクスは利潤収入におけるこの貨幣ストックには固有の名称を与えてはいないが，その存在を Geldvorrat の語によって表現し，さらに蓄蔵貨幣のカテゴリーに含めている。[47]

2.2.7 賃金収入の消費準備金 賃金は，労働者の収入として個人的消費に支出される。賃金の支給間隔が比較的長期にわたる場合には，貨幣はその期間にわたって徐々に支出されていく。したがってその準備金形成は通常パタン1の形をとる。マルクスは賃金収入におけるこの貨幣ストックに対しても固有の名称を与えてはいないがやはりその存在は認めている。

　以上のようにマルクスは，「準備金」の諸概念を用いて，資本および収入の購買期間に起因する貨幣ストックの存在を追跡した。こうして間接的にではあるが，購買期間をそのあらゆる形態において考察していたわけである。

3 マルクス経済学における購買期間問題

3.1 問題提起の特異性

　つぎに，拡大再生産において購買期間の存在が必然的に供給超過をもたらすといういわゆる購買期間問題については，すでに述べたように，マルクス

---

(47) 「g－wは貨幣に媒介されるいくつかの買いであって，この貨幣は資本家が本来の商品に支出したり，貴重な一身や家族へのサーヴィスに支出したりするものである。これらの買いは分散していて，いろいろに違った時期に行われる。したがって，貨幣は，一時的に，日常の消費のための準備金(Geldvorrat)または蓄蔵貨幣の形態で存在する。」 (MEW24,S.71)
「社会的剰余価値の一部分は，その割合は変動するにしても，貨幣の形態で資本家のポケットのなかにあるのであって，それは，ちょうど，労賃の一部分が一週間のうちの少なくともある期間は貨幣の形態で労働者たちのポケットのなかに残っているようなものである。」 (MEW24, S.338)

経済学においては少なからぬ研究の蓄積がある。しかしこの問題へのアプローチが，マルクス自身による購買期間の間接的な扱い方に起因して二重に特異な性格を帯びることになった。すなわち第1に，マルクスが購買期間という「時間」の問題を，準備金という「貨幣量」の問題として間接的に扱った結果として，拡大再生産における供給超過の問題が準備金の増加の問題として間接的に捉えられ，この準備金の増加分を実現する「貨幣の出所の問題」およびその「ルートの問題」(48)として提起されることになった。「あの貨幣はどこからやってくるのか？」(49)というマルクス以来の発問形式である。1.5節で示したように，供給の超過分と貨幣ストックの増加分は正確に一致するので，供給超過の問題と貨幣源泉の問題とはたしかに同値ではある。第2に，同じく「時間」の問題を準備金という「貨幣量」の問題として扱ったために，「準備金」のヴァリエーションにしたがって，問題が「準備金」の個々の特殊形態ごとに提起されることになった。しかし問題が特殊な準備金の貨幣源泉の問題として提起されるかぎり，問題の解決がその貨幣源泉(およびそのルート)の発見に求められ，購買期間一般の解消へと遡及する途が遮断されることになる。このように二重に特異な形で展開された購買期間問題の典型的な例が，いわゆる「D＞R問題」である。これが日本における戦後の恐慌論研究の中心的論点のひとつであったことはいうまでもない。

3.2 いわゆる「D＞R問題」

任意の部門を選び，任意の労働手段を選ぶ。ある任意の時点において固定

---

(48) 高須賀 [1968] 261 頁。
(49) とくに貨幣蓄積基金について，マルクスによってこの問題提起が行われる箇所として次のものが挙げられる。①『1861－63年草稿』「エピソード。資本主義的再生産における貨幣の還流運動」(とくに MEGA II /3.5,S.1710-14)，②『資本論』第2部第17章「剰余価値の流通」(とくに MEW24,S.347-50)，③『資本論』第2部第21章「蓄積と拡大再生産」(とくに MEW24,S.492-6)などが挙げられる。

第5章 拡大再生産と購買期間

資本の減価償却の総額「D」と現物更新の総額「R」[(50)]を比較すれば，単純再生産の場合にはいわゆる「再生産の法則」が成り立ち，「D=R」が成り立つことは可能である[(51)]。しかし拡大再生産においては減価償却額が現物更新額を厳密に上回る。これが「D>R 問題」であり，これは任意の部門の任意の労働手段について発生し，したがって社会の固定資本の総額について発生する。つまり固定資本については，減価償却額＝貨幣取得額＝供給が，現物更新額＝貨幣支出額＝需要を厳密に超過せざるをえない。これは，この資本部分全体をとって見れば，買うことなく一方的に売るということを意味している。仮に，それに呼応する一方的な買いがどこかに存在しなければ，供給の超過分は実現されないことになる。

この「D>R 問題」は購買期間問題の一つの特殊な形態であり，それは固定資本に関する購買期間問題である。固定資本については言うまでもなく，使用機械の耐久性に応じて，徐々に回収される貨幣が長期にわたって減価償却基金として蓄えられたのち一挙に支出される。こうして貨幣の回収と支出との間に購買期間が発生するのであって，この購買期間の存在は拡大再生産の場合には必然的に供給超過を導く。これがすなわち「D>R」である。

「D>R 問題」が本書の購買期間問題の一特殊例であることを示すために，高須賀義博によって提示された「D>R 問題」の数値例（「B例」[(52)]）を，本章1節の(1.3)(1.5)(1.6)(1.7)式を用いて再構成してみよう。

高須賀の設定する仮定は，インプリシットな仮定も含めて次のとおりである。

(A.1) 固定資本の耐用期間は T 期間である。

(A.2) 定額法による減価償却が行われる。

(A.3) 販売期間はゼロである。

---

(50) 「D」および「R」の記号については慣例をそのまま踏襲したので，本書の記号使用法とは一致しないので注記しておく。

(51) このことは第3章4.6節においてすでに証明した。

(52) 高須賀 [1968] 206 頁。

(A.4) 毎期の固定資本充用(「粗投資」)の成長率は $g\times 100\%(>0)$ である。

(A.5) 第1期の固定資本充用は1である。すなわち $P(1)=1$ である。

(A.6) 蓄積率 s は1である。

そこでまず(A.1)(A.2)(A.3)から購買ラグ $\gamma(\tau)$ を算出すれば次のようになる[53]。

$$\gamma(\tau)=\frac{\frac{1}{T}P(t-T+\tau)}{\frac{1}{T}\sum_{j=1}^{T}P(t-j)}=\frac{(1+g)^{t-T+\tau-1}}{\sum_{j=1}^{T}(1+g)^{t-j-1}}=\frac{(1+g)^{-T+\tau}}{\sum_{j=1}^{T}(1+g)^{-j}}=\frac{g(1+g)^{\tau}}{(1+g)^{T}-1}\quad(\tau=0,1,\cdots,T-1)\quad\cdots(3.1)$$

したがって伝達関数 $\gamma^*(g)$ は

$$\gamma^*(g)=\sum_{j=0}^{T-1}\gamma(j)(1+g)^{-j}=\sum_{j=0}^{T-1}\frac{g}{(1+g)^{T}-1}=\frac{Tg}{(1+g)^{T}-1}\quad\cdots(3.2)$$

である。時点 t における販売額(供給)を $G'(t)=G(t)+qG(t)$ とすれば,(A.6)と(1.3)式より

$$P(t)=G'(t)\gamma^*(g)$$

が成り立つ。$P(t)$ は時点 t における固定資本充用額であるから,この時点における購買額(需要)を意味する。よって需要と供給との比率は

$$\frac{P(t)}{G'(t)}=\gamma^*(g)=\frac{Tg}{(1+g)^{T}-1}\quad\cdots(3.3)$$

となる。この比率は高須賀が求めた $\frac{R_t}{D_t}$ と正確に一致する[54]。この比率は $T\geqq 2$ であるかぎりつねに1より小さい。

3.3 「D>R問題」の特殊性

以上のようにいわゆる「D>R問題」は購買期間問題の一例であり,固定資本の購買期間問題である。明らかに購買期間問題が問題の一般形である。その購買期間問題から見て「D>R問題」の特殊性は以下の点にある。第1に,高須賀の数値例「B例」のなかには,氏が問題にする供給の超過分「D

---

(53) (A.1)(A.2)より生産ラグは $\alpha(\tau)=1/T(\tau=1,\cdots,T)$ であり,(A.3)より販売ラグは $\beta(0)=1$ である。これを第3章(4.29)式に適用すれば(3.1)式が得られる。

(54) 高須賀[1968] 205頁。

ーR」のほかに，インプリシットにさらなる供給超過分が含意されている。時点 t における需要(「粗投資」)$P(t)$は，更新需要 $P(t-T)$ のほかに，追加投資(「純投資」)が $P(t)-P(t-T)$ だけ含まれている。この追加投資の財源は，とくに特別の仮定がなければ利潤に求められるべきであるから，その財源は減価償却基金とともに各時点で入金されるはずである。このように各時点で入金される追加投資財源も，減価償却基金と同様の購買ラグをもつとすれば，各時点で入金される追加投資財源(＝利潤)は，必然的にその時点の追加投資額を上回らざるをえない。本書で求めた供給の超過額 $G'(t)-P(t)$ には，いわゆる「D－R」だけではなく，この追加投資財源に関する入金と支出の差も含まれている。このように拡大再生産においては通常，固定資本の購買期間問題は，蓄積基金形成の購買期間問題を含んでいる。[55] そのさい供給の超過分は，その時点で追加される減価償却基金の増加分と貨幣蓄積基金の増加分との合計に等しい。

　第2に，こうした「D>R 問題」は決して固定資本だけの問題ではない。流動資本に関しても各時点で，その回収額は更新額を上回る。なぜならば流動資本の場合にもパタン1の購買ラグをもつことは十分ありえるので，このときは拡大再生産の場合にやはり購買期間問題が発生せざるをえないからである。つまり今日の購入額は過去のより小さい財源から拠出されるのである。

　第3に，個人的消費のための利潤収入および賃金収入に関しても拡大再生産の場合，消費財の購入に購買期間を要するかぎり，各時点で貨幣の収入額が支出額を上回る。したがって資本について発生する供給超過に呼応する一方的購買をこれら収入に求めることは不可能である。

3.4 「貨幣源泉」の探索

3.4.1 理論的処理の分類

以上のように購買期間問題はこれまでのマルクス経済学の諸研究の中では，固定資本の補填問題(「D>R 問題」)という一特

---

(55) 固定資本の補填と貨幣蓄積の問題を関連づけて考察している数少ない研究の一つとして井村 [1968] 134-144 頁がある。

殊形態にそくして論じられてきた。さらにこの「D>R 問題」に特異なもう一つの点は,「(D-R)の実現を可能にする貨幣の出所はどこに求むべきであろうか」[56]という形で問題が提起され,その「出所」と「ルート」を発見することに解決の方向性が模索される点である。現物更新額をこえる減価償却額の超過分,すなわち減価償却基金の社会的純増分を実現する貨幣はどこからくるのか,という問題提起である。

この問題の理論的処理の仕方として次のような分類がすでに通説化しているようである。[57]

表 5-2 「D−R 問題」の理論的処理

過剰説[58] (不均衡説)	追加投資説(均衡説)		
	金生産部門[59]	流通速度増大[60]	自己金融[61]	信用[62]

まずこの「D>R 問題」の処理の仕方として大きく「過剰説」と「追加投資説」に分かれる。「過剰説」は,「D-R」を基本的に実現不可能な供給過剰とみなし,そこに最終的に恐慌に結果する不均衡要因をみる。この超過分の実現が次々と先送りされ,不均衡要因は堆積していくと考える説である。これに対して「追加投資説」によれば,「D-R」に相当する一方的販売には,

---

(56)　高須賀 [1968] 228 頁。

(57)　高須賀 [1968]; 二瓶 [1977]; 小塚 [1990] 参照。いずれも表 5-2 と同様の分類を行っている。なおフォーリーの分類によれば,金生産と信用をオプションとして挙げているが,信用をさらに資本支出,消費支出,国家支出のための信用供与に分類している。Foley [1982b] p.311; Foley [1986a] p.19-20.

(58)　この説に分類される見解として代表的なものに林 [1959]; 富塚 [1975] などがある。

(59)　松岡 [1958]

(60)　豊倉 [1959]

(61)　二瓶 [1962]; 井村 [1968] 123-9 頁; 井村 [1973] 81-82 頁。ただし井村の場合,減価償却基金に追加投資財源を求めるが,それが自己金融によって個別的に調達されるか,信用によって社会的に調達されるかは問わないとしている。したがってその立場は「信用」説にも含まれうる。

(62)　高須賀 [1968]

第5章　拡大再生産と購買期間

追加投資による一方的購買が対応し，全体として需給均衡が達成される。そのさい，「D−R」を実現するための追加投資の財源をどこに求めるかで諸説は分かれる。

固定資本の存在を再生産の攪乱・不均衡要因としてとらえ，それと恐慌発生との因果関係を論定することには，序章ですでに言及したように，方法論上すくなからぬ難点がある。周知のとおり『資本論』はマルクスの明示的な意図として，競争を捨象して「資本主義的生産様式の内的組織だけを，いわばその理想的平均において叙述する」[63]ことを目的としたものであり，そのプロトタイプが『経済学批判要綱』以来の「資本一般」の枠組みであった。資本回転分析は，『要綱』以来この枠組みの中で明確な位置づけを与えられてきた。資本回転はしたがって資本の運動にとって攪乱要因としてではなく，何よりも「理想的平均」の構成部分として位置づけられているのである。「D＞R問題」の不均衡論的処理にはしたがって二重の問題が含まれている。第1に攪乱・不均衡要因としての資本回転の取扱は，マルクスが「理想的平均」の構成部分として資本回転を位置づけたことと整合しない。第2に，均衡がそもそも可能であるかどうかを論じること(存在証明)と，均衡あるいは不均衡が発生するプロセスを解明すること(因果分析)とが混同されている。マルクス自身は，前者を「資本一般」の問題として，後者を「競争」の問題として理論的に区別しようとしていた。「競争」の論理次元において，いかに均衡あるいは不均衡が発生するかを論じるに先立ってまず，『資本論』の抽象次元において均衡の存在(可能性)が論証されていなければならない。マルクスの弁証法の真髄はいうまでもなく，存在の「肯定的理解」のうちにその「否定の理解」を含むということである。「肯定的理解」を欠いた「否定の理解」はいかなる意味でも弁証法的ではない。[64]その意味で豊倉三子雄による不均衡説批判は非常に的確であった。『資本論』第二巻第三篇における再生産論が抽象的理想的平均的再生産論であり，そうであるかぎり，そこへいくら固定資本の補填

---

(63)　MEW25,S.839.

(64)　MEW23,S.28.

の問題がもちこまれたとしても、それによって再生産論の抽象的理想的平均的な性格が失われて具体的なものになって、そのことからただちに恐慌の周期性の解明に到達することはできないのではあるまいか。」[65]

3.4.2 「自己金融」と信用

「D＞R 問題」は購買期間問題の一つであり、購買期間の存在にその原因をもっている。したがって問題の解決は最終的には購買期間の解消以外にはない。つまり貨幣を取得した時点でただちに、その取得者本人か、あるいはそれに代わる誰かが、同額の貨幣を支出することである。個別的にであれ、社会的にであれ購買期間が解消されれば、「D＞R問題」を含む購買期間問題一般は解決される。従って諸説の妥当性は、こうした購買期間問題の「一般解」としての有効性にもとづいて判断されなければならない。

金生産部門は販売をすることなく購買のみを行う唯一の部門である。しかし一方的購買を必要とする供給の超過分は、拡大再生産の下で、時点ごとに累乗的に増加していく。社会の「空費」たる金生産が累乗的に成長すると想定することにはやはり無理がある。つぎに流通手段の流通速度については、その増大はそもそも、資本や収入の購買期間が(個別的にあるいは社会的に)短縮されたことの結果ないし表現なのであって、その原因ではない。

可能性として残るのは「自己金融」と信用である。ここでいう「自己金融」とは、減価償却基金を償却主体が追加投資財源として利用する資金調達方法をさす。つまり毎時点で回収する償却基金をただちに支出すれば、この固定資本部分に関しては購買期間が消滅したことになるわけだから、供給の超過も解消する。この場合いわゆる「ルフチ・ローマン効果」の事例にもあるように、固定資本に関して複線的資本分割を実行すれば[66]、すべての時点で減価償

---

(65) 豊倉 [1959] 1 頁。同様の趣旨ですでに多くの論者が不均衡説を批判している。二瓶 [1962] 121 頁; 吉原 [1963] 171 頁; 高須賀 [1968] 219 頁。
(66) 固定資本についての複線的資本分割については第 3 章 3.2 節および 4.3 節を参照のこと。また「ルフチ・ローマン効果」とは、固定資本に複線的資本分割を導入したことによるストック節減効果である。この効果につ

第5章 拡大再生産と購買期間

却額と現物更新額が正確に一致し，一切の減価償却基金の積立がなくても現物更新が支障なく行われる。

しかし「自己金融」は購買期間問題についてあくまで特殊解であって，一般解ではありえない[67]。つまりこの方法には2つの制約がある。第1に，回収された減価償却基金がただちに支出されず，わずかな期間でも滞留する場合には，そこで購買期間が発生するわけだから，供給の超過が発生せざるをえない[68]。第2に，購買期間問題は固定資本の「D＞R問題」だけではないので，「自己金融」によって「D＞R問題」を解決できたとしても，それですべての購買期間問題が解決されるわけではない。たしかに流動資本についても，複線的資本分割の実行によって購買期間を解消することはできる。これも「準備貨幣資本」(2.2.2節)の即時利用による「自己金融」といえる。しかしそのほかに収入の購買期間に起因する供給超過もある。収入による消費財購入にかんして「自己金融」を導入して，その購買期間を解消するという想定は現実的ではない。労働者の賃金受取に間隔がある場合にはそれはそもそも不可能である。

「自己金融」は実際に行われうるし，それが追加投資の財源となることも事実である。しかしたとえ「自己金融」が全面的に利用されたとしても，購買期間問題一般を解決する方法としてはそれは十分ではない。「自己金融」には固有の制約がある以上，購買期間問題の解決は信用による補完なしにはありえない。

購買期間問題としての問題の性質を再度確認しておく必要がある。拡大再生産における購買期間の存在によって，一方で供給の超過額が発生し，他方でそれと同額の貨幣ストックの増加が生じる。購買期間が解消されれば，一方で供給超過が解消されると同時に，他方で貨幣ストックの増加は行われな

　　いては第4章4.5.4節において具体的に例証した。
(67)　この点については高須賀[1968] 246頁も参照のこと。
(68)　ルフチ・ローマン効果について宮川彰は，償却基金の即時利用と設備の再分割可能性という2つの前提条件を指摘しているが，論理的に前者は後者を含意する関係にある。宮川[1980]参照。

い(「残高計は変化しないこととなるのである」)[69][70]。いま社会的に購買期間を解消するということは，形成されつつある貨幣ストックが他者の手でただちに支出されることであるから，銀行が社会の貨幣ストックをすべてただちに動員できれば，理論的には購買期間問題は存在しない。「D＞R問題」であれば減価償却基金を，貨幣蓄積問題であれば蓄積基金を銀行がすべてただちに動員できれば問題は理論的には解消する[71]。しかし実際には，すべての貨幣ストックを銀行が把捉できるとは限らないし，また動員された貨幣が即時に貸し出されるとも限らないので，実際問題としては貨幣ストックの社会的動員だけでは十分ではない。銀行の信用創造によってはじめて，追加投資(一方的購買)の財源は既存の貨幣ストックの制約から解放される。「蓄蔵貨幣の再利用に依拠しなくとも，いわば自己完結的に交換関係は完了する」[72]。

4 結 論

マルクスは，購買期間という「時間」の問題を，準備金という「貨幣量」の問題として間接的に取り扱うことを意図した。その結果としてマルクス経済学の展開においては，一方で購買期間問題が「D＞R問題」という特殊な形態で提起され，他方では供給超過の問題が，減価償却基金の増加分を実現する貨幣源泉の問題として間接的に提起されることになった。その結果，問

---

(69) 井村 [1968] 125 頁。

(70) 先に取り上げた金生産部門の場合には，そもそも資本の循環範式それじたいが異別であるため，本書における資本回転分析の一般的規定が適用できない。たとえば商品資本ストックと貨幣資本ストックとが区別されないため，貨幣資本ストックと購買期間との同値関係についてもこの部門では成り立たない。

(71) 拡大再生産において各時点で貨幣蓄積基金の積立額がその支出額を上回るという事態をさす。これも購買期間問題の一例であることは言うまでもない。なおマルクス自身によって考察された購買期間問題は専らこの貨幣蓄積問題である。該当個所については脚注49参照のこと。

(72) 高須賀 [1968] 256 頁。

第5章　拡大再生産と購買期間

題の原因としての購買期間一般に遡及する途が閉ざされ，問題の解決が購買期間の解消にではなく，一方的購買(追加投資)の財源の探索という二次的なかたちで追求されることになった。こうした特異性を示しつつも，マルクス経済学の展開は高須賀の諸研究を中心に，信用導入による購買期間問題の理論的処理という妥当な方向を指向したのである。

　本章の結論として次の点を再確認しておく。拡大再生産の均衡分析を行う以上，購買期間の存在を前提することはできない。なぜなら購買期間は需給不均衡を必然的にもたらすからである。個別的あるいは社会的に購買期間が解消されていること，これが均衡の必要条件である。

5　本書の研究史上の位置

　本書は，とくに次章において拡大再生産を考察する場合には，購買期間の社会的(および個別的)解消を想定することによって購買期間問題を理論的に処理し，資本回転を含む一般均衡の存在を論証するものである。マルクス経済学における「D＞R問題」論争においてすでに，追加投資説(均衡説)に立つ諸研究によって，固定資本を考慮した拡大再生産表式が作成され，事実上，均衡の存在が証明された[73]。したがって本書の考察は方法論的にはこうした諸研究の延長上に位置する。しかしこれら先行諸研究との相違点は，本書が均衡の存在について多くの点においてより一般的な証明を行う点にある。ここで「一般的」とはとくに以下のこと指している。

　① 任意の部門数：2部門(3部門)[74]ではなく任意の n 部門について証明を行う。

　② 任意の種類の財：財のカテゴリーも生産手段と生活手段の2つではなく任意の m 財について証明を行う。

---

(73)　豊倉 [1959] 13-22 頁; 吉原 [1963] 168-70 頁; 井村 [1968] 121 頁。

(74)　吉原 [1963]; 井村 [1968] では，生産手段部門が労働手段部門と原材料部門に分類されて，3部門の表式が作成されている。

③ 結合生産の許容：1部門1生産物という限定的な仮定を廃棄し，1つの部門が複数の生産物を生産することを許容する。

④ 流動資本の任意の回転：すべての流動資本について1年1回転という恣意的な仮定は廃棄し，それぞれの流動資本ごとに任意の回転期間を許容する。

⑤ 固定資本の任意の回転：すべての固定資本について同一の償却期間および定額償却という限定的な仮定は廃棄し，それぞれの固定資本ごとに任意の償却期間，任意の償却率を許容する。

⑥ 労働価値という(資本の有機的構成の均一という条件における)特殊な生産価格にもとづく均衡(「価値表式」)ではなく，生産価格一般にもとづく均衡の存在を示す。

⑦ 労働者および資本家の消費選択：労働者も資本家も同じ1種類の生活手段を消費するという限定的な仮定は廃棄し，労働者と資本家がそれぞれ別に，価格に応じて消費財を選択することを許容する。

第6章　資本回転と一般均衡

1　問題設定

1.1　課題

これまでの資本回転および資本蓄積の考察においては，主として同一部門の同一投入財に範囲を限定して考察を行ってきた．そのさいそれぞれの財の価格(価格体系)およびそれぞれの部門の構成比率(操業水準あるいは数量体系)は所与のものとして前提してきた．しかし価格体系および操業水準は任意ではなく，それらにたいしては経済的に有意な一定の条件が要求される．そうした条件を満足する価格体系および操業水準について，それらを所与として前提することは許されず，まずそれらの存在が論証されなければならない．それらが満たすべき経済的に有意な条件として以下では一般均衡の条件を取り扱う．

本章において，生産モデルとしては伝統的な線型生産体系を用いるが，そのさい労働者および資本家の個人的消費の役割が考慮される．第2章7節で見たように森嶋通夫は，ノイマン・モデルに需要関数を導入しながら，労働者および資本家双方の個人的消費をモデルに組み込んで均衡の存在を証明した．本章は，こうした森嶋の意味で一般化された線型生産体系に「回転期間アプローチ」を適用しようとする試みである．

1.2　一般均衡の定義

本書で一般均衡とは，価格体系が利潤率均等化を満たし，かつ操業水準が成長率均等化を同時に満たす状態をいう．なおこれは Champernowne が定義

した「準定常状態均衡(quasi-stationary state equilibrium)」と同等である。[1]

1.2.1 利潤率均等化　利潤率の均等化とは，価格体系(ベクトル)のもつ次のような属性である。すなわち，非負，非ゼロであり，かつすべての時点において一定であり，かつ操業されるすべての部門の利潤率を均等化することである。なお利潤率均等化の条件をみたす価格体系を均衡価格体系という。

1.2.2 成長率均等化　成長率均等化とは，操業水準(ベクトル)のもつ次のような属性である。すなわち，非負，非ゼロであり，かつすべての部門の成長率を均等化する(よってすべての時点において一定の構成比をもつ)ことである。なお成長率均等化の条件をみたす操業水準を均衡操業水準という。

2　考察方法

　一般均衡の存在，すなわち利潤率均等化を満たす価格体系と成長率均等化を満たす操業水準との同時的存在を論証するにあたって，生産技術(2.1節)と需要関数(2.2節)に関してつぎのような前提を設定して考察を行う。

2.1　線型生産体系
2.1.1 線型生産体系の定義　いま財が m 種類あり，$b \in \mathbb{R}^m_+$ は，任意の時点に産出される各財の数量を表す(列)ベクトル(産出ベクトル)であり，$a \in \mathbb{R}^m_+$ は，その産出のために投入された各財の数量を表す(列)ベクトル(投入ベクトル)

---

(1)　ただし「準定常状態均衡」の場合には，利潤率均等化ではなく，利子支払後の利潤がゼロになることが条件である。しかしこの条件は，利子を含んだ粗利潤を考えれば，粗利潤率＝利子率と同等である。もちろん利子率は均等であることが前提であるから，粗利潤率も均等であることが含意されている。だから利潤率を粗利潤率と読み替えれば，利子支払後の利潤がゼロになるという条件は本書の利潤率均等化の条件と実質的に等しい。Cf. Champernowne [1945-46].

である。いま技術的に可能な a と b の組 $(a',b') \in \mathbb{R}_+^{2m}$ の集合を $\mathfrak{T}$ とし，生産可能集合と呼ぶ[(2)]。生産可能集合 $\mathfrak{T}$ が有限錐であるとき，$\mathfrak{T}$ をもつ生産技術を線型生産体系と呼ぶ[(3)]。

生産可能集合 $\mathfrak{T}(\subset \mathbb{R}_+^{2m})$ が有限錐であるということは，$\mathfrak{T}$ が，有限個(n)のベクトル$(a'_1,b'_1),\cdots,(a'_m,b'_n)$を $\mathbb{R}_+^{2m}$ から選んで，それらの非負結合の集合となることである。すなわち

$$\mathfrak{T} = \{(a',b') \in \mathbb{R}_+^{2m} \mid (a',b') = \sum_{i=1}^{n} x_i (a'_i,b'_i), \forall_i x_i \geqq 0\} \qquad \cdots(2.1)$$

が成り立つことである。いま $m \times n$ 非負行列 A(投入係数行列),B(産出係数行列)を次のように定義する。

$$A := (a_1, \cdots, a_n) \in M(m \times n, \mathbb{R}_+), \quad B := (b_1, \cdots, b_n) \in M(m \times n, \mathbb{R}_+)$$

この定義を使えば，(2.1)式は次のように書ける。

$$\mathfrak{T} = \{(a',b') \in \mathbb{R}_+^{2m} \mid a = Ax, b = Bx, x \in \mathbb{R}_+^{n}\} \qquad \cdots(2.2)$$

とくに，(2.2)式の表現において投入係数行列 A が $m(=n)$次の正方行列であり，産出係数行列 B が $m(=n)$次の単位行列であるとき，その生産可能集合をもつ線型生産体系をレオンチェフ体系と呼ぶ。

2.1.2　線型生産体系の特質　　線型生産体系では，生産可能集合が有限錐であるので，この有限錐を張る有限個のベクトルを選ぶことができる。これらのベクトルの個数(n)は，実際には「部門」の個数を表現し，各ベクトル(a'_j,b'_j)は，各部門の投入係数ベクトル(1操業度あたりの投入ベクトル)と産出係数ベクトル(1操業度あたりの産出ベクトル)との組を表現している。このような線型生産体系は，生産技術に対して，次のような二つの特質を含意している。

第1に，任意の部門において，投入量および産出量に関して各財の構成比

---

(2)　ベクトルへ付したアポストロフィーはここでも転置を表す。

(3)　この定義は線型生産体系の狭義の定義である。線型生産体系は広義には，閉凸錐の生産可能集合をもつ生産技術と定義される。Cf. Gale,D.[1956]．

率が固定している。ある財の量を不変とした上で他の財の量を変化させることはできない。

　第2に，規模に関して収穫は一定である。すなわちすべての投入財の量を一様に $k>0$ 倍すれば，各財の産出量も一様に k 倍となる。

　したがって線型生産体系を前提とすることによって，事実上これらの特質をも暗黙のうちに前提することになる。しかしこれらを現実の生産技術の特質として明示的に論定したのはマルクスであった。まず第1の特質，すなわち投入財の構成比率の固定性についてマルクスは，これを分業という生産技術に固有の性格として強調している。つまり作業を分担して，互いに異なる種類の投入財を使用するそれぞれの労働者に着目して，その人数が厳密な比率で組織されなければならないと述べる。(4) よって規模を拡大するにはすべての作業に一様に倍率を掛けなければならない。(5) さらに機械体系という生産技術にかんしても，さまざまな機械の間でそれらの構成比率が一定であることが技術的必然であるとされる。(6) 第2の特質，つまり規模にかんする収穫一定については，マルクスの拡大再生産表式において，産出量が投入量に正確に比例して増加していくことのうちに表現されている。(7)

---

(4) 「こうしてマニュファクチュア的分業は…それぞれの特殊機能に従事する相対的な労働者数あるいは労働者グループの相対的大きさに関して，ある数学的に固定した比率を作り出す。マニュファクチュア的分業は，社会的労働過程について，質的な編成とともに量的な規則および比例性を発展させる。」(MEW,Bd.23,S.366)

(5) 「生産のある一定の規模について，部分労働者の異なるグループの間で最適な比率が経験的に確定していれば，この規模を拡大することができるのは，個別の労働者グループそれぞれの倍数が使用される場合だけである。」(MEW,Bd.23,S.366)

(6) 「編成された機械体系においては部分機械が継続的に相互利用されることによって，それらの台数，それらの規模，それらの速度にはある決まった割合が生み出される。」(MEW,Bd.23,S.401)

(7) もちろんこの規模に関する収穫一定の特質については，『資本論』のなかで必ずしも一貫性が見られるわけではない。とくに第1部第7篇の資本蓄積論において，生産規模の拡大には生産力の増大が伴い，労働の投

2.2 消費需要にかんする仮定

2.2.1 収入とその源泉
労働者が個人的消費に支出する収入はすべて賃金によって獲得し,また賃金からは貯蓄は行われず全額支出されるものとする[8]。したがって労働者については,個人的消費に支出される収入の額と賃金の額は等しい。なお賃金は労働に先立って,労働の雇用(労働力の購買)と同時に支払われるものとする。一方,資本家が個人的消費に支出する収入はすべて利潤によって獲得するが,利潤の全額が収入として個人的に支出されるとは限らない。蓄積率 s の大きさに応じて,利潤の中から利潤の s 倍($0 \leqq s \leqq 1$)が追加投資のための財源として収入から控除される。利潤は,生産の終了後,生産物の販売によって価格が実現されたあとに取得される。もちろん資本家による収入の支出は利潤取得後に行われる。

2.2.2 階級内における需要関数の共通性
労働者および資本家の消費財需要はそれぞれの収入および消費財の価格に依存する。各消費財の需要量は,予算制約下での効用最大化問題の最適解として決定される。こうして得られる各個人のマーシャル型需要関数についてここでは,すべての労働者について需要関数は共通であり,またすべての資本家についても需要関数が共通であると前提する。もちろん労働者と資本家との間の共通性は前提しない。

そこで労働者と資本家を任意に選ぶ。価格ベクトルを $p \in \mathbb{R}_+^m \setminus \{0\}$,その労働者の収入を D,その資本家の収入を E とする。任意の財 $i=1,\cdots,m$ に対する労働者の需要関数を

$$d_i : \mathbb{R}_+^m \setminus \{0\} \times \mathbb{R}_+ \to \mathbb{R}_+, \quad (p,D) \mapsto d_i(p,D)$$

と定義し,任意の財 i に対する資本家の需要関数を

　　　　入量が相対的に減少するという論点がある。ここでは労働という投入財に関しては収穫は逓増している。逆に収穫が逓減する例としては,第3部第6篇の差額地代論において劣等地耕作が論じられる。
(8) 労働者による貯蓄を考慮したより一般的な条件でノイマン・モデルを扱った研究については,第2章7節を参照のこと。

$$e_i : \mathbb{R}_+^m \setminus \{0\} \times \mathbb{R}_+ \to \mathbb{R}_+, \ (p,E) \mapsto e_i(p,E)$$

と定義する。これに基づいて，労働者の需要ベクトル d および資本家の需要ベクトル e を次のように定義する。

$$d(p,D)' := (d_1(p,D),\cdots,d_m(p,D)) \in \mathbb{R}_+^m$$

$$e(p,E)' := (e_1(p,E),\cdots,e_m(p,E)) \in \mathbb{R}_+^m$$

(ベクトルへのアポストロフィーは転置を表す)

さて効用最大化の最適解としての需要関数は当然，予算制約を満たすから

$$pd(p,D) = D$$

$$pe(p,E) = E$$

が成り立っている。

いま $p(\neq 0)$ を成分和が1となるように正規化した価格ベクトルを y とする。すなわち

$$y := \frac{1}{\sum_{i=1}^m p_i} p$$

である。そこで通常，需要関数はゼロ次同次であるから，ここでもそれを仮定し

$$d_i(p,D) = d_i(y, \frac{1}{\sum_{i=1}^m p_i} D)$$

$$e_i(p,E) = e_i(y, \frac{1}{\sum_{i=1}^m p_i} E)$$

が成り立つ。よって需要ベクトルも次のように書きかえられる。

$$d(p,D)' = (d_1(p,D),\cdots,d_m(p,D)) = (d_1(y, \frac{1}{\sum_{i=1}^m p_i} D),\cdots,d_m(y, \frac{1}{\sum_{i=1}^m p_i} D)) = d(y, \frac{1}{\sum_{i=1}^m p_i} D)'$$

第6章　資本回転と一般均衡

$$e(p,E)' = (e_1(p,E),\cdots,e_m(p,E)) = (e_1(y,\frac{1}{\sum_{i=1}^{m}p_i}E),\cdots,e_m(y,\frac{1}{\sum_{i=1}^{m}p_i}E)) = e(y,\frac{1}{\sum_{i=1}^{m}p_i}E)'$$

2.2.3 需要関数の仮定　　以下では消費需要を含む「準定常状態均衡」にかんする森嶋の先駆的業績[9]に準拠して，需要関数として，（正の所得，正の需要について）需要の所得弾力性を1とする連続関数を想定する。すなわち労働者に関して次の需要関数を仮定する。

$$d_i(p,D) = d_i(y,\frac{1}{\sum_{i=1}^{m}p_i}D) := \frac{1}{\sum_{i=1}^{m}p_i}Df_i(y) \qquad \cdots(2.3)$$

$$f_i : \{y \in \mathbb{R}_+^m \mid \sum_{i=1}^{m}y_i = 1\} \to \mathbb{R}_+, \quad y \mapsto f_i(y)$$

ここで $f_i(y)$ は D には依存しない y だけの関数である。

いまベクトル $f(y)$ を

$$f(y)' := (f_1(y),\cdots,f_m(y)) \in \mathbb{R}_+^m$$

と定義すれば，

$$d(p,D) = d(y,\frac{1}{\sum_{i=1}^{m}p_i}D) = \frac{1}{\sum_{i=1}^{m}p_i}Df(y)$$

$$yf(y) \overset{(10)}{=} 1 \qquad \cdots(2.4)$$

が得られる。同様に資本家についても次の需要関数を仮定する。

---

(9)　Morishima,M. [1964],ch.V "Workability of Generalized von Neumann Models of Balanced Growth" において森嶋は von Neumann モデル(不等式体系)において，労働者および資本家の需要関数を導入して「準定常状態均衡」の存在を証明した。そのさい労働者および資本家の需要関数の所得弾力性を1と前提した。

(10)　$D = pd(p,D) = \frac{1}{\sum_{i=1}^{m}p_i}pDf(y) = Dyf(y)$ より明らかである。

$$e_i(p,E) = e_i(y, \frac{1}{\sum_{i=1}^{m} p_i} E) := \frac{1}{\sum_{i=1}^{m} p_i} E\phi_i(y) \qquad \cdots(2.5)$$

$$\phi_i : \{y \in \mathbb{R}_+^m \mid \sum_{i=1}^{m} y_i = 1\} \to \mathbb{R}_+, \ y \mapsto \phi_i(y)$$

ここで$\phi_i(y)$はEには依存しないyだけの関数である。
いまベクトル$\phi(y)$を

$$\phi(y)' := (\phi_1(y), \cdots, \phi_m(y)) \in \mathbb{R}_+^m$$

と定義すれば,

$$e(p,E) = e(y, \frac{1}{\sum_{i=1}^{m} p_i} E) = \frac{1}{\sum_{i=1}^{m} p_i} E\phi(y)$$

$$y\phi(y) = 1 \qquad \cdots(2.6)$$

が得られる。なお前述のとおり関数 $f(y)$ および $\phi(y)$ はその定義域 $\{y \in \mathbb{R}_+^m \mid \sum_{i=1}^{m} y_i = 1\}$ について連続とする。

さらに,労働者はn_l人いるとし,任意の労働者 k=1,$\cdots$, n_l の収入を $D^{(k)}$ とすれば,財iにたいするこの労働者の需要$d_i^{(k)}$は

$$d_i^{(k)} = d_i(p, D^{(k)}) = d_i(y, \frac{1}{\sum_{i=1}^{m} p_i} D^{(k)}) = \frac{1}{\sum_{i=1}^{m} p_i} D^{(k)} f_i(y)$$

となる。そこで労働者階級全体の収入をあらためてDとし,財iにたいするこの階級全体の需要をあらためて$d_i(p,D)$, 需要ベクトルをあらためて$d(p,D)$と書けば,

$$d_i(p,D) = \frac{1}{\sum_{i=1}^{m} p_i} D f_i(y) \qquad \cdots(2.7)$$

$$d(p,D) = \frac{1}{\sum_{i=1}^{m} p_i} D f(y) \qquad \cdots(2.8)$$

が得られる。同様の議論によって資本家階級全体についても，収入を E，財 i にたいする需要を $e_i(p,E)$，需要ベクトルを $e(p,E)$ とあらためて書けば，

$$e_i(p,E) = \frac{1}{\sum_{i=1}^{m} p_i} E\phi_i(y) \qquad \cdots(2.9)$$

$$e(p,E) = \frac{1}{\sum_{i=1}^{m} p_i} E\phi(y) \qquad \cdots(2.10)$$

が得られる。

3 考察対象の分類

3.1 単一生産

3.1.1 単一生産　考察の第1の対象は，それぞれの部門がただ1種類の財の生産にのみ特化しているケースである。よってそこでは結合生産は行われない。

3.1.2 非代替性　このケースではさらに，同種の財を生産する部門はただ一つしか存在しない。よって財の数と部門の数は一致する。すなわち需要あるいは産出ベクトルのあり方にかかわらず，常に一個同一の生産技術(部門)[11]が選ばれる。

なおこのように非代替性という性質を付加することは，単一生産という対象の考察の一般性を損なうものではない。なぜなら，ある自然な技術選択基準を採用すれば，非代替性という性質は単一生産から論理的に導けるからで

---

(11)　通常「部門」は生産物の種類によって定義されるので，本書の「部門」の定義が特異に思われるかもしれない。本書では「部門」をさらに細かく定義しているからである。つまり，生産物だけではなく，生産技術，タイムラグが異なればすでに別の部門と考えるからである。本書における「部門」の定義については第3章3.6節を参照のこと。

3 考察対象の分類

ある。このことを示すのが非代替定理である。まず非代替定理において仮定される生産技術の選択基準には，いくつかのものがある。一つは，個別資本家が，現行の価格体系の下で費用を最小化する技術を選択するという選択基準である。この基準では，利潤率(あるいは賃金率)が与えられれば，産出ベクトルとは無関係に(さらに価格ニュメレールとも無関係に)，つねに同一の技術が選択される。[12]

もう一つの技術選択の基準として本源的生産要素の効率的使用というものがある。いま社会は，ある与えられた産出ベクトルを生産しなければならない。このとき，同種の財を生産する方法はたしかにいく通りも考えられるので，その中から適当な方法が選ばれなければならない。しかし生産方法を選択する基準を次のように仮定するとき，与えられた産出ベクトルとは無関係につねに同一の生産方法が選ばれる。その基準とは，本源的生産要素(生産されることなく専ら投入財としてのみ使用される財，たとえば労働など)が一つ存在するとき，与えられた産出ベクトルに対して，この本源的生産要素の投入量を最小にするような生産方法を選ぶというものである。この基準を採用すれば，産出ベクトルの如何を問わず，各財について常に一個同一の生産方法が選ばれる。[13]

---

(12) この種の非代替定理はスラッフィアンによって重視されている。Sraffa [1960]; Pasinetti [1977].さらに固定資本モデルへの非代替定理の拡張としてサルヴァドーリらの一連の研究がある。Salvadori [1988a]; Salvadori [1988b]; Kurz/Salvadori [1994]; Kurz/Salvadori [1995] ch.7 "Fixed Capital."

(13) こうした非代替定理はサミュエルソンやアローなどによっていくつかの方法で証明されているが，要を得たものとしてここではとくに以下を挙げておく。Georgescu-Roegen [1951]; Gale,D. [1960].なお非代替定理の固定資本モデルへの応用については以下の研究がある。Mirrlees [1969]; Burmeister/Sheshinski [1969]; Stiglitz [1970].

3.1.3 レオンチェフ体系

部門の数は財の数と等しいのであるから $n=m$ となり，投入係数行列および産出係数行列はともに非負正方行列となる。また単一生産であることを考慮すれば，産出係数行列は単位行列となる。こうして単一生産はレオンチェフ体系を用いて定式化することができる。

3.2 結合生産

3.2.1 結合生産[14]

第2の考察対象は，一つの部門が本来の生産物として複数の財を同時に生産することが可能なケースである。つまり各部門の産出係数ベクトルは複数の正の成分を含むことができる。すなわち産出係数行列は，単一生産の場合のように必ずしも単位行列にはならない。

3.2.2. 代替的生産方法

結合生産の場合は，財の数(m)と生産方法の数(n)とを一致させる非代替性が通常成立しない[15]。従って同種の財を生産するために利用可能な生産方法が複数存在しうる。その場合，投入係数行列および産出係数行列は正方行列ではなく，矩形行列となる。

3.2.3 不等式体系

しかし結合生産の場合には，経済的に有意な均衡価格および均衡操業度が必ずしも保証されない。すなわち単一生産(等式体系)でのように，すべての部門で利潤率を均等化することと，すべての財において需要と供給(産出)が一致することを均衡条件として要求すると，結合生産では均衡価格あるいは均衡操業度が負になることがある。そこで結合生産にお

---

(14) ここで考察しているのは「回転期間アプローチ」であり，「結合生産アプローチ」ではないのだから(これらのアプローチについては第2章参照)，ここで言う結合生産とはもちろん固定資本のモデルとしての結合生産ではなく，本来の生産物同士の結合生産，すなわち「本質的結合生産」である。

(15) この点を費用最小化の技術選択について論じた研究には以下のものがある。Salvadori [1982]; Salvadori [1985]; Franke [1986].

いては通常,単一生産(等式体系)より緩い均衡条件が適用される[16]。もちろんこの緩い均衡条件でも,本章の 1.2 節で定義した利潤率均等化および成長率均等化という条件を依然満たしている。

第 1 に,全部門での利潤率均等化を「収益性のルール(profitability rule)」[17]に変更する。つまりこれは,利潤率が他よりも低い部門の存在を認めるが,その利潤率の低い部門の操業度はゼロとなるというルールである。要するに最大の利潤率をもつ部門だけが操業されるということである。第 2 に,全ての財の需給一致を「自由財のルール(free goods rule)」に変更する。つまり供給過剰となる財の存在を認めるが,その財は自由財となり,その価格はゼロとなるというルールである。Champernowneが指摘したとおり[18],この二つのルールを定式化したものがフォン・ノイマンの不等式体系である。

3.3 単純再生産

考察の第 3 の対象は蓄積率がゼロ($s=0$)のケースである。蓄積率 s は第 4 章 1.2 節の仮定より,すべての部門の資本家に共通である。とくに蓄積率がゼロであることは,第 4 章 4.2 節で考察したように,単純再生産の十分条件である。なお蓄積率がゼロであれば,資本家の個人消費率 c は 1 である。つまり資本家は利潤の全額を個人的消費に支出する。

3.4 拡大再生産

考察の第 4 の対象は蓄積率が正であり($s>0$),かつマークアップ率が正である($q>0$)ケースである。第 4 章 5.2 節で見たように,蓄積率およびマークアップ率がともに正であることは拡大再生産の必要十分条件である。なおこのケ

---

[16] ただしネオリカーディアンの多くは,結合生産にも等式体系を用いて均衡条件を定式化する。

[17] 「収益性のルール」および「自由財のルール」の命名はChampernowneに従う。Champernowne [1945-46].なおこれらのルールについては以下も参照のこと。Morishima [1973] (高須賀訳),208-9 頁。

[18] Champernowne [1945-46].

第6章 資本回転と一般均衡

ースでは資本家の個人的消費率は $c=1-s$, $0 \leqq c < 1$ であり，資本家は利潤の c 倍を個人的消費に支出する。

以下 4 節および 5 節ではそれぞれ，単一生産(等式体系)における単純再生産および拡大再生産が考察され，6 節および 7 節では結合生産(不等式体系)における単純再生産および拡大再生産が考察される。

4　単一生産における単純再生産

4.1　補題：フロベニウス根の連続性

本 4.1 節にかぎり x, X, z, Z の記号を形式的に用いるため，本書の使用基準を適用しない。

4.1.1　命題　分解不能な n 次の非負正方行列

$$A = (a_{ij}) \in M(n \times n, \mathbb{R}_+)$$

を任意に選ぶ。それぞれの $(i,j) \in \{1,\cdots,n\}^2$ について連続な非負値関数

$$h_{ij} : X \to \mathbb{R}_+ , \quad x \mapsto h_{ij}(x)$$

を任意に選ぶ。ただし X はコンパクト集合とする。そこで行列 $M(x)$ を次のように定義する。

$$M(x) := (h_{ij}(x) + a_{ij}) \in M(n \times n, \mathbb{R}_+)$$

λ_A を A のフロベニウス根，$\lambda_M(x)$ を $M(x)$ のフロベニウス根とする。集合 Z を次のように定義する。

$$Z := \{ z \in \mathbb{R}_+^n \mid \sum_{i=1}^n z_i = 1 \}$$

$z(x) \in Z$ を，Z に属し，$\lambda_M(x)$ に対応した $M(x)$ の固有(行)ベクトルとする。

このとき，$z(x)$ は定義域 X について x の連続写像であり，$\lambda_M(x)$ は定義域 X

4 単一生産における単純再生産

について x の連続関数である。[19]

4.1.2　$z(x)$ の連続性の証明

(i)　$x^* \in X$ を任意に選ぶ。この x^* について $M(x^*)=(h_{ij}(x^*)+a_{ij})$ は一意的に決定される。また任意の $(i,j)\in\{1,\cdots,n\}^2$ について $h_{ij}(x^*)\geqq 0$ だから $M(x^*)\geqq A$ となり，$M(x^*)$ も分解不能な n 次の非負正方行列となる。よってその一意的に決定されるフロベニウス根 $\lambda_M(x^*)$ は正であり，単根である。従ってこれに対応する固有(行)ベクトルで Z に属するベクトル $z(x^*)$ が一意的に決定される。そこで $\lambda_M(x)$ および $z(x)$ を次のように定義される x の関数および写像と考えることができる。

$\lambda_M : X \to \mathbb{R}_{++}, \ x \mapsto \lambda_M(x)$

$z : X \to Z, \ x \mapsto z(x)$

(ii)　仮定により任意の $(i,j)\in\{1,\cdots,n\}^2$ について $h_{ij}(x)$ は X で連続であり，X はコンパクトだからそれぞれの $(i,j)\in\{1,\cdots,n\}^2$ について $\bar{y}_{ij} := \max_{x \in X} h_{ij}(x)$ が存在する。従って $\bar{y} := \max_{i,j} \bar{y}_{ij}$ もまた存在する。なお任意の $x \in X$ について $h_{ij}(x) \geqq 0$ だから $\bar{y} \geqq 0$ である。また $\bar{a} := \max_{i,j} a_{ij}$ と定義すれば，A の分解不能性より $\bar{a} > 0$ である。したがって任意の $x \in X$ について

$$M(x) = (h_{ij}(x) + a_{ij})$$
$$\leqq (\bar{y}+\bar{a}) \begin{pmatrix} 1 & \cdots & 1 \\ \vdots & \cdots & \vdots \\ 1 & \cdots & 1 \end{pmatrix}$$

が成り立つ。不等式の右辺のフロベニウス根は明らかに $n(\bar{y}+\bar{a})$ だから

$$\lambda_M(x) \leqq n(\bar{y}+\bar{a})$$

が成り立つ。x は任意に選んだのだからすべての $x \in X$ について

---

[19]　行列の分解可能性，非負性の条件を解除して，より一般的に，固有値の連続性の証明を扱った定理として次のものがある。Franklin [1968] pp.191-2, Theorem 1.

第6章　資本回転と一般均衡

$$\lambda_M(x) \in [0, n(\bar{y}+\bar{a})]$$

となる。

(iii)　$x_0 \in X$ を任意に選ぶ。x_0 に収束する X の点列 $\{x_k\}$ を任意に選ぶ。それに対応して点列 $\{z(x_k)\}$ および数列 $\{\lambda_M(x_k)\}$ が定義される。このとき $\lambda_M(x)$ および $z(x)$ の定義よりすべての k について

$$z(x_k)M(x_k) = \lambda_M(x_k)z(x_k)$$

が成り立つ。

(iv)　このときすべての k について $z(x_k) \in Z$ であり、Z はコンパクトだから、点列 $\{z(x_k)\}$ は収束する部分列 $\{z(x_{k_\nu})\}$ をもちその極限値 z_0 は Z に属する。すなわち

$$\lim_{\nu \to \infty} z(x_{k_\nu}) = z_0 \in Z$$

である。この部分列 $\{z(x_{k_\nu})\}$ の新たなインデックスに対応した $\{\lambda_M(x_k)\}$ の部分列を $\{\lambda_M(x_{k_\nu})\}$ と書く。すべての ν について $\lambda_M(x_{k_\nu}) \in [0, n(\bar{y}+\bar{a})]$ であり、区間 $[0, n(\bar{y}+\bar{a})]$ はコンパクトだから、数列 $\{\lambda_M(x_{k_\nu})\}$ は収束する部分列を持ち、その極限値 λ_0 は $[0, n(\bar{y}+\bar{a})]$ に属する。この収束する部分列を改めて $\{\lambda_M(x_{k_\nu})\}$ と書けば

$$\lim_{\nu \to \infty} \lambda_M(x_{k_\nu}) = \lambda_0 \in [0, n(\bar{y}+\bar{a})]$$

となる。この部分列 $\{\lambda_M(x_{k_\nu})\}$ の新たなインデックスに対応した $\{x_k\}$ および $\{z(x_k)\}$ の部分列をそれぞれ改めて $\{x_{k_\nu}\}$, $\{z(x_{k_\nu})\}$ と書いておく。

ところで $\{x_{k_\nu}\}$ は $\{x_k\}$ の部分列だから、すべての ν について

$$z(x_{k_\nu})M(x_{k_\nu}) = \lambda_M(x_{k_\nu})z(x_{k_\nu})$$

が成り立つ。よって

$$\lim_{\nu \to \infty} z(x_{k_\nu})M(x_{k_\nu}) = z_0 M(x_0) = \lambda_0 z_0 = \lim_{\nu \to \infty} \lambda_M(x_{k_\nu})z(x_{k_\nu})$$

が成り立つ。このことから λ_0 は $M(x_0)$ の固有値であり、z_0 は λ_0 に対応した固有(行)ベクトルであることがわかる。しかも $z_0 \in Z$ より $z_0 \geq 0$ だから、こ

の固有値 λ_0 は $M(x_0)$ のフロベニウス根であり，$\lambda_0 > 0$ である。よって

$$\lambda_0 = \lambda_M(x_0)$$

$$z_0 = z(x_0)$$

が得られる。

(v) 以上で明らかになったことは，点列 $\{z(x_k)\}$ および数列 $\{\lambda_M(x_k)\}$ は収束する部分列 $\{z(x_{k_\nu})\}$，$\{\lambda_M(x_{k_\nu})\}$ を持ち，それぞれ

$$\lim_{\nu \to \infty} z(x_{k_\nu}) = z(x_0)$$

$$\lim_{\nu \to \infty} \lambda_M(x_{k_\nu}) = \lambda_M(x_0)$$

が成り立つということである。

(vi) 次に，(iii)で定義された本来の点列 $\{z(x_k)\}$ がそれ自身，$z(x_0)$ に収束することを証明する。そこで逆に $\{z(x_k)\}$ が $z(x_0)$ に収束しないと仮定してみる。すると

$$\exists_{\varepsilon > 0} \forall_{K \in \mathbb{N}} \exists_{k \geq K} \|z(x_k) - z(x_0)\| \geq \varepsilon$$

となる。そこで点列 $\{z(x_k)\}$ の中から $\|z(x_k) - z(x_0)\| \geq \varepsilon$ をみたす項を取り出し，インデックスの小さい順に並べれば，新たな無限点列が得られる。これはもちろん $\{z(x_k)\}$ の一つの部分列であるが，この部分列を改めて $\{z(x_k)\}$ と書くことにする。

(vii) この新たな部分列 $\{z(x_k)\}$ に対しても，(iv)の考察を繰り返せば，(v)と同様の結論が得られる。すなわち点列 $\{z(x_k)\}$ は収束する部分列 $\{z(x_{k_\nu})\}$ を持ち，

$$\lim_{\nu \to \infty} z(x_{k_\nu}) = z(x_0)$$

が成り立つ。つまりある $N \in \mathbb{N}$ を選び，すべての $\nu \geq N$ について $\|z(x_{k_\nu}) - z(x_0)\| < \varepsilon$ を成り立たせることができる。しかしこれは矛盾である。なぜなら(vi)における点列 $\{z(x_k)\}$ の作り方から，すべての k について $\|z(x_k) - z(x_0)\| \geq \varepsilon$ が成り立つはずだからである。この矛盾は(vi)において，

第6章　資本回転と一般均衡

(iii)で定義された本来の点列$\{z(x_k)\}$が$z(x_0)$に収束しないと仮定したことによって生じたのだから，この本来の点列$\{z(x_k)\}$は$z(x_0)$に収束しなければならない。なお(iii)においてXの点列$\{x_k\}$は任意に選ばれたのだから，$x_0 \in X$に収束するすべてのXの点列について

$$\lim_{k \to \infty} z(x_k) = z(x_0)$$

が成り立つ。また(iii)において$x_0 \in X$も任意に選ばれたのだから，$z(x)$は定義域Xについてxの連続写像である。

4.1.3　$\lambda_M(x)$の連続性の証明

(viii)　次に，(iii)で定義された本来の数列$\{\lambda_M(x_k)\}$がそれ自身，$\lambda_M(x_0)$に収束することを証明する。そこで逆に$\{\lambda_M(x_k)\}$が$\lambda_M(x_0)$に収束しないと仮定してみる。すると

$$\exists_{\varepsilon > 0} \forall_{K \in \mathbb{N}} \exists_{k \geq K} \|\lambda_M(x_k) - \lambda_M(x_0)\| \geqq \varepsilon$$

が成り立つことになる。そこで数列$\{\lambda_M(x_k)\}$の中から$\|\lambda_M(x_k) - \lambda_M(x_0)\| \geqq \varepsilon$をみたす項を取り出し，インデックスの小さい順に並べれば，新たな無限数列が得られる。これはもちろん$\{\lambda_M(x_k)\}$の一つの部分列であるが，この部分列を改めて$\{\lambda_M(x_k)\}$と書くことにする。

(ix)　すべてのkについて$\lambda_M(x_k) \in [0, n(\bar{y} + \bar{a})]$であり，区間$[0, n(\bar{y} + \bar{a})]$はコンパクトだから，数列$\{\lambda_M(x_k)\}$は収束する部分列$\{\lambda_M(x_{k_\nu})\}$を持ち，その極限値$\lambda_0$は$[0, n(\bar{y} + \bar{a})]$に属する。すなわち

$$\lim_{\nu \to \infty} \lambda_M(x_{k_\nu}) = \lambda_0 \in [0, n(\bar{y} + \bar{a})]$$

となる。この部分列$\{\lambda_M(x_{k_\nu})\}$の新たなインデックスに対応した$\{z(x_k)\}$の部分列を$\{z(x_{k_\nu})\}$と書く。すべてのνについて$z(x_{k_\nu}) \in Z$であり，Zはコンパクトだから，点列$\{z(x_{k_\nu})\}$は収束する部分列をもちその極限値z_0はZに属する。この収束する部分列を改めて$\{z(x_{k_\nu})\}$と書けば

$$\lim_{\nu \to \infty} z(x_{k_\nu}) = z_0 \in Z$$

4 単一生産における単純再生産

である。この部分列 $\{z(x_{k_\nu})\}$ の新たなインデックスに対応した $\{x_k\}$ および $\{\lambda_M(x_{k_\nu})\}$ の部分列をそれぞれ改めて $\{x_k\}$, $\{\lambda_M(x_{k_\nu})\}$ と書いておく。

ところで $\{x_{k_\nu}\}$ は $\{x_k\}$ の部分列だから，すべての ν について

$$z(x_{k_\nu})M(x_{k_\nu}) = \lambda_M(x_{k_\nu})z(x_{k_\nu})$$

が成り立つ。よって

$$\lim_{\nu \to \infty} z(x_{k_\nu})M(x_{k_\nu}) = z_0 M(x_0) = \lambda_0 z_0 = \lim_{\nu \to \infty} \lambda_M(x_{k_\nu})z(x_{k_\nu})$$

が成り立つ。このことから λ_0 は $M(x_0)$ の固有値であり，z_0 は λ_0 に対応した固有(行)ベクトルであることがわかる。しかも $z_0 \in Z$ より $z_0 \geq 0$ だから，この固有値 λ_0 は $M(x_0)$ のフロベニウス根であり，$\lambda_0 > 0$ である。よって

$$\lambda_0 = \lambda_M(x_0)$$

$$z_0 = z(x_0)$$

が得られる。

(x) 以上から，数列 $\{\lambda_M(x_k)\}$ は収束する部分列 $\{\lambda_M(x_{k_\nu})\}$ を持ち，

$$\lim_{\nu \to \infty} \lambda_M(x_{k_\nu}) = \lambda_M(x_0)$$

が成り立つ。つまりある $N \in \mathbb{N}$ を選び，すべての $\nu \geq N$ について $\|\lambda_M(x_{k_\nu}) - \lambda_M(x_0)\| < \varepsilon$ を成り立たせることができる。しかしこれは矛盾である。なぜなら(viii)における数列 $\{\lambda_M(x_k)\}$ の作り方から，すべての k について $\|\lambda_M(x_k) - \lambda_M(x_0)\| \geq \varepsilon$ が成り立つはずだからである。この矛盾は(viii)において，(iii)で定義された本来の数列 $\{\lambda_M(x_k)\}$ が $\lambda_M(x_0)$ に収束しないと仮定したことによって生じたのだから，この本来の数列 $\{\lambda_M(x_k)\}$ は $\lambda_M(x_0)$ に収束しなければならない。なお(iii)において X の点列 $\{x_k\}$ は任意に選ばれたのだから，$x_0 \in X$ に収束するすべての X の点列について

$$\lim_{k \to \infty} \lambda_M(x_k) = \lambda_M(x_0)$$

が成り立つ。また(iii)において $x_0 \in X$ も任意に選ばれたのだから，$\{\lambda_M(x)\}$ は定義域 X について x の連続関数である(qed)。

4.2 モデル
4.2.1 与件

- 財のインデックス：$i=1,\cdots,n$
- 部門のインデックス：$j=1,\cdots,n$
- 部門 j における財 i の投入係数：$a_{ij} \in \mathbb{R}_+$
- 投入係数行列：$A := (a_{ij}) \in M(n \times n, \mathbb{R}_+)$
- 部門 j における労働投入係数：$l_j \in \mathbb{R}_+$
- 労働投入係数(行)ベクトル：$L := (l_1,\cdots,l_n) \in \mathbb{R}_+^n$
- 実質賃金率：$\Omega \in \mathbb{R}_+$
- 部門 j における投入財 i の価値回転数：$U_{ij} \in \mathbb{R}_{++}$
- 部門 j における賃金(可変資本)の価値回転数：$U_{lj} \in \mathbb{R}_{++}$

ここで価値回転数にかんする補足説明をしておく。すでに第 4 章 4.5.1 節で考察したように，価値回転数は単純再生産においては資本回転(タイムラグ)にのみ依存する。任意の部門 j の任意の投入財 i について，購買ラグ行列を Γ_{ij}, 生産ラグ行列を A_{ij}, 販売ラグ行列を B_{ij}, T を回転期間の最大値プラス 1, I を T 次の単位行列，$e' = (1,\cdots,1) \in \mathbb{R}^T$ とすれば，j 部門 i 財の価値回転数は

$$U_{ij} = 1/e'(I - \Gamma_{ij} A_{ij} B_{ij})e, \quad i \in \{1,\cdots,n,l\}, \quad j \in \{1,\cdots,n\}$$

として得られる。第 4 章(4.17)式にあるように，生産の有時間性より $U_{ij} > 0$ が保証されている。

なお任意の投入財 i について，その価格がゼロである($p_i = 0$)のとき，本来の価値回転数は定義できない。そこで $p_i > 0$ について計測される価値回転数 U_{ij} を改めて $p_i = 0$ の場合の価値回転数と定義する。なぜなら $p_i = 0$ のとき，価格体系については価値回転数は何の影響も及ぼさないが，数量体系については各時点での i 財への需要と成長率とを関連付ける重要な要因としてその機能を保持するからである。

4.2.2 変数

- 部門 j の操業度：$x_j \in \mathbb{R}_+$
- 操業(列)ベクトル：$x' := (x_1, \cdots, x_n) \in \mathbb{R}_+^n$
- 正規化された操業(列)ベクトル：$z' = (z_1, \cdots, z_n) := \dfrac{1}{\sum_{j=1}^{n} x_j}(x_1, \cdots, x_n) \in Z$

  ただし $Z := \{z \in \mathbb{R}_+^n \mid \sum_{j=1}^{n} z_j = 1\}$

- 財 i の価格：$p_i \in \mathbb{R}_+$
- 価格(行)ベクトル：$p := (p_1, \cdots, p_n) \in \mathbb{R}_+^n$
- 正規化された価格(行)ベクトル：$y = (y_1, \cdots, y_n) := \dfrac{1}{\sum_{i=1}^{n} p_i}(p_1, \cdots, p_n) \in Y$

  ただし $Y := \{y \in \mathbb{R}_+^n \mid \sum_{i=1}^{n} y_i = 1\}$

- 貨幣賃金率：$w := \Omega \sum_{i=1}^{n} p_i \in \mathbb{R}_+$
- 一般的利潤率：$r \in \mathbb{R}_+$
- 部門 j における投入財 l のマークアップ率：$q_{ij} \in \mathbb{R}_+$
- 部門 j における賃金のマークアップ率：$q_{lj} \in \mathbb{R}_+$

ここで利潤率の恒等式から $q_{ij} = r/U_{ij}$ が成り立つことを考慮する（第 4 章 4.5.1 節）。

- マークアップ行列：$\Delta A(r) := (q_{ij} a_{ij}) = (\dfrac{r}{U_{ij}} a_{ij}) \in M(n \times n, \mathbb{R}_+)$

- マークアップ付投入係数行列：
$$\tilde{A}(r) := A + \Delta A(r) = ((1 + q_{ij}) a_{ij}) = ((1 + \dfrac{r}{U_{ij}}) a_{ij}) \in M(n \times n, \mathbb{R}_+)$$

- マークアップ(行)ベクトル：$\Delta L(r) := (\dfrac{r}{U_{l1}} l_1, \cdots, \dfrac{r}{U_{ln}} l_n) \in \mathbb{R}_+^n$

- マークアップ付労働投入係数ベクトル：
$$\tilde{L}(r) := L + \Delta L(r) = ((1 + \dfrac{r}{U_{l1}}) l_1, \cdots, (1 + \dfrac{r}{U_{ln}}) l_n) \in \mathbb{R}_+^n$$

第6章　資本回転と一般均衡

・労働者階級の消費需要(列)ベクトル：$d \in \mathbb{R}^n_+$
・資本家階級の消費需要(列)ベクトル：$e \in \mathbb{R}^n_+$

4.3　均衡条件

1)　　$p = p\tilde{A}(r) + w\tilde{L}(r)$

これは任意の部門 j において

$$p_j = (1+\frac{r}{U_{1j}})p_1 a_{1j} + \cdots + (1+\frac{r}{U_{nj}})p_n a_{nj} + (1+\frac{r}{U_{lj}})wl_j$$

が成り立つことを意味する。左辺は財 j の価格であり，右辺は，一般的利潤率 r を保証するマークアップを投入財ごとに費用価格に付加した価格である。すなわち一般的利潤率 r に対応した財 j の生産価格である。部門は任意に選んだのだから，すべての部門で生産物の価格が，一般的利潤率 r を保証する生産価格と一致している。各部門の操業度とは無関係にこの一致が保証される。また 1)の両辺を $\sum_{i=1}^{n} p_i$ で割ると次の式が得られる。

1)'　　$y = y\tilde{A}(r) + \Omega\tilde{L}(r)$

2)　　$x = Ax + d + e$

これは任意の財 i において

$$x_i = x_1 a_{i1} + \cdots + x_n a_{in} + d_i + e_i$$

が成り立つことを意味する。左辺は任意の時点 t において供給された財 i の数量を表す。右辺はその供給された財 i にたいして時点 t に発生する社会の需要の総計である。

　財 i にたいする社会の需要は次の3つの部分からなる。①生産規模(操業水準 x)の維持を保証する更新需要($x_1 a_{i1} + \cdots + x_n a_{in}$)，②労働者階級の消費需要($d_i$)，③資本家階級の消費需要($e_i$)。2)の等式の含意は，財 i に対する社会の需要が，その時点に部門 i において供給された財 i の数量と一致するということである。財は任意に選んだのだから，すべての財について，体系の中で需要

4 単一生産における単純再生産

される数量は，その時点にこの体系自身の中で供給された数量と正確に一致している。

2.2.1節における収入の源泉にかんする仮定により，賃金は，再生産のための労働の雇用(労働力の購買)と同時に支払われる。従って労働者階級に支払われる賃金は，労働に対する新たな需要

$$Lx = x_1 l_1 + \cdots + x_n l_n$$

に応じて支払われ，その総額は

$$wLx$$

となる。この賃金は全額，労働者階級の収入として消費支出される。したがって労働者階級の収入の総額 D は

$$D = wLx = \Omega Lx \sum_{i=1}^{n} p_i$$

となる。この収入によって発生する労働者階級の消費需要は，(2.4)(2.8)式より

$$d = \frac{1}{\sum_{i=1}^{n} p_i} Df(y) = \Omega Lx f(y) \quad \text{ただし } yf(y)=1 \quad \cdots(4.1)$$

となる。

同じく収入の源泉に関する仮定により，利潤は，生産物の販売によって価格が実現されたあとに取得される。つまり時点 t において供給される生産物の価格 px に含まれる利潤は

$$px - (pAx + wLx)$$

であるが，この利潤は生産物の販売後に資本家階級によって取得される。ここでの単純再生産では蓄積率 s はゼロであり，個人消費率 c が1であるから，この利潤の全額が資本家階級の収入として消費支出される。したがって1)も考慮すれば資本家階級の収入の総額 E は

第6章 資本回転と一般均衡

$$E = px - (pAx + wLx)$$
$$= p\tilde{A}(r)x + w\tilde{L}(r)x - pAx - wLx$$
$$= p\Delta A(r)x + w\Delta L(r)x$$

となる。この収入によって発生する資本家階級の消費需要は，(2.6)(2.10)式より

$$e = \frac{1}{\sum_{i=1}^{n} p_i} E\phi(y) = (y\Delta A(r)x + \Omega\Delta L(r)x)\phi(y) \quad \text{ただし } y\phi(y) = 1 \quad \cdots(4.2)$$

となる。

ここで x を正規化し(4.1)(4.2)式をつかって 2)を書き換えれば次の式が得られる。

2)' $\quad z = (A + \Omega f(y)L)z + \phi(y)(y\Delta A(r) + \Omega\Delta L(r))z$

3) $px > 0$ あるいは $yz > 0$

これは，社会全体で供給される総生産物の価格は正になるということを意味する。

4) $p \geqq 0$ あるいは $y \geqq 0$

この条件は，価格ベクトルが半正であること[20]，すなわち少なくとも一つの財について価格が正であることを意味する。

5) $x \geqq 0$ あるいは $z \geqq 0$

この条件は，操業ベクトルが半正であること，すなわち少なくとも一つの部門は正の操業度をもって操業されることを意味する。

---

[20] ベクトル $x, y \in \mathbb{R}^n$ について次のように定義する。
　$x > y :\Leftrightarrow \forall_i \ x_i > y_i$
　$x \geq y :\Leftrightarrow x \neq y \wedge \forall_i \ x_i \geqq y_i$
　$x \geqq y :\Leftrightarrow \forall_i \ x_i \geqq y_i$

4 単一生産における単純再生産

6) $r>0$

これは一般的利潤率が正であることを意味する。

1)'4)をみたす価格ベクトル y が存在すれば，それは1.2.1節で定義した利潤率均等化を満たす均衡価格体系である。また2)'5)をみたす操業ベクトル z が存在すれば，それは1.2.2節で定義した成長率均等化を満たす均衡操業水準である。なお3), 6)は，均衡が経済的に有意な状態であることを保証する追加的条件である。よって1)'2)'3)4)5)6)を同時にみたす y, z, r が存在すれば，それは一般均衡の存在の十分条件である。

4.4 均衡の存在
4.4.1 仮定
① 投入係数行列 A は分解不能である。
② すべての $y \in Y$ について，「拡張された(augmented)投入係数行列」$A+\Omega f(y)L$ は生産的である。すなわち $A+\Omega f(y)L$ のフロベニウス根は 1 より小さい。[21]
③ すべての部門において労働が投入される。すなわち $L>0$ である。
④ 実質賃金率 Ω はゼロでない。すなわち $\Omega>0$ である。

4.4.2 命題
上記の仮定のもとで均衡条件 1)'2)'3)4)5)6)を同時に満たす y, z, r が存在する。

4.4.3 需要行列の定義
上の命題について 4.4.3〜4.4.7 節にわたって証明を行う。まず任意の $y \in Y, g \geqq 0$ について需要行列 $M(y,r)$ を次のように定義する。

---

(21) この仮定はたしかに，労働者の効用における飽和を前提する点で限定的である。すなわちある財の価格がゼロであってもその財の需要が一定限度に止まることを想定している。この点における命題の一般化については別稿を期したい。

第 6 章　資本回転と一般均衡

$$M(y,r) \in M(n \times n, \mathbb{R}_+)$$
$$M(y,r) := (A + \Omega f(y)L) + \phi(y)(y\Delta A(r) + \Omega \Delta L(r))$$

この行列 $M(y,r)$ の i 行 j 列の成分 $m_{ij}(y,r)$ は従って次のようになる。

$$m_{ij}(y,r) := (a_{ij} + \Omega f_i(y)l_j) + \phi_i(y)(\sum_{h=1}^{n} y_h \frac{r}{U_{hj}} a_{hj} + \Omega \frac{r}{U_{lj}} l_j) \qquad \cdots(4.3)$$

さらに行列 $M(y,r)$ のフロベニウス根を $\lambda_M(y,r)$ と書く。

　A は分解不能な非負正方行列、ΔA, L, ΔL, $f(y)$, $\phi(y)$, Ω はすべて非負であるから、$M(y,r)$ もまた任意の $y \in Y$, $r \geqq 0$ について分解不能な非負正方行列である。よって $\lambda_M(y,r) > 0$ である。

4.4.4　$\forall y \in Y \ \exists r \in \mathbb{R}_{++} \ \lambda_M(y,r) = 1$ の証明

　(i)　任意に $y \in Y$, $r \geqq 0$ を選ぶ。この y を $M(y,r)$ に左から掛けると
$$yM(y,r) = yA + \Omega L + y\Delta A(r) + \Omega \Delta L(r) > \Omega \Delta L(r)$$

仮定によりすべての $j=1,\cdots,n$ について $l_j > 0$ だから十分大きな r を選んで

$$\Omega \Delta L(r) = \Omega r(\frac{l_1}{U_{l1}}, \cdots, \frac{l_n}{U_{ln}}) > (1, \cdots, 1)$$

とすることができる。$\Omega \Delta L(r)$ は y の選び方には依存しない r だけの写像であるから、y とは独立に r を選ぶことができる。その一つを $\bar{r}$ とすれば、もちろん $\bar{r} > 0$ であり、

$$yM(y,\bar{r}) > \Omega \Delta L(\bar{r}) > (1,\cdots,1) \geq y$$

となるから

$$yM(y,\bar{r}) > y$$

が得られる。この不等式の両辺に、$M(y,\bar{r})$ のフロベニウス根 $\lambda_M(y,\bar{r})$ に対応する正の固有(列)ベクトル z^* を右から掛ければ

$$yM(y,\bar{r})z^* = \lambda_M(y,\bar{r})yz^* > yz^*$$

となり、$yz^* > 0$ より

$$\lambda_M(y,\bar{r}) > 1 \qquad \cdots (4.4)$$

となる。$y \in Y$ は任意に選んだのだから，(4.4) の不等式はすべての $y \in Y$ について成り立つ。

(ii) 他方 $M(y,r)$ は $r=0$ のときに

$$M(y,0) = A + \Omega f(y) L$$

となるが，仮定によりこの行列は任意の $y \in Y$ について生産的だから，そのフロベニウス根は 1 より小さい。すなわち $\lambda_M(y,0) < 1$ となる。よって(4.4)から，すべての $y \in Y$ について

$$\lambda_M(y,0) < 1 < \lambda_M(y,\bar{r}) \qquad \cdots(4.5)$$

が成り立つ。

(iii) $y^* \in Y$ を任意に選ぶ。いま(4.3)式を念頭におきつつ，それぞれの $(i,j) \in \{1,\cdots,n\}^2$ について r の一次関数 $h_{ij}(y^*,r)$ を次のように定義する。

$$h_{ij}:[0,\bar{r}] \to \mathbb{R}_+, \ r \mapsto h_{ij}(y^*,r)$$
$$h_{ij}(y^*,r) := \Omega f_i(y^*) l_j + \phi_i(y^*)(\sum_{h=1}^{n} y_h^* \frac{1}{U_{hj}} a_{hj} + \Omega \frac{1}{U_{lj}} l_j) r$$

このとき定義域 $[0,\bar{r}]$ はコンパクトであり，$h_{ij}(y^*,r)$ は定義域 $[0,\bar{r}]$ において連続な非負値関数となる。すると $M(y^*,r)$ の i 行 j 列の成分 $m_{ij}(y^*,r)$ は (4.3) 式より

$$m_{ij}(y^*,r) = a_{ij} + h_{ij}(y^*,r)$$

と書ける。もちろん投入係数行列 $A = (a_{ij})$ は仮定より分解不能な非負正方行列である。よって 4.1 節で証明したフロベニウス根の連続性に関する補題より $M(y^*,r)$ のフロベニウス根 $\lambda_M(y^*,r)$ は定義域 $[0,\bar{r}]$ について r の連続関数である。

(iv) $\lambda_M(y^*,r)$ の連続性および(4.5)式から，中間値定理より

$$\lambda_M(y^*,r^*) = 1$$

をみたす $r^* \in (0,\bar{r})$ が存在する。

(v) ここで(iv)で見たような $\lambda_M(y^*,r^*)=1$ をみたす r^* の一意性を証明しておく。まず $0 \leq r_1 < r_2$ となるような r_1, r_2 を任意に選ぶ。このような r_1, r_2 ついて(4.3)式より，任意の $(i,j) \in \{1,\cdots,n\}^2$ に関して

$$m_{ij}(y^*,r_1) \leq m_{ij}(y^*,r_2) \qquad \cdots(4.6)$$

が成り立つ。ところで，ある i_0 について $\phi_{i_0}(y^*) > 0$ である。なぜならすべての i について $\phi_i(y^*) = 0$ であれば，$y^*\phi(y^*) = 0$ となり $y^*\phi(y^*) = 1$ の前提と矛盾するからである((2.6)式参照)。さらに $\Omega > 0$ であり，すべての $j=1,\cdots,n$ について $l_j > 0$，$U_{lj} > 0$ だから，すべての j について

$$\Omega \phi_{i_0}(y^*) \frac{r_1}{U_{lj}} l_j < \Omega \phi_{i_0}(y^*) \frac{r_2}{U_{lj}} l_j$$

よって

$$m_{i_0,j}(y^*,r_1) < m_{i_0,j}(y^*,r_2) \qquad \cdots(4.7)$$

が得られる。(4.6)(4.7)式を考慮すれば

$$M(y^*,r_1) \leq M(y^*,r_2)$$

が成り立つので，$M(y,r)$ の分解不可能性より

$$\lambda_M(y^*,r_1) < \lambda_M(y^*,r_2)$$

が得られる。したがって $r \in [0,\bar{r}]$ について $\lambda_M(y^*,r)$ は単調増加であり単射である。以上のことから，$y^* \in Y$ を任意に選んだとき，$\lambda_M(y^*,r) = 1$ が成り立つような r は一意的に存在する。よって任意の $y \in Y$ に対して，$\lambda_M(y,r) = 1$ が成り立つような $r \in [0,\bar{r}]$ を対応させる関数を定義することができる。すなわち

$$r: Y \to [0,\bar{r}], \; y \mapsto r(y)$$

である。このことからさらに $y^* \in Y$ を任意に選んだときに，$M(y^*,r(y^*))$ も一意的に決定される。そこで $M(y^*,r(y^*))$ のフロベニウス根 $\lambda_M(y^*,r(y^*))(=1)$ に対応する固有(行)ベクトル ψ^* を Y から選ぶことができる。$M(y^*,r(y^*))$ の分解不可能性より ψ^* は一意的に決定され，しかも $\psi^* > 0$ である。よって任意の

$y \in Y$ に対して, $M(y,r(y))$ のフロベニウス根に対応する正の固有(行)ベクトル ψ を対応させる写像を定義することができる。つまり

$$\psi : Y \to Y, \ y \mapsto \psi(y)$$

である。

4.4.5 $\psi(y)$ の連続性の証明

(i) $y_0 \in Y$ を任意に選ぶ。y_0 に収束する Y の点列 $\{y_k\}$ を任意に選ぶ。それに対応して点列 $\{\psi(y_k)\}$ および数列 $\{r(y_k)\}$ が定義される。このとき $r(y)$ および $\psi(y)$ の定義よりすべての k について

$$\psi(y_k) M(y_k, r(y_k)) = \psi(y_k)$$

が成り立つ。

(ii) このときすべての k について $\psi(y_k) \in Y$ であり, Y はコンパクトだから, 点列 $\{\psi(y_k)\}$ は収束する部分列 $\{\psi(y_{k_\nu})\}$ をもちその極限値 ψ_0 は Y に属する。すなわち

$$\lim_{\nu \to \infty} \psi(y_{k_\nu}) = \psi_0 \in Y$$

である。この部分列 $\{\psi(y_{k_\nu})\}$ の新たなインデックスに対応した $\{r(y_k)\}$ の部分列を $\{r(y_{k_\nu})\}$ と書く。このときすべての ν について $r(y_{k_\nu}) \in [0, \bar{r}]$ であり, 区間 $[0, \bar{r}]$ はコンパクトだから, 数列 $\{r(y_{k_\nu})\}$ は収束する部分列を持ち,その極限値 r_0 は $[0, \bar{r}]$ に属する。この収束する部分列を改めて $\{r(y_{k_\nu})\}$ と書けば

$$\lim_{\nu \to \infty} r(y_{k_\nu}) = r_0 \in [0, \bar{r}]$$

となる。この部分列 $\{r(y_{k_\nu})\}$ の新たなインデックスに対応した $\{y_k\}$ および $\{\psi(y_{k_\nu})\}$ の部分列をそれぞれ改めて $\{y_{k_\nu}\}$, $\{\psi(y_{k_\nu})\}$ と書いておく。

ところで $\{y_{k_\nu}\}$ は $\{y_k\}$ の部分列だから, すべての ν について

$$\psi(y_{k_\nu}) M(y_{k_\nu}, r(y_{k_\nu})) = \psi(y_{k_\nu})$$

が成り立つ。ここで $f(y)$ および $\phi(y)$ は連続だから

$$\lim_{\nu\to\infty}\psi(y_{k_\nu})M(y_{k_\nu},r(y_{k_\nu}))=\psi_0 M(y_0,r_0)=\psi_0=\lim_{\nu\to\infty}\psi(y_{k_\nu})$$

が成り立つ。このことから行列 $M(y_0,r_0)$ の固有値に1があり，ψ_0 はこれに対応した固有(行)ベクトルであることがわかる。しかも $\psi_0\in Y$ より $\psi_0\geq 0$ だから，この固有値1は $M(y_0,r_0)$ のフロベニウス根である。4.4.4節の(v)で見たように，$y\in Y$ を任意に選んだとき，$\lambda_M(y,r)=1$ が成り立つような r は一意的に存在し，またそれに対応する固有(行)ベクトル ψ も一意的に決定される。よって

$$r_0=r(y_0)$$

$$\psi_0=\psi(y_0)$$

が得られる。

(iii) 以上で明らかになったことは，点列 $\{\psi(y_k)\}$ および数列 $\{r(y_k)\}$ は収束する部分列 $\{\psi(y_{k_\nu})\}$，$\{r(y_{k_\nu})\}$ を持ち，それぞれ

$$\lim_{\nu\to\infty}\psi(y_{k_\nu})=\psi(y_0)$$

$$\lim_{\nu\to\infty}r(y_{k_\nu})=r(y_0)$$

が成り立つということである。

(iv) 次に，(i)で定義された本来の点列 $\{\psi(y_k)\}$ がそれ自身，$\psi(y_0)$ に収束することを証明する。そこで逆に $\{\psi(y_k)\}$ が $\psi(y_0)$ に収束しないと仮定してみる。すると

$$\exists_{\varepsilon>0}\ \forall_{K\in\mathbb{N}}\ \exists_{k\geq K}\ \|\psi(y_k)-\psi(y_0)\|\geq\varepsilon$$

となる。そこで点列 $\{\psi(y_k)\}$ の中から $\|\psi(y_k)-\psi(y_0)\|\geq\varepsilon$ をみたす項を取り出し，インデックスの小さい順に並べれば，新たな無限点列が得られる。これはもちろん $\{\psi(y_k)\}$ の一つの部分列であるが，この部分列を改めて $\{\psi(y_k)\}$ と書くことにする。

(v) この新たな部分列 $\{\psi(y_k)\}$ に対しても，(ii)の考察を繰り返せば，(iii)と同様の結論が得られる。すなわち点列 $\{\psi(y_k)\}$ は収束する部分列 $\{\psi(y_{k_\nu})\}$ を持ち，

4　単一生産における単純再生産

$$\lim_{\nu \to \infty} \psi(y_{k_\nu}) = \psi(y_0)$$

が成り立つ。つまりある $N \in \mathbb{N}$ を選び，すべての $\nu \geqq N$ について $\|\psi(y_{k_\nu}) - \psi(y_0)\| < \varepsilon$ を成り立たせることができる。しかしこれは矛盾である。なぜなら(iv)における点列 $\{\psi(y_k)\}$ の作り方から，すべての k について $\|\psi(y_k) - \psi(y_0)\| \geqq \varepsilon$ が成り立つはずだからである。この矛盾は(iv)において，(i)で定義された本来の点列 $\{\psi(y_k)\}$ が $\psi(y_0)$ に収束しないと仮定したことによって生じたのだから，この本来の点列 $\{\psi(y_k)\}$ は $\psi(y_0)$ に収束しなければならない。なお(i)において Y の点列 $\{y_k\}$ は任意に選ばれたのだから，$y_0 \in Y$ に収束するすべての Y の点列について

$$\lim_{k \to \infty} \psi(y_k) = \psi(y_0)$$

が成り立つ。また(i)において $y_0 \in Y$ も任意に選ばれたのだから，$\psi(y)$ は定義域 Y について y の連続写像である。

4.4.6　$\exists y \in Y \ \psi(y) = y$ の証明

4.4.4節の(v)で定義した写像

$$\psi : Y \to Y, \ y \mapsto \psi(y)$$

について，Y はコンパクトであり凸集合である。また4.4.5.の考察から ψ は連続写像であるから，ブラウアーの不動点定理より

$$\psi(\hat{y}) = \hat{y}, \quad \hat{y} \in Y \qquad \cdots (4.8)$$

を満たす $\hat{y}$ が存在する。

4.4.7　均衡解の存在の証明

(4.8)をみたす $\hat{y}$ を選ぶ。この $\hat{y}$ について

$$\hat{r} := r(\hat{y}) \in [0, \bar{r}]$$

を定義すれば，このとき $r(y)$ および $\psi(y)$ の定義（4.4.4節(v)）より

$$\hat{y} M(\hat{y}, \hat{r}) = \hat{y} \qquad \cdots (4.9)$$

第6章 資本回転と一般均衡

が成り立つ。4.4.3節における需要行列 $M(y,r)$ の定義および(4.9)式から

$$\hat{y} = \hat{y}M(\hat{y},\hat{r}) = \hat{y}(A + \Omega f(\hat{y})L) + \hat{y}\phi(\hat{y})(\hat{y}\Delta A(\hat{r}) + \Omega \Delta L(\hat{r}))$$
$$= \hat{y}\tilde{A}(\hat{r}) + \Omega \tilde{L}(\hat{r})$$

が得られる。よって $\hat{y}$ および $\hat{r}$ は,4.3節の均衡条件1)'を満たす。

次に $r(y)$ の定義より

$$\lambda_M(\hat{y},\hat{r}) = 1$$

が成り立ち,$\lambda_M(\hat{y},\hat{r})$ に対応した $M(\hat{y},\hat{r})$ の固有(列)ベクトルを Z の中からただ一つ選ぶことができる。この固有(列)ベクトルを $\hat{z}$ とすれば

$$\hat{z} = M(\hat{y},\hat{r})\hat{z} = (A + \Omega f(\hat{y})L)\hat{z} + \phi(\hat{y})(\hat{y}\Delta A(\hat{r}) + \Omega \Delta L(\hat{r}))\hat{z}$$

が成り立つ。よって $\hat{y}$,$\hat{z}$ および $\hat{r}$ は均衡条件の2)'を満たす。

さらに $\hat{y}$,$\hat{z}$ はそれぞれ分解不能な非負正方行列 $M(\hat{y},\hat{r})$ のフロベニウス根に対応した固有ベクトルであり,それぞれ $\hat{y} \in Y$,$\hat{z} \in Z$ であるから,$\hat{y} > 0$ および $\hat{z} > 0$ である。こうして $\hat{y}$ および $\hat{z}$ は均衡条件の3)4)5)を満たす。

最後に,4.4.4節の(iv)の考察から任意の $y \in Y$ について $\lambda_M(y,r) = 1$ を満たす r は開区間 $(0,\bar{r})$ において得られるから,$\hat{r} > 0$ である。よって $\hat{r}$ は均衡条件6)を満たす。よって $\hat{y}$,$\hat{z}$ および $\hat{r}$ は均衡条件1)'2)'3)4)5)6)を同時に満たす均衡解である(qed)。

ちなみにこの均衡における部門 j 全体の平均マークアップ率 $\hat{q}_j$ は

$$\hat{q}_j = \frac{\sum_{h=1}^{n} \hat{y}_h \frac{\hat{r}}{U_{hj}} a_{hj} + \Omega \frac{\hat{r}}{U_{lj}} l_j}{\sum_{h=1}^{n} \hat{y}_h a_{hj} + \Omega l_j}$$

となる。

5 単一生産における拡大再生産

5.1 モデル

5.1.1 与件

- 財のインデックス：$i=1,\cdots,n$
- 部門のインデックス：$j=1,\cdots,n$
- 部門 j における財 i の投入係数：$a_{ij} \in \mathbb{R}_+$
- 投入係数行列：$A := (a_{ij}) \in M(n \times n, \mathbb{R}_+)$
- 部門 j における労働投入係数：$l_j \in \mathbb{R}_+$
- 労働投入係数(行)ベクトル：$L := (l_1, \cdots, l_n) \in \mathbb{R}_+^n$
- 実質賃金率：$\Omega \in \mathbb{R}_+$
- 蓄積率 $s \in (0,1]$

単純再生産の場合は価値回転数を所与として扱うことができるが，拡大再生産の場合には，価値回転数は資本回転(タイムラグ)だけではなく，マークアップ率や成長率などの変数に依存するので，資本回転が所与であっても，価値回転数を所与として前提することはできない(第4章5.5節参照)。

5.1.2 変数

- 部門 j の操業度：$x_j \in \mathbb{R}_+$
- 操業(列)ベクトル：$x' := (x_1, \cdots, x_n) \in \mathbb{R}_+^n$
- 正規化された操業(列)ベクトル：$z' := (z_1, \cdots, z_n) := \dfrac{1}{\sum_{j=1}^{n} x_j}(x_1, \cdots, x_n) \in Z$

    ただし $Z := \{z \in \mathbb{R}_+^n \mid \sum_{j=1}^{n} z_j = 1\}$

- 財 i の価格：$p_i \in \mathbb{R}_+$
- 価格(行)ベクトル：$p := (p_1, \cdots, p_n) \in \mathbb{R}_+^n$

第6章 資本回転と一般均衡

・正規化された価格(行)ベクトル：$y = (y_1, \cdots, y_n) := \dfrac{1}{\sum_{i=1}^{n} p_i}(p_1, \cdots, p_n) \in Y$

　　ただし $Y := \{y \in \mathbb{R}_+^n \mid \sum_{i=1}^{n} y_i = 1\}$

・貨幣賃金率：$w := \Omega \sum_{i=1}^{n} p_i \in \mathbb{R}_+$

・均等成長率：$g \in \mathbb{R}_+$

・一般的利潤率：$r \in \mathbb{R}_+$

ここで第4章5.6節で定義され，同章5.7節の性質をもつマークアップ関数を導入する。ただしここでは$q(0)=0$ と新たに定義し，定義域を$\mathbb{R}_{++}$ から$\mathbb{R}_+$ に拡張しておく。この定義域の拡張のあとでも第4章5.7節におけるマークアップ関数の4つの性質はいずれも保存されることは明らかである。

・部門jにおける投入財iのマークアップ関数：$q_{ij} : \mathbb{R}_+ \to \mathbb{R}_+$, $g \mapsto q_{ij}(g)$
・部門jにおける賃金のマークアップ関数：$q_{lj} : \mathbb{R}_+ \to \mathbb{R}_+$, $g \mapsto q_{lj}(g)$

なお任意の投入財iについて，その価格がゼロである($p_i=0$)とき，本来のマークアップ関数は定義できない。そこで $p_i>0$ について定義されるマークアップ関数を改めて$p_i=0$ の場合のマークアップ関数と定義する。なぜなら$p_i=0$ のとき，価格体系についてはマークアップ関数は何の影響も及ぼさないが，数量体系については各時点でのi財への需要と成長率とを関連付ける重要な要因としてその機能を保持するからである。

・マークアップ行列：$\Delta A(g) := (q_{ij}(g)a_{ij}) \in M(n \times n, \mathbb{R}_+)$
・マークアップ付投入係数行列：
　$\tilde{A}(g) := A + \Delta A(g) = ((1+q_{ij}(g))a_{ij}) \in M(n \times n, \mathbb{R}_+)$
・マークアップ(行)ベクトル：$\Delta L(g) := (q_{l1}(g)l_1, \cdots, q_{ln}(g)l_n) \in \mathbb{R}_+^n$
・マークアップ付労働投入係数ベクトル：
　$\tilde{L}(g) := L + \Delta L(g) = ((1+q_{l1}(g))l_1, \cdots, (1+q_{ln}(g))l_n) \in \mathbb{R}_+^n$
・労働者階級の消費需要ベクトル：$d \in \mathbb{R}_+^n$
・資本家階級の消費需要ベクトル：$e \in \mathbb{R}_+^n$

また第4章5.5節において導出した「ケンブリッジ方程式」$r=g/s$ を考慮して，マークアップに関する諸変数を次のように書き換えることもできる。

$q_{ij}(g) = q_{ij}(sr)$

$q_{lj}(g) = q_{ij}(sr)$

$\Delta A(g) = \Delta A(sr)$

$\widetilde{A}(g) = \widetilde{A}(sr)$

$\Delta L(g) = \Delta L(sr)$

$\widetilde{L}(g) = \widetilde{L}(sr)$

5.1.3 購買期間の解消

第5章で詳論したように，拡大再生産における均衡の必要条件は，購買期間が個別的あるいは社会的に解消されていることである。本5節の均衡分析では，任意の部門の任意の投入財について，また賃金収入および利潤収入ごとに，購買ラグはいずれも $\gamma(0)=1$ であると仮定する。とくにこの仮定は，個別的に複線的資本分割あるいは「自己金融」によって，あるいは社会的に信用によって貨幣資本ストックが同一部門の同一投入財の購入に即時利用され，収入に関しても信用を介して，階級内部で貨幣ストックが個人消費に即時利用されることによって満たされる。

5.1.4 販売ラグの共通性

本5節における拡大再生産の均衡分析では各部門での販売ラグの共通性を仮定する。そしてその共通の販売ラグに基づく伝達関数を $\beta^*(g)$ と書く。ただしこの仮定は，証明に煩雑さを避けるための技術的な性格のものであり，容易に解除できる。その場合は投入係数 a_{ij}, 労働投入係数 l_j, 産出係数 b_{ij} に代えて，各部門ごとに販売の伝達関数 $\beta_j^*(g)$ を掛けて，それぞれ $\beta_j^*(g)a_{ij}$, $\beta_j^*(g)l_j$, $\beta_j^*(g)b_{ij}$ を用いればよい。均衡の存在証明は7.3.3-7.3.17節の証明に準ずる。

5.2 均衡条件

第 6 章　資本回転と一般均衡

1)　　$p = p\widetilde{A}(sr) + w\widetilde{L}(sr)$

これは任意の部門 j において

$$p_j = (1+q_{1j}(sr))p_1 a_{1j} + \cdots + (1+q_{nj}(sr))p_n a_{nj} + (1+q_{lj}(sr))w l_j$$

が成り立つことを意味する。左辺は財 j の価格であり，右辺は，一般的利潤率 r を保証するマークアップを投入財ごとに費用価格に付加した価格である。すなわち一般的利潤率 r に対応した財 j の生産価格である。部門は任意に選んだのだから，すべての部門で生産物の価格が，一般的利潤率 r を保証する生産価格と一致している。各部門の操業度とは無関係にこの一致が保証される。また 1) の両辺を $\sum_{i=1}^{n} p_i$ で割ると次の式が得られる。

1)'　　$y = y\widetilde{A}(sr) + \Omega \widetilde{L}(sr)$

2)　　$\beta^*(g)x = \beta^*(g)(A + s\Delta A(g))x + d + e$

これは任意の財 i において

$$\beta^*(g)x_i = \beta^*(g)[(1+sq_{i1}(g))x_1 a_{i1} + \cdots + (1+sq_{in}(g))x_n a_{in}] + d_i + e_i$$

が成り立つことを意味する。左辺は任意の時点 t において供給された財 i の数量を表す。右辺はその供給された財 i にたいして時点 t に発生する社会の需要の総計である。

財 i にたいする社会の需要は次の4つの部分からなる。

① 　生産規模(操業水準 x)の維持を保証する更新需要：

　　$\beta^*(g)(x_1 a_{i1} + \cdots + x_n a_{in})$

② 　均等成長率 g を保証する追加需要：

　　$\beta^*(g)(sq_{i1}(g)x_1 a_{i1} + \cdots + sq_{in}(g)x_n a_{in})$

③ 　労働者階級の消費需要：d_i

④ 　資本家階級の消費需要：e_i

とくに②に関して付言しておけば，第 4 章 5.6-5.7 節でのマークアップ関数に関する考察のなかで明らかにしたように，マークアップ関数で与えられる

5 単一生産における拡大再生産

マークアップ率を各部門の各投入財が確保すれば均等成長率が実現する。つまり商品を完成した任意の部門 j が，それを販売して任意の投入財 i の代金を回収する。そして回収した代金の $(1+sq_{ij}(g))$ 倍を支出し，投入財 i を新たに購入する。このように投入財を充用していけば均等成長率 g が実現するのである。したがって任意の時点 t で供給された総生産物について，任意の財 i の供給量が，任意の部門 j における財 i の更新需要の $(1+sq_{ij}(g))$ 倍を含んでいることが，均等成長率を実現する投入財の充用の十分条件である。

2)の等式の含意は，財 i に対する社会の需要が，その時点に部門 i において供給された財 i の数量と一致するということである。財 i は任意に選んだのだから，すべての財について，体系の中で需要される数量は，その時点にこの体系自身の中で供給された数量と正確に一致している。

2.2.1 節における収入の源泉にかんする仮定により，賃金は再生産のための労働の雇用(労働力の購買)と同時に支払われる。従って労働者階級に支払われる賃金は，労働に対する新たな需要

$$\beta^*(g)(L+s\Delta L(g))x = \beta^*(g)[(1+sq_{l1}(g))x_1l_1+\cdots+(1+sq_{ln}(g))x_nl_n]$$

に応じて支払われ，その総額は

$$\beta^*(g)w(L+s\Delta L(g))x$$

となる。この賃金は全額，労働者階級の収入として消費支出される。したがって労働者階級の収入の総額 D は

$$D = \beta^*(g)w(L+s\Delta L(g))x = \beta^*(g)\Omega(L+s\Delta L(g))x\sum_{i=1}^{n}p_i$$

となる。この収入によって発生する労働者階級の消費需要は，(2.4)(2.8)式より

$$d = \frac{1}{\sum_{i=1}^{n}p_i}Df(y) = \beta^*(g)\Omega(L+s\Delta L(g))xf(y) \quad \text{ただし } yf(y)=1 \quad \cdots(5.1)$$

となる。

同じく収入の源泉に関する仮定により，利潤は，生産物の販売によって価

第6章　資本回転と一般均衡

格が実現されたあとに取得される。つまり時点 t において供給された生産物の価格 $\beta^*(g)px$ に含まれる利潤は

$$\beta^*(g)[px-(pAx+wLx)]$$

であるが，この利潤は生産物の販売後に資本家階級によって取得される。拡大再生産では蓄積率 s は正であり，個人消費率 c が $0 \leq c = 1-s < 1$ をみたし，利潤の c 倍が資本家階級の収入として消費支出される。したがって 1)も考慮すれば資本家階級の収入の総額 E は

$$\begin{aligned}E &= \beta^*(g)c\{px-(pAx+wLx)\} \\ &= \beta^*(g)c(p\tilde{A}(sr)x+w\tilde{L}(sr)x-pAx-wLx) \\ &= \beta^*(g)c(y\Delta A(sr)+\Omega\Delta L(sr))x\sum_{i=1}^{n}p_i\end{aligned}$$

となる。この収入によって発生する資本家階級の消費需要は，(2.6)(2.10)式より

$$e = \frac{1}{\sum_{i=1}^{n}p_i}E\phi(y) = \beta^*(g)c(y\Delta A(sr)+\Omega\Delta L(sr))x\phi(y)$$

ただし $y\phi(y)=1$ ⋯(5.2)

となる。

ここで x を正規化し(5.1)(5.2)式をつかって 2)を書き換えれば次の式が得られる。

2)' $z = \{A+s\Delta A(g)+\Omega f(y)(L+s\Delta L(g))+c\phi(y)(y\Delta A(sr)+\Omega\Delta L(sr))\}z$

3) $px>0$ あるいは $yz>0$

これは，社会全体で供給される総生産物の価格は正になるということを意味する。

4) $p \geq 0$ あるいは $y \geq 0$

この条件は，価格ベクトルが半正であること，すなわち少なくとも一つの財について価格が正であることを意味する。

5) $x \geq 0$ あるいは $z \geq 0$

この条件は，操業ベクトルが半正であること，すなわち少なくとも一つの部門は正の操業度をもって操業されることを意味する。

6) $g>0$ および $r>0$

これは，均等成長率および一般的利潤率が正であることを意味する。

1)'4)をみたす価格ベクトル y が存在すれば，それは 1.2.1 節で定義した利潤率均等化を満たす均衡価格体系である。また 2)'5)をみたす操業ベクトル z が存在すれば，それは 1.2.2 節で定義した成長率均等化を満たす均衡操業水準である。さらに 6)は拡大再生産が行われるための必要十分条件である。3)は，均衡が経済的に有意な状態であることを保証する追加的条件である。よって 1)'2)'3)4)5)6)を同時にみたす y, z, g, r が存在すれば，それは拡大再生産における一般均衡の存在の十分条件である。

5.3 均衡の存在

5.3.1 仮定

① 投入係数行列 A は分解不能である。

② すべての $y \in Y$ について「拡張された投入係数行列」$A+\Omega f(y)L$ は生産的である。すなわち行列 $A+\Omega f(y)L$ のフロベニウス根は 1 より小さい。[22]

③ すべての部門において労働が投入される。すなわち $L>0$ である。

④ 実質賃金率 Ω について，$\Omega >0$ である。

5.3.2 命題
上記の仮定のもとで均衡条件 1)'2)'3)4)5)6)を同時に満たす y, z, g, r が存在する。

5.3.3 需要行列の定義
上の命題について 5.3.3〜5.3.7 節にわたって証明を

---

(22) 脚注 21 を参照。

第6章 資本回転と一般均衡

行う。まず任意の $y \in Y, g \geqq 0$ について需要行列 $M(y,g)$ を次のように定義する。

$M(y,g) \in M(n \times n, \mathbb{R}_+)$

$M(y,g) := A + s\Delta A(g) + \Omega f(y)(L + s\Delta L(g)) + c\phi(y)(y\Delta A(g) + \Omega \Delta L(g))$

この行列 $M(y,g)$ の i 行 j 列の成分 $m_{ij}(y,g)$ は従って次のようになる。

$m_{ij}(y,g) := (1 + sq_{ij}(g))a_{ij} + \Omega f_i(y)(1 + sq_{lj}(g))l_j + c\phi_i(y)(\sum_{h=1}^{n} y_h q_{hj}(g)a_{hj} + \Omega q_{lj}(g)l_j)$

$\cdots$(5.3)

さらに行列 $M(y,g)$ のフロベニウス根を $\lambda_M(y,g)$ と書く。

A は分解不能な非負正方行列、ΔA、L、ΔL、$f(y)$、$\phi(y)$、Ω、s、c はすべて非負であるから、$M(y,g)$ もまた任意の $y \in Y$、$g \geqq 0$ について分解不能な非負正方行列である。よって $\lambda_M(y,g) > 0$ である。

5.3.4 $\forall y \in Y \ \exists g \in \mathbb{R}_{++} \ \lambda_M(y,g) = 1$ の証明

(i) 任意に $y \in Y$、$g \geqq 0$ を選ぶ。この y を $M(y,g)$ に左から掛けて、$s+c=1$ を考慮すると

$yM(y,g) = y(A + s\Delta A(g)) + \Omega(L + s\Delta L(g)) + c(y\Delta A(g) + \Omega \Delta L(g)) > \Omega \Delta L(g)$

となる。すべての $j=1,\cdots,n$ について、仮定により $l_j > 0$ であり、また第4章 5.7 節におけるマークアップ関数の性質 4) より $g \to \infty$ のとき $q_{lj}(g) \to \infty$ だから、十分大きな g を選んで

$\Omega \Delta L(g) = \Omega(q_{l1}(g)l_1,\cdots,q_{ln}(g)l_n) > (1,\cdots,1)$

とすることができる。$\Omega \Delta L(g)$ は y の選び方には依存しない g だけの写像であるから、y とは独立に g を選ぶことができる。その一つを $\bar{g}$ とすれば、もちろん $\bar{g} > 0$ であり、

$yM(y,\bar{g}) > \Omega \Delta L(\bar{g}) > (1,\cdots,1) \geqq y$

となるから

$yM(y,\bar{g}) > y$

が得られる。この不等式の両辺に、$M(y,\bar{g})$ のフロベニウス根 $\lambda_M(y,\bar{g})$ に対

応する正の固有(列)ベクトル z^* を右から掛ければ

$$yM(y,\overline{g})z^* = \lambda_M(y,\overline{g})yz^* > yz^*$$

となり，$yz^* > 0$ より

$$\lambda_M(y,\overline{g}) > 1 \qquad \cdots (5.4)$$

となる。$y \in Y$ は任意に選んだのだから，(5.4)の不等式はすべての $y \in Y$ について成り立つ。

(ii) 他方 $g=0$ のとき $M(y,g)$ は，任意の $y \in Y$ について

$$M(y,0) = A + \Omega f(y)L$$

となるが，仮定によりこの行列は任意の $y \in Y$ について生産的だから，そのフロベニウス根は 1 より小さい。すなわち $\lambda_M(y,0) < 1$ となる。よって(5.4)から，すべての $y \in Y$ について

$$\lambda_M(y,0) < 1 < \lambda_M(y,\overline{g}) \qquad \cdots (5.5)$$

が成り立つ。

(iii) $y^* \in Y$ を任意に選ぶ。いま(5.3)式を念頭におきつつ，それぞれの $(i,j) \in \{1,\cdots,n\}^2$ について g の関数 $h_{ij}(y^*,g)$ を次のように定義する。

$$h_{ij} : [0,\overline{g}] \to \mathbb{R}_+, \quad g \mapsto h_{ij}(y^*,g)$$

$$h_{ij}(y^*,g) := sq_{ij}(g)a_{ij} + \Omega f_i(y^*)(1+sq_{ij}(g))l_j + c\phi_i(y^*)(\sum_{h=1}^{n} y_h q_{hj}(g)a_{hj} + \Omega q_{lj}(g)l_j)$$

このときすべての $j=1,\cdots,n$ について $q_{lj}(g)$ は連続な非負値関数であり，すべての $(i,j) \in \{1,\cdots,n\}^2$ について $q_{ij}(g)$ も連続な非負値関数であるから，すべての $(i,j) \in \{1,\cdots,n\}^2$ について $h_{ij}(y^*,g)$ は連続な非負値関数である。定義域 $[0,\overline{g}]$ はコンパクトである。すると $M(y^*,g)$ の i 行 j 列の成分 $m_{ij}(y^*,g)$ は(5.3)式より

$$m_{ij}(y^*,g) = a_{ij} + h_{ij}(y^*,g)$$

と書ける。もちろん投入係数行列 $A = (a_{ij})$ は仮定より分解不能な非負正方行列である。よって 4.1 節で証明したフロベニウス根の連続性に関する補題より $M(y^*,g)$ のフロベニウス根 $\lambda_M(y^*,g)$ は定義域 $[0,\overline{g}]$ について g の連続関数

195

第6章 資本回転と一般均衡

である。

　(iv)　$\lambda_M(y^*, g)$ の連続性および(5.5)式から，中間値定理より

　　　$\lambda_M(y^*, g^*) = 1$

をみたす $g^* \in (0, \bar{g})$ が存在する。

　(v)　ここで(iv)で見たような $\lambda_M(y^*, g^*) = 1$ をみたす g^* の一意性を証明しておく。まず $0 \leq g_1 < g_2$ となるような g_1, g_2 を任意に選ぶ。マークアップ関数の単調増加性より，すべての i, j について $q_{ij}(g_1) < q_{ij}(g_2)$ および $q_{lj}(g_1) < q_{lj}(g_2)$ が成り立つ。このような g_1, g_2 について(5.3)式より，任意の $(i,j) \in \{1, \cdots, n\}^2$ に関して

$$m_{ij}(y^*, g_1) \leq m_{ij}(y^*, g_2) \qquad \cdots(5.6)$$

は明らかである。ところで，ある i_0 について $f_{i_0}(y^*) > 0$ である。なぜならすべての i について $f_i(y^*) = 0$ であれば，$y^* f(y^*) = 0$ となり $y^* f(y^*) = 1$ の前提と矛盾するからである(2.4 式参照)。さらに $\Omega > 0$ であり，すべての $j = 1, \cdots, n$ について $l_j > 0$ だから，すべての j について

$$s\Omega f_{i_0}(y^*) q_{lj}(g_1) l_j < s\Omega f_{i_0}(y^*) q_{lj}(g_2) l_j$$

よって

$$m_{i_0 j}(y^*, g_1) < m_{i_0 j}(y^*, g_2) \qquad \cdots(5.7)$$

が得られる。(5.6)(5.7)式を考慮すれば

　　　$M(y^*, g_1) \leq M(y^*, g_2)$

が成り立つので，$M(y,g)$ の分解不可能性より

　　　$\lambda_M(y^*, g_1) < \lambda_M(y^*, g_2)$

が得られる。したがって $g \in [0, \bar{g}]$ について $\lambda_M(y^*, g)$ は単調増加であり単射である。以上のことから，$y^* \in Y$ を任意に選んだとき，$\lambda_M(y^*, g) = 1$ が成り立つような g は一意的に存在する。よって任意の $y \in Y$ に対して，$\lambda_M(y, g) = 1$ が成り立つような $g \in [0, \bar{g}]$ を対応させる関数を定義することができる。すなわち

$$g: Y \to [0, \bar{g}],\ y \mapsto g(y)$$

である。このことからさらに $y^* \in Y$ を任意に選んだときに，$M(y^*, g(y^*))$ も一意的に決定される。そこで $M(y^*, g(y^*))$ のフロベニウス根 $\lambda_M(y^*, g(y^*))(=1)$ に対応する固有(行)ベクトル ψ^* を Y から選ぶことができる。$M(y^*, g(y^*))$ の分解不可能性より ψ^* は一意的に決定され，しかも $\psi^* > 0$ である。よって任意の $y \in Y$ に対して，$M(y^*, g(y^*))$ のフロベニウス根に対応する正の固有(行)ベクトル ψ を対応させる写像を定義することができる。つまり

$$\psi: Y \to Y,\ y \mapsto \psi(y)$$

である。

5.3.5 $\psi(y)$ の連続性の証明

(i) $y_0 \in Y$ を任意に選ぶ。y_0 に収束する Y の点列 $\{y_k\}$ を任意に選ぶ。それに対応して点列 $\{\psi(y_k)\}$ および数列 $\{g(y_k)\}$ が定義される。このとき $g(y)$ および $\psi(y)$ の定義よりすべての k について

$$\psi(y_k) M(y_k, g(y_k)) = \psi(y_k)$$

が成り立つ。

(ii) このときすべての k について $\psi(y_k) \in Y$ であり，Y はコンパクトだから，点列 $\{\psi(y_k)\}$ は収束する部分列 $\{\psi(y_{k_\nu})\}$ をもちその極限値 ψ_0 は Y に属する。すなわち

$$\lim_{\nu \to \infty} \psi(y_{k_\nu}) = \psi_0 \in Y$$

である。この部分列 $\{\psi(y_{k_\nu})\}$ の新たなインデックスに対応した $\{g(y_k)\}$ の部分列を $\{g(y_{k_\nu})\}$ と書く。このときすべての ν について $g(y_{k_\nu}) \in [0, \bar{g}]$ であり，区間 $[0, \bar{g}]$ はコンパクトだから，数列 $\{g(y_{k_\nu})\}$ は収束する部分列を持つ,その極限値 g_0 は $[0, \bar{g}]$ に属する。この収束する部分列を改めて $\{g(y_{k_\nu})\}$ と書けば

$$\lim_{\nu \to \infty} g(y_{k_\nu}) = g_0 \in [0, \bar{g}]$$

となる。この部分列 $\{g(y_{k_\nu})\}$ の新たなインデックスに対応した $\{y_k\}$ および

$\{\psi(y_{k_\nu})\}$ の部分列をそれぞれ改めて $\{y_{k_\nu}\}$，$\{\psi(y_{k_\nu})\}$ と書いておく。

ところで $\{y_{k_\nu}\}$ は $\{y_k\}$ の部分列だから，すべての ν について

$$\psi(y_{k_\nu})M(y_{k_\nu}, g(y_{k_\nu})) = \psi(y_{k_\nu})$$

が成り立つ。すべての i, j について $q_{ij}(g)$ および $q_{ij}(g)$ は連続であり，$f(y)$ および $\phi(y)$ も連続だから

$$\lim_{\nu \to \infty} \psi(y_{k_\nu})M(y_{k_\nu}, g(y_{k_\nu})) = \psi_0 M(y_0, g_0) = \psi_0 = \lim_{\nu \to \infty} \psi(y_{k_\nu})$$

が成り立つ。このことから行列 $M(y_0, g_0)$ の固有値に 1 があり，ψ_0 はこれに対応した固有(行)ベクトルであることがわかる。しかも $\psi_0 \in Y$ より $\psi_0 \geq 0$ だから，この固有値 1 は $M(y_0, g_0)$ のフロベニウス根である。5.3.4 節の(v)で見たように，$y \in Y$ を任意に選んだとき，$\lambda_M(y, g) = 1$ が成り立つような g は一意的に存在し，またそれに対応する固有(行)ベクトル ψ も一意的に決定される。よって

$$g_0 = g(y_0)$$

$$\psi_0 = \psi(y_0)$$

が得られる。

(iii) 以上で明らかになったことは，点列 $\{\psi(y_k)\}$ および数列 $\{g(y_k)\}$ は収束する部分列 $\{\psi(y_{k_\nu})\}$，$\{g(y_{k_\nu})\}$ を持ち，それぞれ

$$\lim_{\nu \to \infty} \psi(y_{k_\nu}) = \psi(y_0)$$

$$\lim_{\nu \to \infty} g(y_{k_\nu}) = g(y_0)$$

が成り立つということである。

(iv) 次に，(i)で定義された本来の点列 $\{\psi(y_k)\}$ がそれ自身，$\psi(y_0)$ に収束することを証明する。そこで逆に $\{\psi(y_k)\}$ が $\psi(y_0)$ に収束しないと仮定してみる。すると

$$\exists_{\varepsilon > 0} \forall_{K \in \mathbb{N}} \exists_{k \geq K} \|\psi(y_k) - \psi(y_0)\| \geq \varepsilon$$

となる。そこで点列 $\{\psi(y_k)\}$ の中から $\|\psi(y_k) - \psi(y_0)\| \geq \varepsilon$ をみたす項を取り

出し,インデックスの小さい順に並べれば,新たな無限点列が得られる。これはもちろん $\{\psi(y_k)\}$ の一つの部分列であるが,この部分列を改めて $\{\psi(y_k)\}$ と書くことにする。

　(v)　この新たな部分列 $\{\psi(y_k)\}$ に対しても,(ii)の考察を繰り返せば,(iii)と同様の結論が得られる。すなわち点列 $\{\psi(y_k)\}$ は収束する部分列 $\{\psi(y_{k_\nu})\}$ を持ち,

$$\lim_{\nu \to \infty} \psi(y_{k_\nu}) = \psi(y_0)$$

が成り立つ。つまりある $N \in \mathbb{N}$ を選び,すべての $\nu \geqq N$ について $\|\psi(y_{k_\nu}) - \psi(y_0)\| < \varepsilon$ を成り立たせることができる。しかしこれは矛盾である。なぜなら(iv)における点列 $\{\psi(y_k)\}$ の作り方から,すべての k について $\|\psi(y_k) - \psi(y_0)\| \geqq \varepsilon$ が成り立つはずだからである。この矛盾は(iv)において,(i)で定義された本来の点列 $\{\psi(y_k)\}$ が $\psi(y_0)$ に収束しないと仮定したことによって生じたのだから,この本来の点列 $\{\psi(y_k)\}$ は $\psi(y_0)$ に収束しなければならない。なお(i)において Y の点列 $\{y_k\}$ は任意に選ばれたのだから,$y_0 \in Y$ に収束するすべての Y の点列について

$$\lim_{k \to \infty} \psi(y_k) = \psi(y_0)$$

が成り立つ。また(i)において $y_0 \in Y$ も任意に選ばれたのだから,$\psi(y)$ は定義域 Y について y の連続写像である。

5.3.6　$\exists y \in Y\ \psi(y) = y$ の証明

5.3.4節の(v)で定義した写像

$$\psi : Y \to Y,\ y \mapsto \psi(y)$$

について,Y はコンパクトであり凸集合である。また5.3.5.の考察から ψ は連続写像であるから,ブラウアーの不動点定理より

$$\psi(\hat{y}) = \hat{y},\quad \hat{y} \in Y \quad\quad\quad \cdots (5.8)$$

を満たす $\hat{y}$ が存在する。

第6章　資本回転と一般均衡

5.3.7　均衡解の存在の証明
(5.8)をみたす $\hat{y}$ を選ぶ。この $\hat{y}$ について

$$\hat{g} := g(\hat{y}) \in [0, \overline{g}]$$

$$\hat{r} := \frac{\hat{g}}{s}$$

を定義すれば，このとき $g(y)$ および $\psi(y)$ の定義（5.3.4節(v)）より

$$\hat{y} M(\hat{y}, \hat{g}) = \hat{y} \qquad \cdots (5.9)$$

が成り立つ。5.3.3節における需要行列 $M(y,g)$ の定義および(5.9)式から，$s+c=1$ および $\hat{g} = s\hat{r}$ を考慮して

$$\hat{y} = \hat{y} M(\hat{y}, \hat{g}) = \hat{y}(A + s\Delta A(\hat{g})) + \Omega(L + s\Delta L(\hat{g})) + c(\hat{y}\Delta A(\hat{g}) + \Omega\Delta L(\hat{g}))$$
$$= \hat{y}\tilde{A}(\hat{g}) + \Omega\tilde{L}(\hat{g})$$
$$= \hat{y}\tilde{A}(s\hat{r}) + \Omega\tilde{L}(s\hat{r})$$

が得られる。よって $\hat{y}$ および $\hat{r}$ は，5.2節の均衡条件 1)' を満たす。

次に $g(y)$ の定義より

$$\lambda_M(\hat{y}, \hat{g}) = 1$$

が成り立ち，$\lambda_M(\hat{y}, \hat{g})$ に対応した $M(\hat{y}, \hat{g})$ の固有(列)ベクトルを Z の中からただ一つ選ぶことができる。この固有(列)ベクトルを $\hat{z}$ とすれば，$\hat{g} = s\hat{r}$ を考慮して

$$\hat{z} = M(\hat{y}, \hat{g})\hat{z} = \{A + s\Delta A(\hat{g}) + \Omega f(\hat{y})(L + s\Delta L(\hat{g})) + c\phi(\hat{y})(\hat{y}\Delta A(s\hat{r}) + \Omega\Delta L(s\hat{r}))\}\hat{z}$$

が成り立つ。よって $\hat{y}$，$\hat{z}$，$\hat{g}$ および $\hat{r}$ は均衡条件の 2)' を満たす。

さらに $\hat{y}$，$\hat{z}$ はそれぞれ分解不能な非負正方行列 $M(\hat{y}, \hat{g})$ のフロベニウス根に対応した固有ベクトルであり，それぞれ $\hat{y} \in Y$，$\hat{z} \in Z$ であるから，$\hat{y} > 0$ および $\hat{z} > 0$ である。こうして $\hat{y}$ および $\hat{z}$ は均衡条件の 3)4)5) を満たす。

最後に，5.3.4節の(iv)の考察から任意の $y \in Y$ について $\lambda_M(y,g) = 1$ を満たす g は開区間 $(0, \overline{g})$ において得られるから，$\hat{g} > 0$ であり，$\hat{r} = \dfrac{\hat{g}}{s} > 0$ である。

よって $\hat{g}$ および $\hat{r}$ は均衡条件 6) を満たす。よって $\hat{y}$，$\hat{z}$，$\hat{g}$ および $\hat{r}$ は均衡条件 1)'2)'3)4)5)6) を同時に満たす均衡解である(qed)。

ちなみにこの均衡における部門 j 全体の平均マークアップ率 $\hat{q}_j$ は

$$\hat{q}_j = \frac{\sum_{h=1}^{n}\hat{y}_h q_{hj}(s\hat{r})a_{hj} + \Omega q_{lj}(s\hat{r})l_j}{\sum_{h=1}^{n}\hat{y}_h a_{hj} + \Omega l_j}$$

となる。

6 結合生産における単純再生産

6.1 モデル

6.1.1 与件

- 財のインデックス： $i=1,\cdots,m$
- 部門のインデックス： $j=1,\cdots,n$
- 部門 j における財 i の投入係数： $a_{ij} \in \mathbb{R}_+$
- 投入係数行列： $A := (a_{ij}) \in M(m \times n, \mathbb{R}_+)$
- 部門 j における労働投入係数： $l_j \in \mathbb{R}_+$
- 労働投入係数(行)ベクトル： $L := (l_1,\cdots,l_n) \in \mathbb{R}_+^n$
- 部門 j における財 i の産出係数： $b_{ij} \in \mathbb{R}_+$
- 産出係数行列： $B := (b_{ij}) \in M(m \times n, \mathbb{R}_+)$
- 実質賃金率： $\Omega \in \mathbb{R}_+$
- 部門 j における投入財 i の価値回転数： $U_{ij} \in \mathbb{R}_{++}$
- 部門 j における賃金(可変資本)の価値回転数： $U_{lj} \in \mathbb{R}_{++}$

第4章(4.17)式にあるように，生産の有時間性より $U_{ij}>0$ が保証されている。なおここでも 4.2.1 節と同様に，任意の投入財 i についてその価格がゼロ（$p_i=0$）であるとき，$p_i>0$ について計測される価値回転数 U_{ij} を改めて $p_i=0$ の場合の価値回転数と定義する。

第6章 資本回転と一般均衡

6.1.2 変数

- 部門 j の操業度： $x_j \in \mathbb{R}_+$
- 操業(列)ベクトル： $x' := (x_1, \cdots, x_n) \in \mathbb{R}_+^n$
- 正規化された操業(列)ベクトル： $z' = (z_1, \cdots, z_n) := \dfrac{1}{\sum_{j=1}^{n} x_j}(x_1, \cdots, x_n) \in Z$

  ただし $Z := \{z \in \mathbb{R}_+^n \mid \sum_{j=1}^{n} z_j = 1\}$

- 財 i の価格： $p_i \in \mathbb{R}_+$
- 価格(行)ベクトル： $p := (p_1, \cdots, p_m) \in \mathbb{R}_+^m$
- 正規化された価格(行)ベクトル： $y = (y_1, \cdots, y_m) := \dfrac{1}{\sum_{i=1}^{m} p_i}(p_1, \cdots, p_m) \in Y$

  ただし $Y := \{y \in \mathbb{R}_+^m \mid \sum_{i=1}^{m} y_i = 1\}$

- 貨幣賃金率： $w := \Omega \sum_{i=1}^{m} p_i \in \mathbb{R}_+$
- 一般的利潤率： $r \in \mathbb{R}_+$
- 部門 j における投入財 i のマークアップ率： $q_{ij} \in \mathbb{R}_+$
- 部門 j における賃金のマークアップ率： $q_{lj} \in \mathbb{R}_+$

ここで利潤率の恒等式から $q_{ij} = r/U_{ij}$ が成り立つことを考慮する(第4章4.5.1節)。

- マークアップ行列： $\Delta A(r) := (q_{ij} a_{ij}) = (\dfrac{r}{U_{ij}} a_{ij}) \in M(m \times n, \mathbb{R}_+)$

- マークアップ付投入係数行列： $\tilde{A}(r) := ((1 + q_{ij}) a_{ij}) = ((1 + \dfrac{r}{U_{ij}}) a_{ij}) \in M(m \times n, \mathbb{R}_+)$

- マークアップ(行)ベクトル： $\Delta L(r) := (\dfrac{r}{U_{l1}} l_1, \cdots, \dfrac{r}{U_{ln}} l_n) \in \mathbb{R}_+^n$

- マークアップ付労働投入係数ベクトル： $\tilde{L}(r) := ((1 + \dfrac{r}{U_{l1}}) l_1, \cdots, (1 + \dfrac{r}{U_{ln}}) l_n) \in \mathbb{R}_+^n$

- 労働者階級の消費需要ベクトル： $d \in \mathbb{R}_+^m$
- 資本家階級の消費需要ベクトル： $e \in \mathbb{R}_+^m$

6.2 均衡条件

6.2.1 均衡条件

1) $pB \leqq p\tilde{A}(r) + w\tilde{L}(r)$
2) $Bx \geqq Ax + d + e$
3) $pBx = p\tilde{A}(r)x + w\tilde{L}(r)x$
4) $pBx = pAx + pd + pe$
5) $pBx > 0$
6) $p \geqq 0$
7) $x \geqq 0$
8) $r > 0$

6.2.2 均衡条件の解釈

1) の均衡条件について。これは任意の部門 j において

$$p_1 b_{1j} + \cdots + p_m b_{mj} \leqq (1+\frac{r}{U_{1j}})p_1 a_{1j} + \cdots + (1+\frac{r}{U_{mj}})p_m a_{mj} + (1+\frac{r}{U_{lj}})wl_j \quad \cdots(6.1)$$

が成り立つことを意味する。左辺は部門 j の総生産物の価格であり，右辺は，一般的利潤率 r を保証するマークアップを投入財ごとに費用価格に付加した価格である。すなわち一般的利潤率 r に対応した部門 j の総生産物の生産価格である。

さらに 3) および 7) の条件と合わせて考えると，n 個の部門の中に (6.1) 式が等式で成り立つ部門がある。つまりこの部門では総生産物の価格が，一般的利潤率 r を保証する生産価格と一致している。それ以外の部門では総生産物の価格が，r を保証する生産価格に達していない。言い換えれば，それぞれの部門は一般的利潤率 r を獲得しているか，さもなくばそれより小さい利潤率に甘んじているかのどちらかである。したがって 1) は，ある価格体系 p のもとで得られる最大の利潤率が一般的利潤率 r であることを表現している。

また 1) の両辺を $\sum_{i=1}^{m} p_i$ で割ると次の式が得られる。

1)' $yB \leqq y\tilde{A}(r) + \Omega\tilde{L}(r)$

第6章　資本回転と一般均衡

2)の均衡条件について。これは任意の財 i において

$$x_1b_{i1}+\cdots+x_nb_{in} \geqq x_1a_{i1}+\cdots+x_na_{in}+d_i+e_i \qquad \cdots(6.2)$$

が成り立つことを意味する。左辺は任意の時点 t において社会全体で供給された財 i の数量を表す。右辺はその供給された財 i にたいして時点 t に発生する社会の需要の総計である。

財 i にたいする社会の需要は次の3つの部分からなる。

① 生産規模(操業水準 x)の維持を保証する更新需要：$x_1a_{i1}+\cdots+x_na_{in}$
② 労働者階級の消費需要：d_i
③ 資本家階級の消費需要：e_i

2)の不等式の含意は第1に，財 i に対する社会の需要が，その時点に社会において供給された財 i の数量を超えないということである。財 i は任意に選んだのだから，すべての財について，体系の中で需要される数量は，その時点にこの体系自身の中で供給される数量を超えることはない。

2)式の第2の含意として，4)および6)の条件と合わせて考えると，m 種類の財の中に，(6.2)式が等号で成り立つ財が存在する。つまりこの財については，すでにその供給量が社会の需要と一致しているが，他の財では供給量がまだ需要を上回っており，供給に余裕があるということである。言い換えれば，他の財ではまだ余裕があっても，ある財では精々生産規模の維持を保証するだけの供給しか存在しない。したがって2)は，ある操業水準 x のもとで単純再生産が確実に達成できることを表現している。

2.2.1節における収入の源泉にかんする仮定により，賃金は再生産のための労働の雇用(労働力の購買)と同時に支払われる。従って労働者階級に支払われる賃金は，労働に対する新たな需要

$$Lx = x_1l_1+\cdots+x_nl_n$$

に応じて支払われ，その総額は

$$wLx$$

となる。この賃金は全額，労働者階級の収入として消費支出される。したが

6 結合生産における単純再生産

って労働者階級の収入の総額 D は

$$D = wLx = \Omega Lx \sum_{i=1}^{m} p_i$$

となる。この収入によって発生する労働者階級の消費需要は

$$d = \frac{1}{\sum_{i=1}^{m} p_i} Df(y) = \Omega Lx f(y) \quad \text{ただし } yf(y)=1 \qquad \cdots(6.3)$$

となる。

同じく収入の源泉に関する仮定により，利潤は，生産物の販売によって価格が実現されたあとに取得される。つまり時点 t において供給された生産物の価格 pBx に含まれる利潤は

$$pBx - (pAx + wLx)$$

であるが，この利潤は生産物の販売後に資本家階級によって取得される。ここでの単純再生産では蓄積率 s はゼロであり，個人消費率 c が 1 であるから，この利潤の全額が資本家階級の収入として消費支出される。したがって 3)も考慮すれば資本家階級の収入の総額 E は

$$\begin{aligned}
E &= pBx - (pAx + wLx) \\
&= p\tilde{A}(r)x + w\tilde{L}(r)x - pAx - wLx \\
&= (y\Delta A(r) + \Omega \Delta L(r))x \sum_{i=1}^{m} p_i
\end{aligned}$$

となる。この収入によって発生する資本家階級の消費需要は

$$e = \frac{1}{\sum_{i=1}^{m} p_i} E\phi(y) = (y\Delta A(r) + \Omega \Delta L(r))x\phi(y) \quad \text{ただし } y\phi(y)=1 \qquad \cdots(6.4)$$

となる。

ここで x を正規化し，3)の条件および(6.3)(6.4)式をつかって 2)を書き換えれば次の式が得られる。

2)' $\quad Bz \geqq \{A + \Omega f(y)L + \phi(y)(y\Delta A(r) + \Omega \Delta L(r))\}z$

第6章　資本回転と一般均衡

　3)の均衡条件について。任意の部門 j について（6.1）式が厳密な不等号で成立するときは，部門 j は一般的利潤率 r を達成できない。従って資本家は部門 j から撤退し，一般的利潤率 r が得られる他の部門へと移動する。よって部門 j の操業度 x_j はゼロとなる。こうした部門操業の条件を「収益性のルール」といい，3)は1)と合わせてこのルールを定式化したものである。また3)の両辺を $\sum_{i=1}^{m} p_i \sum_{j=1}^{n} x_j$ で割ると次の式が得られる。

　3)'　　$yBz = y\tilde{A}(r)z + \Omega\tilde{L}(r)z$

　4)の均衡条件について。任意の財 i について(6.2)式が厳密な不等号で成立するときは，財 i において供給過剰が発生している。その場合財 i は自由財となり，その価格 p_i はゼロに設定される。こうした価格設定の規則を「自由財のルール」といい，4)は2)と合わせてこのルールを定式化したものである。また2)'を考慮しながら，x, p を正規化すると次の式が得られる。

　4)'　　$yBz = yAz + \Omega Lz + (y\Delta A(r) + \Omega\Delta L(r))z$

　5)の均衡条件について。これは社会全体で供給される総生産物の価格がゼロにはならないというきわめて自然な条件である。これも x, p を正規化して次のように書き換えられる。

　5)'　　$yBz > 0$

　6)の均衡条件について。これは，価格ベクトルが半正であること，すなわち少なくとも一つの財について価格が正であることを意味する。これも同様に p を正規化して次のように書き換えられる。

　6)'　　$y \geq 0$

　7)の均衡条件について。これは，操業ベクトルが半正であること，すなわち少なくとも一つの部門は正の操業度をもって操業されることを意味する。これも同様に x を正規化して次のように書き換えられる。

7)'　$z \geq 0$

8) の均衡条件について。これは，一般的利潤率が正であることを意味する。

　これらの条件のうち 1)'2)'3)'4)'6)'7)' をみたす y および z が存在すれば，それぞれ利潤率均等化(1.2.1 節)を満たす均衡価格体系であり，成長率均等化(1.2.2 節)を満たす均衡操業水準である。さらに 8) は一般的利潤率が正であり，資本家の個人的消費が行われるための必要十分条件である。5) は均衡が経済的に有意な状態であることを保証するための追加的な条件である。よって 1)'〜7)'8) の 8 条件をすべて同時にみたす y, z, r が存在すれば，それは単純再生産における一般均衡の存在の十分条件である。

6.2.3　均衡条件の相互関連

なお 6)'7)' については y および z が，成分和が 1 となるように正規化した価格ベクトルないし操業ベクトルであると前提しているから，両条件ともすでに満たされている。またマークアップ付投入係数行列 $\widetilde{A}(r)$ の定義から 3)' と 4)' が同値であることは明らかである。このことから，さらに 6)'7)' を考慮すれば，3)' または 4)' が，1)' および 2)' から容易に導ける。よって 8 つの均衡条件のうち 3)'4)'6)'7)' を，重複する余分な条件として削除することが許される。残るのは従って 1)'2)'5)'8)' の 4 つの条件である。

6.3　均衡の存在

6.3.1　仮定

　① 投入係数行列 A の各列は少なくとも一つの正の成分を含む。これはいわゆる「桃源郷の不可能性」の仮定であり，無からは何も生まれないというきわめて自然な仮定である。
　② 産出係数行列 B の各行は少なくとも一つの正の成分を含む。これはどの財も必ずどれかの部門で生産されるという自然な仮定である。

③ $\quad \forall_{y \in Y} \exists_{z \in Z} \quad Bz - (A + \Omega f(y)L)z > 0$ $\quad\cdots(6.5)$

ここでは「拡張された投入係数行列」に注目する。すなわち雇用された労働者の消費需要を含めた投入係数行列 $A + \Omega f(y)L$ のことである。ある操業水準を適切に選べば，社会はすべての財に関して，その「拡張された」投入量を超えた産出量を生産することができる。このように社会はどんな価格体系のもとでも，すべての財に関して剰余を生み出すことができるという仮定を措くのである。この仮定は，単一生産における「拡張された投入係数行列」の生産性に相当するものである(4.4.1節参照)[23]。これは $r>0$ を保証し，資本家の個人的消費を確保するために要請される仮定である。

④　すべての部門において労働が投入される。すなわち $L>0$ である。

⑤　実質賃金率 Ω について $\Omega>0$ である。

6.3.2 命題

上記の仮定のもとで均衡条件 1)'2)'5)'6)'7)'8)を同時に満たす y, z, r が存在する。

6.3.3 需要行列の定義

上の命題について 6.3.3-6.3.17 節にわたって証明を行う。まず任意の $y \in Y, r \geqq 0$ について需要行列 $M(y,r)$ を次のように定義する。

$M(y,r) \in M(m \times n, \mathbb{R}_+)$

$$M(y,r) := A + \Omega f(y)L + \phi(y)(y\Delta A(r) + \Omega \Delta L(r)) \quad \cdots(6.6)$$

この行列 $M(y,r)$ の i 行 j 列の成分 $m_{ij}(y,r)$ は従って次のようになる。

$$m_{ij}(y,r) := a_{ij} + \Omega f_i(y)l_j + \phi_i(y)(\sum_{h=1}^{m} y_h \frac{r}{U_{hj}} a_{hj} + \Omega \frac{r}{U_{lj}} l_j) \quad \cdots(6.7)$$

$A, \Delta A$ は非負行列，$L, \Delta L, f(y), \phi(y), \Omega$ はすべて非負であるから，$M(y,r)$ もまた任意 $y \in Y, r \geqq 0$ について非負行列である。

---

[23] フォン・ノイマン体系における「生産性」の定義については以下の文献でも導入されている。Fujimori [1982] p.47; Duménil/Lévy [1984] p.358; Duménil/Lévy [1988] p.187.

6.3.4 集合 H の定義
ここで集合 H を次のように定義する。
$$H := \{r \in \mathbb{R}_+ \mid (B-M(y,r))z \geqq 0 \text{ となる } y \in Y \text{ および } z \in Z \text{ が存在する}\}$$
$$= \{r \in \mathbb{R}_+ \mid \underset{y \in Y}{\exists} \underset{z \in Z}{\exists} (B-M(y,r))z \geqq 0\}$$

6.3.5 $\underset{r>0}{\exists} \underset{y \in Y}{\forall} \underset{z \in Z}{\exists} (B-M(y,r))z \geqq 0$ の証明
$r=0$ のとき
$$M(y,r) = M(y,0) = A + \Omega f(y)L$$
となるが,このとき仮定③より任意の $y \in Y$ について
$$Bz - M(y,0)z = Bz - (A + \Omega f(y)L)z > 0$$
を成り立たせるような $z \in Z$ が存在する。ここでの問題はこのような r がゼロ以外に,しかも正の領域で存在するかどうかである。

そこでまずそのような r は存在しないと仮定してみる。すなわち
$$\underset{r>0}{\forall} \underset{y \in Y}{\exists} \underset{z \in Z}{\forall} (B-M(y,r))z \not\geqq 0$$
と仮定してみる。正の実数からなり 0 に収束する任意の数列 $\{r_k\}$ をとる。すなわち
$$r_k > 0, k=1,2,\cdots, \lim_{k \to \infty} r_k = 0$$
である。この数列 $\{r_k\}$ に対応した Y の点列 $\{y_k\}$ を次のように選ぶことができる。すなわち任意の k について,どんな $z \in Z$ をとっても $(B-M(y_k, r_k))z$ の成分のうち少なくとも一つが負になるというものである。また Y はコンパクトだから点列 $\{y_k\}$ は収束する部分列を含み,その極限値 y_0 は Y に属する。この収束する部分列を改めて $\{y_k\}$ と書けば
$$\lim_{k \to \infty} y_k = y_0 \in Y$$
となる。この部分列 $\{y_k\}$ の新たなインデックスに対応した $\{r_k\}$ の部分列も改めて $\{r_k\}$ と書いておく。

ここで集合 S を次のように定義する。

第6章　資本回転と一般均衡

$$\mathcal{S}:=\{\sigma'=(\sigma_1,\cdots,\sigma_m)\in\mathbb{R}^m\mid\underset{i=1,\cdots,m}{\exists}\sigma_i\leqq0\}$$

これはもちろん $\mathbb{R}^m_{++}$ の補集合であり，したがって閉集合である。$z\in Z$ を任意に選ぶ。$\mathcal{S}$ の定義に従えばすべての k について

$$(B-M(y_k,r_k))z\in\mathcal{S}$$

となる。したがって $(B-M(y_k,r_k))z$ と $\mathcal{S}$ との距離はゼロである。すなわち

$$d(\mathcal{S},(B-M(y_k,r_k))z)=0\quad,k=1,2,\cdots$$

が成り立つ。[24] (6.7)から明らかなように $m_{ij}(y,r)$ は連続関数であり，

$d:\mathbb{R}^m\to\mathbb{R}_+$，$\sigma\mapsto d(\mathcal{S},\sigma)$ も σ について連続だから

$$\begin{aligned}0&=\lim_{k\to\infty}d(\mathcal{S},(B-M(y_k,r_k))z)\\&=d(\mathcal{S},(B-M(y_0,0))z)\\&=d(\mathcal{S},(B-A-\Omega f(y_0)L)z)\end{aligned}$$

が成り立つ。これにより，$\mathcal{S}$ は閉集合だから

$$(B-A-\Omega f(y_0)L)z\in\mathcal{S}$$

となり，$(B-A-\Omega f(y_0)L)z$ の成分の中には少なくとも一つ非正のものが含まれている。$z\in Z$ は任意に選ばれたのだから，どんな z についても $(B-A-\Omega f(y_0)L)z$ は正にはならない。$y_0\in Y$ であるから，この結論は仮定③に矛盾する。もちろんこの矛盾は

$$\underset{r>0}{\forall}\underset{y\in Y}{\exists}\underset{z\in Z}{\forall}(B-M(y,r))z\not\geqq0$$ を仮定したことから生じたのだから

$$\underset{r>0}{\exists}\underset{y\in Y}{\forall}\underset{z\in Z}{\exists}(B-M(y,r))z\geqq0\qquad\cdots(6.8)$$

でなければならない。よってすべての $y\in Y$ に共通な r_1 を次のように選ぶことができる。

$$\underset{y\in Y}{\forall}\underset{z\in Z}{\exists}(B-M(y,r_1))z\geqq0\quad,\quad r_1>0\qquad\cdots(6.9)$$

---

　　(24)　ここでの $d(\cdot,\cdot)$ は，距離を表す関数記号であって，労働者の消費需要ベクトルではない。

もちろん

$r_1 \in H$

である。

6.3.6 主張「Hは上に有界である」の証明
いま次のような定義を導入する。

$$b^* := \max_{j=1,\cdots,n} \sum_{i=1}^{m} b_{ij} \qquad \cdots(6.10)$$

$$m_*(y,r) := \min_{j=1,\cdots,n} \sum_{i=1}^{m} m_{ij}(y,r) \qquad \cdots(6.11)$$

$$\phi_* := \min_{y \in Y} \sum_{i=1}^{m} \phi_i(y) \qquad \cdots(6.12)$$

$$\bar{l}_* := \min_{j=1,\cdots,n} \frac{l_j}{U_{lj}} \qquad \cdots(6.13)$$

ここで ϕ_* は，定義域 Y におけるベクトル $\phi(y)$ の成分和の最小値であり，Y がコンパクトであることと $\phi(y)$ が連続であることからその存在は保証されている。また $\bar{l}_*$ はベクトル $(\frac{l_1}{U_{l1}}, \cdots, \frac{l_n}{U_{ln}})$ の最小の成分であり，定数である。

b^* は産出係数行列 B の列和の最大値，$m_*(y,r)$ は需要行列 $M(y,r)$ の列和の最小値である。(6.6)式における A, ΔA, L, ΔL, $f(y)$, $\phi(y)$, Ω はすべて非負であるから，すべての $y \in Y$, $r \geqq 0$ について

$$M(y,r) \geqq \Omega \phi(y) \Delta L(r)$$

が成り立っている。よって

$$m_*(y,r) \geqq \Omega \phi_* \bar{l}_* r \qquad \cdots(6.14)$$

となる。これもまた y または r とは無関係に常に成り立つ。

任意に $r \in H$ を選ぶ。H の定義よりこの r に対して，$(B - M(y,r))z \geqq 0$ となる $y \in Y$ および $z \in Z$ が存在する。このような r, y, z について，成分ごとに書けば

第6章 資本回転と一般均衡

$$\sum_{j=1}^{n} b_{ij} z_j - \sum_{j=1}^{n} m_{ij}(y,r) z_j \geqq 0 \quad , \quad i=1,\cdots,m$$

が成り立っている。これをすべての i について加えると

$$\sum_{i=1}^{m}\sum_{j=1}^{n} b_{ij} z_j - \sum_{i=1}^{m}\sum_{j=1}^{n} m_{ij}(y,r) z_j \geqq 0$$

$$\sum_{j=1}^{n} z_j \sum_{i=1}^{m} b_{ij} - \sum_{j=1}^{n} z_j \sum_{i=1}^{m} m_{ij}(y,r) \geqq 0$$

となる。(6.10)(6.11)(6.12)(6.13)(6.14)式より，任意の $j=1,\cdots,n$ について

$$\sum_{i=1}^{m} b_{ij} \leqq b^{*}, \quad \sum_{i=1}^{m} m_{ij}(y,r) \geqq m_{*}(y,r) \geqq \Omega \phi_{*} \bar{l}_{*} r$$

となっているから，$\sum_{j=1}^{n} z_j = 1$ を考慮すれば

$$0 \leqq \sum_{j=1}^{n} z_j \sum_{i=1}^{m} b_{ij} - \sum_{j=1}^{n} z_j \sum_{i=1}^{m} m_{ij}(y,r)$$

$$\leqq b^{*} \sum_{j=1}^{n} z_j - \Omega \phi_{*} \bar{l}_{*} r \sum_{j=1}^{n} z_j$$

$$= b^{*} - \Omega \phi_{*} \bar{l}_{*} r$$

すなわち

$$b^{*} \geqq \Omega \phi_{*} \bar{l}_{*} r \qquad \cdots(6.15)$$

が得られる。とくにこの関係は y または z の選び方に無関係に成り立っている。$r \in H$ は任意に選んだのだから，

$$H \subset \{r \in \mathbb{R}_{+} \mid b^{*} \geqq \Omega \phi_{*} \bar{l}_{*} r\} \qquad \cdots(6.16)$$

が成り立つ。

仮定④より $\bar{l}_{*} > 0$ であり，仮定⑤より $\Omega > 0$ である。また Y はコンパクトだから $\phi_{*} = \sum_{i=1}^{m} \phi_i(y_0)$ となる $y_0 \in Y$ が存在する。この y_0 について $y_0 \phi(y_0)=1$ が成り立つのだから，$\phi(y_0) \neq 0$ である。よって $\phi_{*} > 0$ でなければならない。そこで十分大きな r を選べば，

$$b^{*} < \Omega \phi_{*} \bar{l}_{*} r$$

とすることができる。このような r の一つを選んで r_2 とすれば，r_2 は集合 $\{r \in \mathbb{R}_+ \mid b^* \geqq \Omega \phi_* \bar{l}_* r\}$ の上界であり，(6.16)式からそれは H の上界でもある。

6.3.7 集合 $H(y)$ の定義　　ここで集合 $H(y)$ を次のように定義する。

$$H(y) := \{r \in \mathbb{R}_+ \mid (B - M(y,r))z \geqq 0 \text{ となる } z \in Z \text{ が存在する}\}$$
$$= \{r \in \mathbb{R}_+ \mid \exists_{z \in Z} (B - M(y,r))z \geqq 0\}$$

これは，任意の $y \in Y$ を固定したときに $\exists_{z \in Z} (B - M(y,r))z \geqq 0$ を成立させる r の集合であり，当然 H の部分集合である。すなわち

$$H(y) \subset H$$

が成り立つ。

6.3.8 $\forall_{y \in Y} r_1 \in H(y)$ の証明　　(6.9)式の r_1 の選び方および $H(y)$ の定義より

$$\forall_{y \in Y} r_1 \in H(y)$$

は自明である。

6.3.9 主張「r_2 は $H(y)$ の上界である」の証明　　6.3.6.節における r_2 の選び方より r_2 は H の上界であり，またすべての $y \in Y$ について $H(y) \subset H$ だから，r_2 はすべての $y \in Y$ に共通した $H(y)$ の上界である。

6.3.10 主張「任意の $y \in Y$ について $\max H(y)$ が存在する」の証明　　$y \in Y$ を任意に選ぶ。$H(y)$ は上に有界であるから，$H(y)$ の上限が存在する。すなわち

$$r^* := \sup H(y)$$

このとき $H(y)$ の要素からなり r^* に収束する数列 $\{r_k\}$ をとることができる。この数列についてすべての $k=1,2,\cdots$ について $r_k \in H(y)$ だから，$H(y)$ の定義から，数列 $\{r_k\}$ に対応した Z の点列 $\{z_k\}$ を次のように選ぶことができる。すなわち任意の k について，

第6章　資本回転と一般均衡

$$(B-M(y,r_k))z_k \geqq 0 \ , \ z_k \in Z \qquad \cdots(6.17)$$

をみたすというものである。また Z はコンパクトだから点列 $\{z_k\}$ は収束する部分列を含み, その極限値 z_0 は Z に属する。この収束する部分列を改めて $\{z_k\}$ と書けば

$$\lim_{k \to \infty} z_k = z_0 \in Z$$

となる。この部分列 $\{z_k\}$ の新たなインデックスに対応した $\{r_k\}$ の部分列も改めて $\{r_k\}$ と書いておく。もちろんこれらの部分列 $\{r_k\}$ および $\{z_k\}$ にかんしても (6.17)式が成り立つ。(6.7)から明らかなように $m_{ij}(y,r)$ は連続関数だから

$$\lim_{k \to \infty}(B-M(y,r_k))z_k = (B-M(y,r^*))z_0 \geqq 0$$

が成り立つ。よって $H(y)$ の定義から $r^* \in H(y)$ であり, $r^* = \max H(y)$ である。このとき, 6.3.8節の考察より $r_1 \in H(y)$ であり, 6.3.9節の考察より r_2 は $H(y)$ の上界だから, $r^* \in [r_1, r_2]$ である。$y \in Y$ を任意に選んだのだから, すべての y についてそれぞれの $\max H(y)$ が存在し, それは区間 $[r_1, r_2]$ にある。

6.3.11　$\forall_{y \in Y} \exists_{r \in [r_1, r_2]} \exists_{\psi \in Y} \exists_{z \in Z} (B-M(y,r))z \geqq 0 \land \psi(B-M(y,r)) \leqq 0$ の証明　$y^* \in Y$ を任意に選ぶ。$r^* := \max H(y^*)$ と定義する。もちろん $r^* \in [r_1, r_2]$ である。いまタッカーの定理より次の①～⑥を同時に満たす行ベクトル ψ^* および列ベクトル z^* が存在する。[25]

① 　$(B-M(y^*,r^*))z^* \geqq 0$
② 　$z^* \geqq 0$
③ 　$\psi^*(B-M(y^*,r^*)) \leqq 0$
④ 　$\psi^* \geqq 0$
⑤ 　$z^{*\prime}-\psi^*(B-M(y^*,r^*)) > 0$ [26]

---

(25)　Tucker [1956] p.11, Theorem 3.
(26)　本書での表記法に従い, ベクトルおよび行列へのアポストロフィーは転置を表す。

⑥ $\quad \psi^{*\prime}+(B-M(y^*,r^*))z^* > 0$

そこで次に $z^* \geqq 0$ であることを示す。$r^* \in H(y^*)$ だから $H(y)$ の定義により

$$(B-M(y^*,r^*))z_0 \geqq 0$$

となる $z_0 \in Z$ が存在する。この不等式に左から $\psi^*(\geqq 0)$ をかけると

$$\psi^*(B-M(y^*,r^*))z_0 \geqq 0 \qquad \cdots(6.18)$$

となる。一方③式に右から $z_0(\geqq 0)$ をかけると

$$\psi^*(B-M(y^*,r^*))z_0 \leqq 0 \qquad \cdots(6.19)$$

となるが、(6.18)(6.19)式より

$$\psi^*(B-M(y^*,r^*))z_0 = 0 \qquad \cdots(6.20)$$

である。⑤式に右から z_0 をかけると $z_0 \geqq 0$ より

$$z^{*\prime}z_0 - \psi^*(B-M(y^*,r^*))z_0 > 0$$

となるが、(6.20)式より

$$z^{*\prime}z_0 > 0$$

となる。$z^* \geqq 0$ および $z_0 \geqq 0$ だから $z^* \geqq 0$ でなければならない。この z^* を、成分和が 1 となるように正規化したベクトルを改めて z^* と書けば $z^* \in Z$ が成り立つ。

次に $\psi^* \geqq 0$ を示すために、逆を仮定してみる。つまり $\psi^* = 0$ であると仮定する。そうすれば⑥より $(B-M(y^*,r^*))z^* > 0$ となる。よって、(6.7)から明らかなように $m_{ij}(y,r)$ は連続関数だから十分に小さな $\varepsilon > 0$ を選んで

$$(B-M(y^*,r^*+\varepsilon))z^* > 0$$

とすることができる。こうして $H(y)$ の定義により $r^*+\varepsilon \in H(y^*)$ となるが、このことは $r^* = \max H(y^*)$ と矛盾する。この矛盾は $\psi^* = 0$ と仮定したことによって生じたのであるから、$\psi^* \geqq 0$ でなければならない。なおこの ψ^* を、成分和が 1 となるように正規化したベクトルを改めて ψ^* と書けば $\psi^* \in Y$ が成り立つ。

第6章　資本回転と一般均衡

本節の考察によって明らかになったことは，任意の $y \in Y$ について

$$(B - M(y,r))z \geqq 0 \qquad \cdots(6.21)$$

$$\psi(B - M(y,r)) \leqq 0 \qquad \cdots(6.22)$$

を同時に満たすような $\psi \in Y$，$z \in Z$ および $r \in [r_1, r_2]$ が存在するということである。

6.3.12 対応 Ψ の定義　そこで集合 $\Psi(y)$ を次のように定義する。

$$\Psi(y) := \{\psi \in Y \mid (6.21)と(6.22)を同時に満たす z \in Z および r \in [r_1, r_2] が存在する\}$$
$$= \{\psi \in Y \mid \underset{r \in [r_1, r_2]}{\exists} \underset{z \in Z}{\exists} (B - M(y,r))z \geqq 0 \wedge \psi(B - M(y,r)) \leqq 0\} \cdots(6.23)$$

前節の考察から明らかなように任意の $y \in Y$ について $\Psi(y)$ は少なくとも一つの要素をもつ。この集合を基礎にして対応 Ψ を次のように定義する。

$$\Psi : Y \to Y, \quad y \mapsto \Psi(y)$$

6.3.13 主張「任意の $y \in Y$ について $\Psi(y)$ は凸集合である」の証明　$y^* \in Y$ を任意に選ぶ。$\Psi(y^*)$ から二つのベクトル ψ_1，ψ_2 を任意に選ぶ。$\lambda \in [0,1]$ を任意に選ぶ。$\psi_0 := \lambda \psi_1 + (1-\lambda)\psi_2$ と定義する。

$\psi_1, \psi_2 \in \Psi(y^*) \subset Y$ であり，Y は凸集合だから $\psi_0 \in Y$ である。ところで $\psi_1 \in \Psi(y^*)$ だからある $z_1 \in Z$ とある $r^{(1)} \in [r_1, r_2]$ を適当に選べば

$$(B - M(y^*, r^{(1)}))z_1 \geqq 0 \qquad \cdots(6.24)$$

$$\psi_1(B - M(y^*, r^{(1)})) \leqq 0 \qquad \cdots(6.25)$$

が同時に成り立つ。同様に $\psi_2 \in \Psi(y^*)$ だからある $z_2 \in Z$ とある $r^{(2)} \in [r_1, r_2]$ を適当に選べば

$$(B - M(y^*, r^{(2)}))z_2 \geqq 0 \qquad \cdots(6.26)$$

$$\psi_2(B - M(y^*, r^{(2)})) \leqq 0 \qquad \cdots(6.27)$$

が同時に成り立つ。いま一般性を失うことなく $r^{(1)} \geqq r^{(2)}$ とする。すると(6.7)から明らかなように $M(y^*, r^{(1)}) \geqq M(y^*, r^{(2)})$ となるから，(6.27)式より

6 結合生産における単純再生産

$$\psi_2(B-M(y^*,r^{(1)})) \leqq \psi_2(B-M(y^*,r^{(2)})) \leqq 0 \quad \cdots(6.28)$$

となる。(6.25)(6.28)より

$$\psi_0(B-M(y^*,r^{(1)})) = \lambda\psi_1(B-M(y^*,r^{(1)})) + (1-\lambda)\psi_2(B-M(y^*,r^{(1)})) \leqq 0$$
$$\cdots(6.29)$$

が成り立つ。さらに(6.24)式と(6.29)式を合わせて考慮すれば、$\psi_0 \in Y$, $z_1 \in Z$, $r^{(1)} \in [r_1, r_2]$について(6.21)と(6.22)が同時に成り立つから、$\psi_0 \in \Psi(y^*)$である。ψ_1, $\psi_2 \in \Psi(y^*)$および$\lambda \in [0,1]$は任意に選ばれたのであるから、$\Psi(y^*)$は凸集合である。また$y^* \in Y$は任意に選ばれたのだから、すべての$y \in Y$について$\Psi(y)$は凸集合である。

6.3.14 主張「任意の $y \in Y$ について $\Psi(y)$ は閉集合である」の証明 $y^* \in Y$を任意に選ぶ。そして$\Psi(y^*)$の点からなる収束する点列$\{\psi_k\}$を任意に選ぶ。$\Psi(y^*) \subset Y$であり、Yはコンパクトだから、

$$\lim_{k\to\infty} \psi_k = \psi_0 \in Y$$

が成り立つ。すべての$k=1,2,\cdots$について$\psi_k \in \Psi(y^*)$だから点列$\{\psi_k\}$に対応する数列$\{r_k\}$と点列$\{z_k\}$を次のように選ぶことができる。すなわち任意のkについて

$r_k \in [r_1, r_2]$

$z_k \in Z$

$(B-M(y^*, r_k))z_k \geqq 0$

$\psi_k(B-M(y^*, r_k)) \leqq 0$

というものである。また区間$[r_1, r_2]$はコンパクトだから点列$\{r_k\}$は収束する部分列を含み、その極限値r_0は区間$[r_1, r_2]$に属する。この収束する部分列を$\{r_{k_\nu}\}$と書けば

$$\lim_{\nu\to\infty} r_{k_\nu} = r_0 \in [r_1, r_2]$$

となる。この部分列$\{r_{k_\nu}\}$の新たなインデックスに対応した$\{z_k\}$の部分列を

$\{z_{k_\nu}\}$ と書く。このときすべての ν について $z_{k_\nu} \in Z$ であり，Z はコンパクトだから点列 $\{z_{k_\nu}\}$ は収束する部分列を含み，その極限値 z_0 は Z に属する。この収束する部分列を改めて $\{z_{k_\nu}\}$ と書けば

$$\lim_{\nu \to \infty} z_{k_\nu} = z_0 \in Z$$

となる。この部分列 $\{z_{k_\nu}\}$ の新たなインデックスに対応した $\{\psi_k\}$ および $\{r_{k_\nu}\}$ の部分列も改めて $\{\psi_{k_\nu}\}$，$\{r_{k_\nu}\}$ と書いておく。もちろんこれらの部分列 $\{\psi_{k_\nu}\}$，$\{r_{k_\nu}\}$，$\{z_{k_\nu}\}$ にかんしてもすべての ν について(6.21)と(6.22)式が成り立つ。よって $m_{ij}(y,r)$ は連続関数だから

$$\lim_{\nu \to \infty}(B - M(y^*, r_{k_\nu}))z_{k_\nu} = (B - M(y^*, r_0))z_0 \geqq 0$$
$$\lim_{\nu \to \infty} \psi_{k_\nu}(B - M(y^*, r_{k_\nu})) = \psi_0(B - M(y^*, r_0)) \leqq 0$$

が成り立つ。こうして $\psi_0 \in Y$，$r_0 \in [r_1, r_2]$，$z_0 \in Z$ についても(6.21)と(6.22)式が成り立つことになるので，よって $\Psi(y)$ の定義から $\psi_0 \in \Psi(y^*)$ である。なお点列 $\{\psi_k\}$ は任意に選ばれたのであるから，$\Psi(y^*)$ の点からなる収束する点列はすべて $\Psi(y^*)$ に属する極限値を持つ。よって $\Psi(y^*)$ は閉集合である。また $y^* \in Y$ も任意に選ばれたのであるから，すべての $y \in Y$ について $\Psi(y)$ は閉集合である。

6.3.15 主張「対応 Ψ は Y において優半連続である」の証明

対応 Ψ が優半連続であることを示すためには，Y がコンパクトだから，Ψ が Y において閉対応であることを示せばよい。そこで $y_0 \in Y$ を任意に選ぶ。y_0 に収束する Y の点列 $\{y_k\}$ を任意に選ぶ。すなわち

$$\lim_{k \to \infty} y_k = y_0 \in Y \ , \quad y_k \in Y \ , \quad k=1,2,\cdots \qquad \cdots(6.30)$$

である。さらに

$$\psi_k \in \Psi(y_k) \ , \quad k=1,2,\cdots \qquad \cdots(6.31)$$

を満たす点列 $\{\psi_k\}$ を任意に選ぶ。いま示したいのは，点列 $\{\psi_k\}$ が Y の中へ収束するときその極限値が $\Psi(y_0)$ に属するということである。すなわち

6 結合生産における単純再生産

$$\lim_{k \to \infty} \psi_k =: \psi_0 \in Y \quad \Rightarrow \quad \psi_0 \in \Psi(y_0)$$

を示したいのである。

そこで点列$\{\psi_k\}$が$\psi_0 \in Y$に収束すると仮定する。この点列についてすべてのkについて$\psi_k \in \Psi(y_k)$だから，$\Psi(y)$の定義より，$\{\psi_k\}$に対応した数列$\{r_k\}$と点列$\{z_k\}$を次のように選ぶことができる。すなわち任意のkについて

$r_k \in [r_1, r_2]$

$z_k \in Z$

$(B - M(y_k, r_k))z_k \geqq 0$

$\psi_k(B - M(y_k, r_k)) \leqq 0$

というものである。また区間$[r_1, r_2]$はコンパクトだから点列$\{r_k\}$は収束する部分列を含み，その極限値r_0は区間$[r_1, r_2]$に属する。この収束する部分列を$\{r_{k_\nu}\}$と書けば

$$\lim_{\nu \to \infty} r_{k_\nu} = r_0 \in [r_1, r_2]$$

となる。この部分列$\{r_{k_\nu}\}$の新たなインデックスに対応した$\{z_k\}$の部分列を$\{z_{k_\nu}\}$と書く。このときすべてのνについて$z_{k_\nu} \in Z$であり，Zはコンパクトだから点列$\{z_{k_\nu}\}$は収束する部分列を含み，その極限値z_0はZに属する。この収束する部分列を改めて$\{z_{k_\nu}\}$と書けば

$$\lim_{\nu \to \infty} z_{k_\nu} = z_0 \in Z$$

となる。この部分列$\{z_{k_\nu}\}$の新たなインデックスに対応した$\{\psi_k\}$$\{r_k\}$および$\{y_k\}$の部分列も改めて$\{\psi_{k_\nu}\}$，$\{r_{k_\nu}\}$，$\{y_{k_\nu}\}$と書いておく。もちろんこれらの部分列$\{y_{k_\nu}\}$，$\{\psi_{k_\nu}\}$，$\{r_{k_\nu}\}$，$\{z_{k_\nu}\}$にかんしてもすべての$\nu$について(6.21)と(6.22)式が成り立つ。ここで，$m_{ij}(y, r)$は連続関数だから

$$\lim_{\nu \to \infty}(B - M(y_{k_\nu}, r_{k_\nu}))z_{k_\nu} = (B - M(y_0, r_0))z_0 \geqq 0$$

$$\lim_{\nu \to \infty}\psi_{k_\nu}(B - M(y_{k_\nu}, r_{k_\nu})) = \psi_0(B - M(y_0, r_0)) \leqq 0$$

が成り立つ。こうして$y_0 \in Y$，$\psi_0 \in Y$，$r_0 \in [r_1, r_2]$，$z_0 \in Z$についても(6.21)

第6章 資本回転と一般均衡

と(6.22)式が成り立つことになるので，$\Psi(y)$ の定義から $\psi_0 \in \Psi(y_0)$ である。よって Ψ は y_0 について閉じている。また $y_0 \in Y$ も任意に選ばれたのであるから，Y について Ψ は閉対応である。

6.3.16　$\exists_{y \in Y} y \in \Psi(y)$ の証明

集合 Y はコンパクトな凸集合である。対応 $\Psi : Y \to Y，y \mapsto \Psi(y)$ は Y において優半連続である。

任意の $y \in Y$ について $\Psi(y)$ は閉凸集合である。

よって角谷の不動点定理より

$$\hat{y} \in \Psi(\hat{y}) \quad, \quad \hat{y} \in Y \qquad \cdots (6.32)$$

を満たす $\hat{y}$ が存在する。

6.3.17　均衡解の存在の証明

(6.32)をみたす $\hat{y}$ を選ぶ。この $\hat{y}$ について $\hat{y} \in \Psi(\hat{y})$ だから

$$(B - M(\hat{y},\hat{r}))\hat{z} \geqq 0 \qquad \cdots (6.33)$$

$$\hat{y}(B - M(\hat{y},\hat{r})) \leqq 0 \qquad \cdots (6.34)$$

を同時に満たす $\hat{r} \in [r_1, r_2]$ および $\hat{z} \in Z$ が存在する。ここで 6.3.3 節における需要行列 $M(y,r)$ の定義(6.6)式および(6.34)式から，

$$\hat{y}B \leqq \hat{y}M(\hat{y},\hat{r}) = \hat{y}A + \Omega L + \hat{y}\Delta A(\hat{r}) + \Omega \Delta L(\hat{r})$$
$$= \hat{y}\tilde{A}(\hat{r}) + \Omega \tilde{L}(\hat{r})$$

が得られる。よって $\hat{y}$ および $\hat{r}$ は，6.2.2 節の均衡条件 1)'を満たす。

さらに(6.33)式は明らかに

$$B\hat{z} \geqq \{A + \Omega f(\hat{y})L + \phi(\hat{y})(\hat{y}\Delta A(\hat{r}) + \Omega \Delta L(\hat{r}))\}\hat{z}$$

となるから，$\hat{y}$，$\hat{z}$，および $\hat{r}$ は均衡条件 2)'を満たす。

次に(6.33)式に左から $\hat{y}$ をかけ，(6.34)式に右から $\hat{z}$ をかけると

$$\hat{y}(B - M(\hat{y},\hat{r}))\hat{z} = 0 \qquad \cdots (6.35)$$

が得られる。6.3.3 節(6.6)式の $M(y,r)$ の定義より

$$M(\hat{y},\hat{r}) \geqq \Omega f(\hat{y})L$$

は明らかだが, 仮定④⑤より $L>0$ かつ $\Omega>0$ であり, $\hat{y}f(\hat{y})=1$ だから, (6.35)式より

$$\hat{y}B\hat{z} = \hat{y}M(\hat{y},\hat{r})\hat{z} \geqq \Omega L\hat{z} > 0$$

が成り立つ。よって $\hat{y}$, $\hat{z}$ は均衡条件の 5)' を満たす。

最後に $\hat{r} \in [r_1, r_2]$ であり, 6.3.5 節の(6.9)式により $r_1>0$ であったから, $\hat{r}>0$ である。よって $\hat{r}$ は均衡条件 8)を満たす。以上の一連の考察により, このように選ばれた $\hat{y}$, $\hat{z}$ および $\hat{r}$ は均衡条件 1)'2)'5)'6)'7)'8)を同時に満たす。よって 6.2.3 節で確認した通り, こうした解は 1)'~7)'8)をすべて同時に満たす均衡解である。これで 6.3.2 節の命題は証明された(qed)。

ちなみにこの均衡において実際に操業される部門 j 全体の平均マークアップ率 $\hat{q}_j$ は

$$\hat{q}_j = \frac{\sum_{h=1}^{m} \hat{y}_h \frac{\hat{r}}{U_{hj}} a_{hj} + \Omega \frac{\hat{r}}{U_{lj}} l_j}{\sum_{h=1}^{m} \hat{y}_h a_{hj} + \Omega l_j}$$

となる。

7 結合生産における拡大再生産

7.1 モデル

7.1.1 与件

- 財のインデックス：$i=1,\cdots,m$
- 部門のインデックス：$j=1,\cdots,n$
- 部門 j における財 i の投入係数：$a_{ij} \in \mathbb{R}_+$
- 投入係数行列：$A := (a_{ij}) \in M(m \times n, \mathbb{R}_+)$
- 部門 j における労働投入係数：$l_j \in \mathbb{R}_+$
- 労働投入係数(行)ベクトル：$L := (l_1,\cdots,l_n) \in \mathbb{R}_+^n$

第6章 資本回転と一般均衡

- 部門 j における財 i の産出係数：$b_{ij} \in \mathbb{R}_+$
- 産出係数行列：$B \coloneqq (b_{ij}) \in M(m \times n, \mathbb{R}_+)$
- 実質賃金率：$\Omega \in \mathbb{R}_+$
- 蓄積率：$s \in (0,1]$

すでに 5.1.1 節で確認したように，拡大再生産の場合には，価値回転数はマークアップ率や成長率などの変数に依存するので，価値回転数も与件ではなく，変数として取り扱わなければならない．

7.1.2 変数

- 部門 j の操業度：$x_j \in \mathbb{R}_+$
- 操業(列)ベクトル：$x' \coloneqq (x_1, \cdots, x_n) \in \mathbb{R}_+^n$
- 正規化された操業(列)ベクトル：$z' \coloneqq (z_1, \cdots, z_n) \coloneqq \dfrac{1}{\sum_{j=1}^{n} x_j}(x_1, \cdots, x_n) \in Z$

ただし $Z \coloneqq \{z \in \mathbb{R}_+^n \mid \sum_{j=1}^{n} z_j = 1\}$

- 財 i の価格：$p_i \in \mathbb{R}_+$
- 価格(行)ベクトル：$p \coloneqq (p_1, \cdots, p_m) \in \mathbb{R}_+^m$
- 正規化された価格(行)ベクトル：$y = (y_1, \cdots, y_m) \coloneqq \dfrac{1}{\sum_{i=1}^{m} p_i}(p_1, \cdots, p_m) \in Y$

ただし $Y \coloneqq \{y \in \mathbb{R}_+^m \mid \sum_{i=1}^{m} y_i = 1\}$

- 貨幣賃金率：$w \coloneqq \Omega \sum_{i=1}^{m} p_i \in \mathbb{R}_+$
- 均等成長率：$g \in \mathbb{R}_+$
- 一般的利潤率：$r \in \mathbb{R}_+$

ここでも 5.1.2 節と同様に，本来のマークアップ関数(第 4 章 5.6-7 節)を，定義域を $\mathbb{R}_{++}$ から $\mathbb{R}_+$ に拡張した上で導入する．

- 部門 j における投入財 i のマークアップ関数：$q_{ij} : \mathbb{R}_+ \to \mathbb{R}_+,\ g \mapsto q_{ij}(g)$
- 部門 j における賃金のマークアップ関数：$q_{lj} : \mathbb{R}_+ \to \mathbb{R}_+,\ g \mapsto q_{lj}(g)$

7 結合生産における拡大再生産

なおここでも 5.1.2 節と同様に,任意の投入財 i についてその価格がゼロである(p_i=0)とき,$p_i>0$ について定義されるマークアップ関数を改めて p_i=0 の場合のマークアップ関数と定義する。

- マークアップ行列:$\Delta A(g) := (q_{ij}(g)a_{ij}) \in M(m \times n, \mathbb{R}_+)$
- マークアップ付投入係数行列:$\tilde{A}(g) := ((1+q_{ij}(g))a_{ij}) \in M(m \times n, \mathbb{R}_+)$
- マークアップ(行)ベクトル:$\Delta L(g) := (q_{l1}(g)l_1, \cdots, q_{ln}(g)l_n) \in \mathbb{R}_+^n$
- マークアップ付労働投入係数ベクトル:
  $\tilde{L}(g) := ((1+q_{l1}(g))l_1, \cdots, (1+q_{ln}(g))l_n) \in \mathbb{R}_+^n$
- 労働者階級の消費需要ベクトル:$d \in \mathbb{R}_+^m$
- 資本家階級の消費需要ベクトル:$e \in \mathbb{R}_+^m$

また「ケンブリッジ方程式」$r=g/s$ を考慮して,マークアップに関する諸変数を次のように書き換えることもできる。

$$q_{ij}(g) = q_{ij}(sr)$$

$$q_{lj}(g) = q_{lj}(sr)$$

$$\Delta A(g) = \Delta A(sr)$$

$$\tilde{A}(g) = \tilde{A}(sr)$$

$$\Delta L(g) = \Delta L(sr)$$

$$\tilde{L}(g) = \tilde{L}(sr)$$

7.1.3 購買期間の解消 第 5 章で詳論したように,拡大再生産における均衡の必要条件は,購買期間が個別的あるいは社会的に解消されていることである。本 7 節の均衡分析では,任意の部門の任意の投入財について,また賃金収入および利潤収入ごとに,購買ラグはいずれも $\gamma(0)=1$ であると仮定する。とくにこの仮定は,個別的に複線的資本分割あるいは「自己金融」によって,あるいは社会的に信用によって貨幣資本ストックが同一部門の同一投入財の購入に即時利用され,収入に関しても信用を介して,階級内部で貨幣ストックが個人消費に即時利用されることによって満たされる。

第6章 資本回転と一般均衡

7.1.4 販売ラグの共通性　本7節における拡大再生産の均衡分析では各部門での販売ラグの共通性を仮定する。そしてその共通の販売ラグに基づく伝達関数を $\beta^*(g)$ と書く。ただしこの仮定は，証明に煩雑さを避けるための技術的な性格のものであり，容易に解除できる。すなわちその場合は投入係数 a_{ij}，労働投入係数 l_j，産出係数 b_{ij} に代えて，各部門ごとに販売の伝達関数 $\beta^*_j(g)$ を掛けて，それぞれ $\beta^*_j(g)a_{ij}$，$\beta^*_j(g)l_j$，$\beta^*_j(g)b_{ij}$ を用いればよい。均衡の存在証明は 7.3.3-7.3.17 節の証明を適用できる。

7.2 均衡条件

7.2.1 均衡条件

1) $pB \leqq p\tilde{A}(sr) + w\tilde{L}(sr)$
2) $\beta^*(g)Bx \geqq \beta^*(g)(A + s\Delta A(g))x + d + e$
3) $pBx = p\tilde{A}(sr)x + w\tilde{L}(sr)x$
4) $\beta^*(g)pBx = \beta^*(g)p(A + s\Delta A(g))x + pd + pe$
5) $pBx > 0$
6) $p \geqq 0$
7) $x \geqq 0$
8) $g = sr > 0$

7.2.2 均衡条件の解釈

1)の均衡条件について。これは任意の部門 j において

$$p_1 b_{1j} + \cdots + p_m b_{mj} \leqq (1+q_{1j}(sr))p_1 a_{1j} + \cdots + (1+q_{mj}(sr))p_m a_{mj} + (1+q_{lj}(sr))wl_j$$

…(7.1)

が成り立つことを意味する。左辺は部門 j の総生産物の価格であり，右辺は，一般的利潤率 r を保証するマークアップを投入財ごとに費用価格に付加した価格である。すなわち一般的利潤率 r に対応した部門 j の総生産物の生産価格である。

さらに 3) および 7) の条件と合わせて考えると，n 個の部門の中に(7.1)式が等式で成り立つ部門がある．つまりこの部門では総生産物の価格が，一般的利潤率 r を保証する生産価格と一致している．それ以外の部門では総生産物の価格が，r を保証する生産価格に達していない．言い換えれば，それぞれの部門は一般的利潤率 r を獲得しているか，さもなくばそれより小さい利潤率に甘んじているかのどちらかである．したがって 1)は，ある価格体系 p のもとで得られる最大の利潤率が一般的利潤率 r であることを表現している．

また 1)の両辺を $\sum_{i=1}^{m} p_i$ で割ると次の式が得られる．

1)' $yB \leqq y\widetilde{A}(sr) + \Omega\widetilde{L}(sr)$

2)の均衡条件について．これは任意の財 i において

$$\beta^*(g)(x_1 b_{i1} + \cdots + x_n b_{in}) \geqq \beta^*(g)[(1 + sq_{i1}(g))x_1 a_{i1} + \cdots + (1 + sq_{in}(g))x_n a_{in}] + d_i + e_i$$
$$\cdots (7.2)$$

が成り立つことを意味する．左辺は任意の時点 t において社会全体で供給された財 i の数量を表す．右辺はその供給された財 i にたいして時点 t に発生する社会の需要の総計である．

財 i にたいする社会の需要は次の 4 つの部分からなる．

① 生産規模(操業水準 x)の維持を保証する更新需要：

$\beta^*(g)(x_1 a_{i1} + \cdots + x_n a_{in})$

② 均等成長率 g を保証する追加需要：

$\beta^*(g)(sq_{i1}(g)x_1 a_{i1} + \cdots + sq_{in}(g)x_n a_{in})$

③ 労働者階級の消費需要：d_i

④ 資本家階級の消費需要：e_i

とくに②が妥当する根拠については，5.2 節で詳論したのでここでは繰り返さない．

2)の不等式の含意は第 1 に，財 i に対する社会の需要が，その時点に社会において供給された財 i の数量を超えないということである．財 i は任意に選んだのだから，すべての財について，体系の中で需要される数量は，その時

点にこの体系自身の中で供給される数量を超えることはない。

2)式の第2の含意として，4)および6)の条件と合わせて考えると，m種類の財の中に，(7.2)式が等号で成り立つ財が存在する。つまりこの財については，すでにその供給量が社会の需要と一致しているが，他の財では供給量がまだ需要を上回っており，供給に余裕があるということである。言い換えれば，他の財ではまだ余裕があっても，ある財では精々均等成長率 g を保証するだけの供給しか存在しない。したがって 2) は，ある操業水準 x のもとで少なくとも確実に達成できる均等成長率 g を表現している。

2.2.1節における収入の源泉にかんする仮定により，賃金は再生産のための労働の雇用(労働力の購買)と同時に支払われる。従って労働者階級に支払われる賃金は，労働に対する新たな需要

$$\beta^*(g)(L+s\Delta L(g))x = \beta^*(g)[(1+sq_{i1}(g))x_1l_1 + \cdots + (1+sq_{in}(g))x_nl_n]$$

に応じて支払われ，その総額は

$$\beta^*(g)w(L+s\Delta L(g))x$$

となる。この賃金は全額，労働者階級の収入として消費支出される。したがって労働者階級の収入の総額 D は

$$D = \beta^*(g)w(L+s\Delta L(g))x = \beta^*(g)\Omega(L+s\Delta L(g))x\sum_{i=1}^{m}p_i$$

となる。この収入によって発生する労働者階級の消費需要は

$$d = \frac{1}{\sum_{i=1}^{m}p_i}Df(y) = \beta^*(g)\Omega(L+s\Delta L(g))xf(y) \quad ただし\ yf(y)=1 \quad \cdots(7.3)$$

となる。

同じく収入の源泉に関する仮定により，利潤は，生産物の販売によって価格が実現されたあとに取得される。つまり時点 t において供給される生産物の価格 $\beta^*(g)pBx$ に含まれる利潤は

$$\beta^*(g)[pBx-(pAx+wLx)]$$

であるが,この利潤は生産物の販売後に資本家階級によって取得される。拡大再生産では蓄積率 s は正であり,個人消費率 c が $0 \leqq c = 1-s < 1$ をみたし,利潤の c 倍が資本家階級の収入として消費支出される。したがって 3) も考慮すると,資本家階級の収入の総額 E は

$$\begin{aligned} E &= \beta^*(g)c\{pBx - (pAx + wLx)\} \\ &= \beta^*(g)c(p\tilde{A}(sr)x + w\tilde{L}(sr)x - pAx - wLx) \\ &= \beta^*(g)c(y\Delta A(sr) + \Omega \Delta L(sr))x \sum_{i=1}^{m} p_i \end{aligned}$$

となる。この収入によって発生する資本家階級の消費需要は

$$e = \frac{1}{\sum_{i=1}^{m} p_i} E\phi(y) = \beta^*(g)c(y\Delta A(sr) + \Omega \Delta L(sr))x\phi(y) \quad \text{ただし } y\phi(y)=1 \quad \cdots (7.4)$$

となる。

ここで x を正規化し,(7.3)(7.4)式をつかって 2)を書き換えれば次の式が得られる。

2)' $\quad Bz \geqq \{A + s\Delta A(g) + \Omega f(y)(L + s\Delta L(g)) + c\phi(y)(y\Delta A(sr) + \Omega \Delta L(sr))\}z$

3)の均衡条件について。任意の部門 j について (7.1) 式が厳密な不等号で成立するときは,部門 j は一般的利潤率 r を達成できない。従って資本家は部門 j から撤退し,一般的利潤率 r が得られる他の部門へと移動する。よって部門 j の操業度 x_j はゼロとなる。こうした部門操業の条件を「収益性のルール」といい,3) は 1) と合わせてこのルールを定式化したものである。また 3) の両辺を $\sum_{i=1}^{m} p_i \sum_{j=1}^{n} x_j$ で割ると次の式が得られる。

3)' $\quad yBz = y\tilde{A}(sr)z + \Omega \tilde{L}(sr)z$

4) の均衡条件について。任意の財 i について(7.2)式が厳密な不等号で成立するときは,財 i において供給過剰が発生している。その場合財 i は自由財となり,その価格 p_i はゼロに設定される。こうした価格設定の規則を「自由財

第6章　資本回転と一般均衡

のルール」といい，4)は 2)と合わせてこのルールを定式化したものである。また 2)'を考慮しながら，x, p を正規化すると次の式が得られる。

4)'　　$yBz = y(A + s\Delta A(g))z + \Omega(L + s\Delta L(g))z + c(y\Delta A(sr) + \Omega\Delta L(sr))z$

5)の均衡条件について。これは社会全体で供給される総生産物の価格がゼロにはならないというきわめて自然な条件である。これも x, p を正規化して次のように書き換えられる。

5)'　$yBz > 0$

6)の均衡条件について。これは，価格ベクトルが半正であること，すなわち少なくとも一つの財について価格が正であることを意味する。これも同様に p を正規化して次のように書き換えられる。

6)'　$y \geq 0$

7)の均衡条件について。これは，操業ベクトルが半正であること，すなわち少なくとも一つの部門は正の操業度をもって操業されることを意味する。これも同様に x を正規化して次のように書き換えられる。

7)'　$z \geq 0$

8)の均衡条件について。これは，均等成長率および一般的利潤率が正であることを意味する。

これらの条件のうち 1)'2)'3)'4)'6)'7)'をみたす y および z が存在すれば，それぞれ利潤率均等化(1.2.1 節)を満たす均衡価格体系であり，成長率均等化(1.2.2 節)を満たす均衡操業水準である。さらに 8) は拡大再生産が行われるための必要十分条件である。5)は均衡が経済的に有意な状態であることを保証するための追加的な条件である。よって 1)'〜7)'8) の 8 条件をすべて同時にみたす y, z, g, r が存在すれば，それは拡大再生産における一般均衡の存在の十分条件である。

228

7.2.3　均衡条件の相互関連
なお 6)'7)' については y および z が，成分和が 1 となるように正規化した価格ベクトルないし操業ベクトルであると前提しているから，両条件ともすでに満たされている。また 7.1.2 節で確認したように，拡大再生産という考察対象の設定のうちにすでに，「ケンブリッジ方程式」により $g=sr$ という条件が含まれている。しかしこれを考慮すると実は，3)' と 4)' が同値であることが，$s+c=1$ を想起すれば容易に分かる。このことから，さらに 6)'7)' を考慮すれば，3)' または 4)' が，1)' および 2)' から容易に導ける。よって 8 つの均衡条件のうち 3)'4)'6)'7)' を，重複する余分な条件として削除することが許される。残るのは従って 1)'2)'5)'8) の 4 つの条件である。

7.3　均衡の存在
7.3.1　仮定
①　投入係数行列 A の各列は少なくとも一つの正の成分を含む。これはいわゆる「桃源郷の不可能性」の仮定であり，無からは何も生まれないというきわめて自然な仮定である。

②　産出係数行列 B の各行は少なくとも一つの正の成分を含む。これはどの財も必ずどれかの部門で生産されるという自然な仮定である。

③　$\forall_{y \in Y} \exists_{z \in Z}　Bz-(A+\Omega f(y)L)z > 0$ 　　　　　…(7.5)

ここでも「拡張された投入係数行列」の「生産性」を仮定する((6.5)式参照)。すなわち雇用された労働者の消費需要を含めた投入係数行列 $A+\Omega f(y)L$ のことである。ある操業水準を適切に選べば，社会はすべての財に関して，その「拡張された」投入量を超えた産出量を生産することができる。このように社会はどんな価格体系のもとでも，すべての財に関して剰余を生み出すことができるという仮定を描くのである。これは $r>0$ および $g>0$ を保証し，拡大再生産という考察対象を確保するために要請される仮定である。

④　すべての部門において労働が投入される。すなわち $L>0$ である。

⑤　実質賃金率 Ω について $\Omega>0$ である。

第6章 資本回転と一般均衡

7.3.2 命題　　上記の仮定のもとで均衡条件 1)'2)'5)'6)'7)'8)を同時に満たす y, z, g, r が存在する。

7.3.3 需要行列の定義　　上の命題について 7.3.3〜7.3.17 節にわたって証明を行う。まず任意の $y \in Y$, $g \geqq 0$ について需要行列 $M(y,g)$ を次のように定義する。

$$M(y,g) \in M(m \times n, \mathbb{R}_+)$$
$$M(y,g) := A + s\Delta A(g) + \Omega f(y)(L + s\Delta L(g)) + c\phi(y)(y\Delta A(g) + \Omega \Delta L(g))$$
$$\cdots(7.6)$$

この行列 $M(y,g)$ の i 行 j 列の成分 $m_{ij}(y,g)$ は従って次のようになる。

$$m_{ij}(y,g) := (1 + sq_{ij}(g))a_{ij} + \Omega f_i(y)(1 + sq_{lj}(g))l_j + c\phi_i(y)(\sum_{h=1}^{m} y_h q_{hj}(g)a_{hj} + \Omega q_{lj}(g)l_j)$$
$$\cdots(7.7)$$

A, ΔA は非負行列、L, ΔL, $f(y)$, $\phi(y)$, Ω, s, c はすべて非負であるから、$M(y,g)$ もまた任意の $y \in Y$, $g \geqq 0$ について非負行列である。

7.3.4 集合 H の定義　　ここで集合 H を次のように定義する。

$$H := \{g \in \mathbb{R}_+ \mid (B - M(y,g))z \geqq 0 \text{ となる } y \in Y \text{ および } z \in Z \text{ が存在する}\}$$
$$= \{g \in \mathbb{R}_+ \mid \underset{y \in Y}{\exists} \underset{z \in Z}{\exists} (B - M(y,g))z \geqq 0\}$$

7.3.5 $\underset{g>0}{\exists} \underset{y \in Y}{\forall} \underset{z \in Z}{\exists} (B - M(y,g))z \geqq 0$ の証明　　$g=0$ のとき

$$M(y,g) = M(y,0) = A + \Omega f(y)L$$

となるが、このとき仮定③より任意の $y \in Y$ について

$$Bz - M(y,0)z = Bz - (A + \Omega f(y)L)z > 0$$

を成り立たせるような $z \in Z$ が存在する。ここでの問題はこのような g がゼロ以外に、しかも正の領域で存在するかどうかである。

そこでまずそのような g は存在しないと仮定してみる。すなわち

7 結合生産における拡大再生産

$$\forall_{g>0} \exists_{y \in Y} \forall_{z \in Z} (B - M(y,g))z \ngeqq 0$$

と仮定してみる。正の実数からなり 0 に収束する任意の数列 $\{g_k\}$ をとる。すなわち

$$g_k > 0, k=1,2,\cdots, \lim_{k \to \infty} g_k = 0$$

である。この数列 $\{g_k\}$ に対応した Y の点列 $\{y_k\}$ を次のように選ぶことができる。すなわち任意の k について、どんな $z \in Z$ をとっても $(B-M(y_k, g_k))z$ の成分のうち少なくとも一つが負になるというものである。また Y はコンパクトだから点列 $\{y_k\}$ は収束する部分列を含み、その極限値 y_0 は Y に属する。この収束する部分列を改めて $\{y_k\}$ と書けば

$$\lim_{k \to \infty} y_k = y_0 \in Y$$

となる。この部分列 $\{y_k\}$ の新たなインデックスに対応した $\{g_k\}$ の部分列も改めて $\{g_k\}$ と書いておく。

ここで集合 $\mathcal{S}$ を次のように定義する。

$$\mathcal{S} := \{\sigma' = (\sigma_1, \cdots, \sigma_m) \in \mathbb{R}^m \mid \exists_{i=1,\cdots,m} \sigma_i \leq 0\}$$

これはもちろん $\mathbb{R}^m_{++}$ の補集合であり、したがって閉集合である。$z \in Z$ を任意に選ぶ。$\mathcal{S}$ の定義に従えばすべての k について

$$(B - M(y_k, g_k))z \in \mathcal{S}$$

となる。したがって $(B - M(y_k, g_k))z$ と $\mathcal{S}$ との距離はゼロである。すなわち

$$d(\mathcal{S}, (B-M(y_k,g_k))z) = 0, k=1,2,\cdots$$

が成り立つ。[27] (7.7) から明らかなように $m_{ij}(y,g)$ は連続関数であり、

$d: \mathbb{R}^m \to \mathbb{R}_+$, $\sigma \mapsto d(\mathcal{S}, \sigma)$ も σ について連続だから

---

(27) ここでの $d(\cdot,\cdot)$ は、距離を表す慣用的な関数記号であり、労働者の消費需要ベクトルではないので注意されたい。

$$0 = \lim_{k\to\infty} d(\mathcal{S}, (B - M(y_k, g_k))z)$$
$$= d(\mathcal{S}, (B - M(y_0, 0))z)$$
$$= d(\mathcal{S}, (B - A - \Omega f(y_0)L)z)$$

が成り立つ。これにより，$\mathcal{S}$ は閉集合だから

$$(B - A - \Omega f(y_0)L)z \in \mathcal{S}$$

となり，$(B - A - \Omega f(y_0)L)z$ の成分の中には少なくとも一つ非正のものが含まれている。$z \in Z$ は任意に選ばれたのだから，どんな z についても $(B - A - \Omega f(y_0)L)z$ は正にはならない。$y_0 \in Y$ であるから，この結論は仮定③に矛盾する。もちろんこの矛盾は

$$\forall_{g>0} \exists_{y \in Y} \forall_{z \in Z} (B - M(y, g))z \not\geq 0 \text{ を仮定したことから生じたのだから}$$

$$\exists_{g>0} \forall_{y \in Y} \exists_{z \in Z} (B - M(y, g))z \geq 0 \qquad \cdots(7.8)$$

でなければならない。よってすべての $y \in Y$ に共通な g_1 を次のように選ぶことができる。

$$\forall_{y \in Y} \exists_{z \in Z} (B - M(y, g_1))z \geq 0, \quad g_1 > 0 \qquad \cdots(7.9)$$

もちろん

$$g_1 \in H$$

である。

7.3.6 主張「H は上に有界である」の証明　　いま次のような定義を導入する。

$$b^* := \max_{j=1,\cdots,n} \sum_{i=1}^{m} b_{ij} \qquad \cdots(7.10)$$

$$m_*(y, g) := \min_{j=1,\cdots,n} \sum_{i=1}^{m} m_{ij}(y, g) \qquad \cdots(7.11)$$

$$m_*'(g) := \min_{j=1,\cdots,n} \sum_{i=1}^{m} (1 + sq_{ij}(g))a_{ij} \qquad \cdots(7.12)$$

ここで $m_*'(g)$ は行列 $A + s\Delta A(g)$ の n 個の列和のうち最小のものであり，y

には依存しない g のみの関数である。b^* は産出係数行列 B の列和の最大値,$m_*(y,g)$ は需要行列 $M(y,g)$ の列和の最小値である。(7.6)式における ΔA, L, ΔL, $f(y)$, $\phi(y)$, Ω, s, c はすべて非負であるから,すべての $y \in Y$, $g \geqq 0$ について

$$M(y,g) \geqq A + s\Delta A(g)$$

が成り立っている。よって

$$m_*(y,g) \geqq m_*{}'(g) \qquad \cdots(7.13)$$

となる。これもまた y および g とは無関係に常に成り立つ。

仮定②により B の各行には少なくとも一つの正の成分が含まれるから,少なくとも一つの j について $\sum_{i=1}^{m} b_{ij} > 0$ となる。よって $b^* > 0$ である。また仮定①より A の各列には少なくとも一つの正の成分が含まれるから,すべての $g \geqq 0$ について $m_*{}'(g) > 0$ である。

任意に $g \in H$ を選ぶ。H の定義よりこの g に対して,$(B - M(y,g))z \geqq 0$ となる $y \in Y$ および $z \in Z$ が存在する。このような g, y, z について,成分ごとに書けば

$$\sum_{j=1}^{n} b_{ij} z_j - \sum_{j=1}^{n} m_{ij}(y,g) z_j \geqq 0, \quad i = 1, \cdots, m$$

が成り立っている。これをすべての i について加えると

$$\sum_{i=1}^{m}\sum_{j=1}^{n} b_{ij} z_j - \sum_{i=1}^{m}\sum_{j=1}^{n} m_{ij}(y,g) z_j \geqq 0$$

$$\sum_{j=1}^{n} z_j \sum_{i=1}^{m} b_{ij} - \sum_{j=1}^{n} z_j \sum_{i=1}^{m} m_{ij}(y,g) \geqq 0$$

となる。(7.10)(7.11)(7.12)および(7.13)式より,任意の $j = 1, \cdots, n$ について

$$\sum_{i=1}^{m} b_{ij} \leqq b^*, \quad \sum_{i=1}^{m} m_{ij}(y,g) \geqq m_*(y,g) \geqq m_*{}'(g)$$

となっているから,$\sum_{j=1}^{n} z_j = 1$ を考慮すれば

第6章 資本回転と一般均衡

$$0 \leqq \sum_{j=1}^{n} z_j \sum_{i=1}^{m} b_{ij} - \sum_{j=1}^{n} z_j \sum_{i=1}^{m} m_{ij}(y, g)$$

$$\leqq b^* \sum_{j=1}^{n} z_j - m_*{}'(g) \sum_{j=1}^{n} z_j$$

$$= b^* - m_*{}'(g)$$

すなわち

$$b^* \geqq m_*{}'(g) \qquad \cdots(7.14)$$

が得られる。とくにこの関係は y または z の選び方に無関係に成り立っている。$g \in H$ は任意に選んだのだから，

$$H \subset \{g \in \mathbb{R}_+ \mid b^* \geqq m_*{}'(g)\} \qquad \cdots(7.15)$$

が成り立つ。

ここでさらに次の定義を導入する。

$$a_* := \min_{j=1,\cdots,n} \sum_{i=1}^{m} a_{ij} \qquad \cdots(7.16)$$

仮定①より $a_* > 0$ は明らかである。また第4章5.7節におけるマークアップ関数の性質4)より，すべての $i=1,\cdots,m\,;\,j=1,\cdots,n$ について $g \to \infty$ のとき $q_{ij}(g) \to \infty$ となる。そこで十分大きな g を選べば，すべての i,j について

$$1 + sq_{ij}(g) > \frac{b^*}{a_*}$$

とすることができる。このような g の一つを選んで g_2 とすれば，(7.12)(7.16)式を考慮して，すべての j について

$$\sum_{i=1}^{m}(1 + sq_{ij}(g_2))a_{ij} > \frac{b^*}{a_*} \sum_{i=1}^{m} a_{ij} \geqq b^*$$

が得られる。よって

$$m_*{}'(g_2) = \min_{j=1,\cdots,n} \sum_{i=1}^{m}(1 + sq_{ij}(g_2))a_{ij} > b^*$$

となる。マークアップ関数の単調増加性(第4章5.7節)から任意の $g \geqq g_2$ につ

いて $m_*'(g) > b^*$ が成り立つ。従って g_2 は集合 $\{g \in \mathbb{R}_+ \mid b^* \geqq m_*'(g)\}$ の上界であり，(7.15)式からそれは H の上界でもある。

7.3.7 集合 $H(y)$ の定義　ここで集合 $H(y)$ を次のように定義する。
$$H(y) := \{g \in \mathbb{R}_+ \mid (B - M(y, g))z \geqq 0 \text{ となる } z \in Z \text{ が存在する}\}$$
$$= \{g \in \mathbb{R}_+ \mid \underset{z \in Z}{\exists}\ (B - M(y, g))z \geqq 0\}$$

これは，任意の $y \in Y$ を固定したときに $\underset{z \in Z}{\exists}\ (B - M(y, g))z \geqq 0$ を成立させる g の集合であり，当然 H の部分集合である。すなわち
$$H(y) \subset H$$
が成り立つ。

7.3.8　$\underset{y \in Y}{\forall}\ g_1 \in H(y)$ の証明　(7.9)式の g_1 の選び方および $H(y)$ の定義より
$$\underset{y \in Y}{\forall}\ g_1 \in H(y)$$
は自明である。

7.3.9　主張「g_2 は $H(y)$ の上界である」の証明　7.3.6.節における g_2 の選び方より g_2 は H の上界であり，またすべての $y \in Y$ について $H(y) \subset H$ だから，g_2 はすべての $y \in Y$ に共通した $H(y)$ の上界である。

7.3.10　主張「任意の $y \in Y$ について $\max H(y)$ が存在する」の証明　$y \in Y$ を任意に選ぶ。$H(y)$ は上に有界であるから，$H(y)$ の上限が存在する。すなわち
$$g^* := \sup H(y)$$

このとき $H(y)$ の要素からなり g^* に収束する数列 $\{g_k\}$ をとることができる。この数列についてすべての $k = 1, 2, \cdots$ について $g_k \in H(y)$ だから，$H(y)$ の定義から，数列 $\{g_k\}$ に対応した Z の点列 $\{z_k\}$ を次のように選ぶことができる。すなわち任意の k について，

第6章 資本回転と一般均衡

$$(B - M(y, g_k))z_k \geqq 0, \quad z_k \in Z \quad \cdots(7.17)$$

をみたすというものである。また Z はコンパクトだから点列 $\{z_k\}$ は収束する部分列を含み，その極限値 z_0 は Z に属する。この収束する部分列を改めて $\{z_k\}$ と書けば

$$\lim_{k \to \infty} z_k = z_0 \in Z$$

となる。この部分列 $\{z_k\}$ の新たなインデックスに対応した $\{g_k\}$ の部分列も改めて $\{g_k\}$ と書いておく。もちろんこれらの部分列 $\{g_k\}$ および $\{z_k\}$ にかんしても(7.17)式が成り立つ。(7.7)から明らかなように $m_{ij}(y,g)$ は連続関数だから

$$\lim_{k \to \infty}(B - M(y, g_k))z_k = (B - M(y, g^*))z_0 \geqq 0$$

が成り立つ。よって $H(y)$ の定義から $g^* \in H(y)$ であり，$g^* = \max H(y)$ である。このとき，7.3.8 節の考察より $g_1 \in H(y)$ であり，7.3.9 節の考察より g_2 は $H(y)$ の上界だから，$g^* \in [g_1, g_2]$ である。$y \in Y$ を任意に選んだのだから，すべての y についてそれぞれの $\max H(y)$ が存在し，それは区間 $[g_1, g_2]$ にある。

7.3.11 $\forall_{y \in Y} \exists_{g \in [g_1, g_2]} \exists_{\psi \in Y} \exists_{z \in Z} (B - M(y, g))z \geqq 0 \land \psi(B - M(y, g)) \leqq 0$ の証明 y^* $\in Y$ を任意に選ぶ。$g^* := \max H(y^*)$ と定義する。もちろん $g^* \in [g_1, g_2]$ である。いまタッカーの定理より次の①〜⑥を同時に満たす行ベクトル ψ^* および列ベクトル z^* が存在する。[28]

① $(B - M(y^*, g^*))z^* \geqq 0$

② $z^* \geqq 0$

③ $\psi^*(B - M(y^*, g^*)) \leqq 0$

④ $\psi^* \geqq 0$

⑤ $z^{*\prime} - \psi^*(B - M(y^*, g^*)) > 0$ [29]

---

(28) Tucker [1956] p.11, Theorem 3.
(29) 本書での表記法に従い，ベクトルおよび行列へのアポストロフィーは転置を表す。

⑥ $\quad \psi^{*\prime}+(B-M(y^*,g^*))z^* > 0$

そこで次に $z^* \geqq 0$ であることを示す。$g^* \in H(y^*)$ だから $H(y)$ の定義により

$\quad (B-M(y^*,g^*))z_0 \leqq 0$

となる $z_0 \in Z$ が存在する。この不等式に左から $\psi^*(\geqq 0)$ をかけると

$\quad \psi^*(B-M(y^*,g^*))z_0 \geqq 0$ $\qquad$ …(7.18)

となる。一方③式に右から $z_0(\geqq 0)$ をかけると

$\quad \psi^*(B-M(y^*,g^*))z_0 \leqq 0$ $\qquad$ …(7.19)

となるが,(7.18)(7.19)式より

$\quad \psi^*(B-M(y^*,g^*))z_0 = 0$ $\qquad$ …(7.20)

である。⑤式に右から z_0 をかけると $z_0 \geqq 0$ より

$\quad z^{*\prime}z_0 - \psi^*(B-M(y^*,g^*))z_0 > 0$

となるが,(7.20)式より

$\quad z^{*\prime}z_0 > 0$

となる。$z^* \geqq 0$ および $z_0 \geqq 0$ だから $z^* \geqq 0$ でなければならない。この z^* を,成分和が1となるように正規化したベクトルを改めて z^* と書けば $z^* \in Z$ が成り立つ。

次に $\psi^* \geqq 0$ を示すために,逆を仮定してみる。つまり $\psi^* = 0$ であると仮定する。そうすれば⑥より $(B-M(y^*,g^*))z^* > 0$ となる。すると(7.7)から明らかなように $m_{ij}(y,g)$ は連続関数だから十分に小さな $\varepsilon > 0$ を選んで

$\quad (B-M(y^*,g^*+\varepsilon))z^* > 0$

とすることができる。こうして $H(y)$ の定義により $g^*+\varepsilon \in H(y^*)$ となるが,このことは $g^* = \max H(y^*)$ と矛盾する。この矛盾は $\psi^* = 0$ と仮定したことによって生じたのであるから,$\psi^* \geqq 0$ でなければならない。なおこの ψ^* を,成分和が1となるように正規化したベクトルを改めて ψ^* と書けば $\psi^* \in Y$ が成り立つ。

第6章　資本回転と一般均衡

本節の考察によって明らかになったことは，任意の $y \in Y$ について

$(B - M(y,g))z \geqq 0$ ・・・(7.21)

$\psi(B - M(y,g)) \leqq 0$ ・・・(7.22)

を同時に満たすような $\psi \in Y$，$z \in Z$ および $g \in [g_1, g_2]$ が存在するということである。

7.3.12 対応 Ψ の定義　そこで集合 $\Psi(y)$ を次のように定義する。

$\Psi(y) := \{\psi \in Y \mid (7.21)と(7.22)を同時に満たすz \in Z および g \in [g_1, g_2] が存在する\}$
$= \{\psi \in Y \mid \underset{g \in [g_1, g_2]}{\exists} \underset{z \in Z}{\exists} (B - M(y,g))z \geqq 0 \wedge \psi(B - M(y,g)) \leqq 0\}$

・・・(7.23)

前節の考察から明らかなように任意の $y \in Y$ について $\Psi(y)$ は少なくとも一つの要素をもつ。この集合を基礎にして対応 Ψ を次のように定義する。

$\Psi : Y \to Y, y \mapsto \Psi(y)$

7.3.13 主張「任意の $y \in Y$ について $\Psi(y)$ は凸集合である」の証明　$y^* \in Y$ を任意に選ぶ。$\Psi(y^*)$ から二つのベクトル ψ_1，ψ_2 を任意に選ぶ。$\lambda \in [0,1]$ を任意に選ぶ。$\psi_0 := \lambda \psi_1 + (1-\lambda)\psi_2$ と定義する。

ψ_1，$\psi_2 \in \Psi(y^*) \subset Y$ であり，Y は凸集合だから $\psi_0 \in Y$ である。ところで $\psi_1 \in \Psi(y^*)$ だからある $z_1 \in Z$ とある $g^{(1)} \in [g_1, g_2]$ を適当に選べば

$(B - M(y^*, g^{(1)}))z_1 \geqq 0$ ・・・(7.24)

$\psi_1(B - M(y^*, g^{(1)})) \leqq 0$ ・・・(7.25)

が同時に成り立つ。同様に $\psi_2 \in \Psi(y^*)$ だからある $z_2 \in Z$ とある $g^{(2)} \in [g_1, g_2]$ を適当に選べば

$(B - M(y^*, g^{(2)}))z_2 \geqq 0$ ・・・(7.26)

$\psi_2(B - M(y^*, g^{(2)})) \leqq 0$ ・・・(7.27)

が同時に成り立つ。いま一般性を失うことなく $g^{(1)} \geqq g^{(2)}$ とする。マークアッ

7 結合生産における拡大再生産

プ関数の単調増加性(第4章5.7節)から $M(y^*, g^{(1)}) \geqq M(y^*, g^{(2)})$ となるから，(7.27)式より

$$\psi_2(B - M(y^*, g^{(1)})) \leqq \psi_2(B - M(y^*, g^{(2)})) \leqq 0 \qquad \cdots(7.28)$$

となる。(7.25)(7.28)より

$$\psi_0(B - M(y^*, g^{(1)})) = \lambda \psi_1(B - M(y^*, g^{(1)})) + (1-\lambda)\psi_2(B - M(y^*, g^{(1)})) \leqq 0$$
$$\cdots(7.29)$$

が成り立つ。さらに (7.24) 式と(7.29)式を合わせて考慮すれば，$\psi_0 \in Y$, $z_1 \in Z$, $g^{(1)} \in [g_1, g_2]$について(7.21)と(7.22)が同時に成り立つから，$\psi_0 \in \Psi(y^*)$である。ψ_1, $\psi_2 \in \Psi(y^*)$および $\lambda \in [0,1]$は任意に選ばれたのであるから，$\Psi(y^*)$は凸集合である。また $y^* \in Y$ は任意に選ばれたのだから，すべての $y \in Y$について$\Psi(y)$は凸集合である。

7.3.14 主張「任意の $y \in Y$ について$\Psi(y)$は閉集合である」の証明　　$y^* \in Y$を任意に選ぶ。そして $\Psi(y^*)$ の点からなる収束する点列$\{\psi_k\}$を任意に選ぶ。$\Psi(y^*) \subset Y$であり，Yはコンパクトだから，

$$\lim_{k \to \infty} \psi_k = \psi_0 \in Y$$

が成り立つ。すべての $k=1,2,\cdots$について$\psi_k \in \Psi(y^*)$だから点列$\{\psi_k\}$に対応する数列$\{g_k\}$と点列$\{z_k\}$を次のように選ぶことができる。すなわち任意の k について

　　$g_k \in [g_1, g_2]$
　　$z_k \in Z$
　　$(B - M(y^*, g_k))z_k \geqq 0$
　　$\psi_k(B - M(y^*, g_k)) \leqq 0$

というものである。また区間$[g_1, g_2]$はコンパクトだから点列$\{g_k\}$は収束する部分列を含み，その極限値g_0は区間$[g_1, g_2]$に属する。この収束する部分列を$\{g_{k_\nu}\}$と書けば

第6章　資本回転と一般均衡

$$\lim_{\nu \to \infty} g_{k_\nu} = g_0 \in [g_1, g_2]$$

となる。この部分列 $\{g_{k_\nu}\}$ の新たなインデックスに対応した $\{z_k\}$ の部分列を $\{z_{k_\nu}\}$ と書く。このときすべての ν について $z_{k_\nu} \in Z$ であり、Z はコンパクトだから点列 $\{z_{k_\nu}\}$ は収束する部分列を含み、その極限値 z_0 は Z に属する。この収束する部分列を改めて $\{z_{k_\nu}\}$ と書けば

$$\lim_{\nu \to \infty} z_{k_\nu} = z_0 \in Z$$

となる。この部分列 $\{z_{k_\nu}\}$ の新たなインデックスに対応した $\{\psi_k\}$ および $\{g_{k_\nu}\}$ の部分列も改めて $\{\psi_{k_\nu}\}$, $\{g_{k_\nu}\}$ と書いておく。もちろんこれらの部分列 $\{\psi_{k_\nu}\}$, $\{g_{k_\nu}\}$, $\{z_{k_\nu}\}$ にかんしてもすべての ν について(7.21)と(7.22)式が成り立つ。よって、$m_{ij}(y,g)$ は連続関数だから

$$\lim_{\nu \to \infty} (B - M(y^*, g_{k_\nu})) z_{k_\nu} = (B - M(y^*, g_0)) z_0 \geqq 0$$

$$\lim_{\nu \to \infty} \psi_{k_\nu} (B - M(y^*, g_{k_\nu})) = \psi_0 (B - M(y^*, g_0)) \leqq 0$$

が成り立つ。こうして $\psi_0 \in Y$, $g_0 \in [g_1, g_2]$, $z_0 \in Z$ についても(7.21)と(7.22)式が成り立つことになるので、よって $\Psi(y)$ の定義から $\psi_0 \in \Psi(y^*)$ である。なお点列 $\{\psi_k\}$ は任意に選ばれたのであるから、$\Psi(y^*)$ の点からなる収束する点列はすべて $\Psi(y^*)$ に属する極限値を持つ。よって $\Psi(y^*)$ は閉集合である。また $y^* \in Y$ も任意に選ばれたのであるから、すべての $y \in Y$ について $\Psi(y)$ は閉集合である。

7.3.15　主張「対応 Ψ は Y において優半連続である」の証明　対応 Ψ が優半連続であることを示すためには、Y がコンパクトだから、Ψ が Y において閉対応であることを示せばよい。そこで $y_0 \in Y$ を任意に選ぶ。y_0 に収束する Y の点列 $\{y_k\}$ を任意に選ぶ。すなわち

$$\lim_{k \to \infty} y_k = y_0 \in Y, \quad y_k \in Y, \quad k=1,2,\cdots \qquad \cdots (7.30)$$

である。さらに

7 結合生産における拡大再生産

$$\psi_k \in \Psi(y_k), \quad k=1,2,\cdots \qquad \cdots(7.31)$$

を満たす点列$\{\psi_k\}$を任意に選ぶ。いま示したいのは，点列$\{\psi_k\}$がYの中へ収束するときその極限値が$\Psi(y_0)$に属するということである。すなわち

$$\lim_{k\to\infty} \psi_k =: \psi_0 \in Y \quad \Rightarrow \quad \psi_0 \in \Psi(y_0)$$

を示したいのである。

そこで点列$\{\psi_k\}$が$\psi_0 \in Y$に収束すると仮定する。この点列についてすべてのkについて$\psi_k \in \Psi(y_k)$だから，$\Psi(y)$の定義より，$\{\psi_k\}$に対応した数列$\{g_k\}$と点列$\{z_k\}$を次のように選ぶことができる。すなわち任意のkについて

$g_k \in [g_1, g_2]$

$z_k \in Z$

$(B - M(y_k, g_k))z_k \geqq 0$

$\psi_k(B - M(y_k, g_k)) \leqq 0$

というものである。また区間$[g_1, g_2]$はコンパクトだから点列$\{g_k\}$は収束する部分列を含み，その極限値g_0は区間$[g_1, g_2]$に属する。この収束する部分列を$\{g_{k_\nu}\}$と書けば

$$\lim_{\nu\to\infty} g_{k_\nu} = g_0 \in [g_1, g_2]$$

となる。この部分列$\{g_{k_\nu}\}$の新たなインデックスに対応した$\{z_k\}$の部分列を$\{z_{k_\nu}\}$と書く。このときすべてのνについて$z_{k_\nu} \in Z$であり，Zはコンパクトだから点列$\{z_{k_\nu}\}$は収束する部分列を含み，その極限値z_0はZに属する。この収束する部分列を改めて$\{z_{k_\nu}\}$と書けば

$$\lim_{\nu\to\infty} z_{k_\nu} = z_0 \in Z$$

となる。この部分列$\{z_{k_\nu}\}$の新たなインデックスに対応した$\{\psi_k\}$$\{g_{k_\nu}\}$および$\{y_k\}$の部分列も改めて$\{\psi_{k_\nu}\}$，$\{g_{k_\nu}\}$，$\{y_{k_\nu}\}$と書いておく。もちろんこれらの部分列$\{y_{k_\nu}\}$，$\{\psi_{k_\nu}\}$，$\{g_{k_\nu}\}$，$\{z_{k_\nu}\}$にかんしてもすべての$\nu$について(7.21)と(7.22)式が成り立つ。ここで，$m_{ij}(y,g)$は連続関数だから

第6章　資本回転と一般均衡

$$\lim_{\nu \to \infty}(B - M(y_{k_\nu}, g_{k_\nu}))z_{k_\nu} = (B - M(y_0, g_0))z_0 \geqq 0$$

$$\lim_{\nu \to \infty}\psi_{k_\nu}(B - M(y_{k_\nu}, g_{k_\nu})) = \psi_0(B - M(y_0, g_0)) \leqq 0$$

が成り立つ。こうして $y_0 \in Y$, $\psi_0 \in Y$, $g_0 \in [g_1, g_2]$, $z_0 \in Z$ についても(7.21)と(7.22)式が成り立つことになるので、$\Psi(y)$の定義から $\psi_0 \in \Psi(y_0)$ である。よってΨはy_0について閉じている。また $y_0 \in Y$ も任意に選ばれたのであるから、YについてΨは閉対応である。

7.3.16　$\exists y \in \Psi(y)$ の証明　　集合Yはコンパクトな凸集合である。

対応 $\Psi: Y \to Y$, $y \mapsto \Psi(y)$ はYにおいて優半連続である。任意の$y \in Y$について$\Psi(y)$は閉凸集合である。

　よって角谷の不動点定理より

$$\hat{y} \in \Psi(\hat{y}) \quad , \quad \hat{y} \in Y \qquad \cdots(7.32)$$

を満たす$\hat{y}$が存在する。

7.3.17　均衡解の存在の証明　　(7.32)をみたす$\hat{y}$を選ぶ。この$\hat{y}$について $\hat{y} \in \Psi(\hat{y})$ だから

$$(B - M(\hat{y}, \hat{g}))\hat{z} \geqq 0 \qquad \cdots(7.33)$$

$$\hat{y}(B - M(\hat{y}, \hat{g})) \leqq 0 \qquad \cdots(7.34)$$

を同時に満たす $\hat{g} \in [g_1, g_2]$ および $\hat{z} \in Z$ が存在する。ここで

$$\hat{r} := \frac{\hat{g}}{s}$$

を定義すれば、7.3.3節(7.6)式における需要行列 $M(y, g)$ の定義および(7.34)式から、$s + c = 1$ および $\hat{g} = s\hat{r}$ を考慮して

$$\hat{y}B \leqq \hat{y}M(\hat{y}, \hat{g}) = \hat{y}(A + s\Delta A(\hat{g})) + \Omega(L + s\Delta L(\hat{g})) + c(\hat{y}\Delta A(\hat{g}) + \Omega\Delta L(\hat{g}))$$

$$= \hat{y}\tilde{A}(\hat{g}) + \Omega\tilde{L}(\hat{g})$$

$$= \hat{y}\tilde{A}(s\hat{r}) + \Omega\tilde{L}(s\hat{r})$$

7　結合生産における拡大再生産

が得られる。よって$\hat{y}$および$\hat{r}$は，7.2.2節の均衡条件1)'を満たす。

さらに(7.33)式は明らかに

$$B\hat{z} \geqq \{A + s\Delta A(\hat{g}) + \Omega f(\hat{y})(L + s\Delta L(\hat{g})) + c\phi(\hat{y})(\hat{y}\Delta A(s\hat{r}) + \Omega\Delta L(s\hat{r}))\}\hat{z}$$

だから，$\hat{y}$，$\hat{z}$，$\hat{g}$および$\hat{r}$は均衡条件2)'を満たす。

次に(7.33)式に左から$\hat{y}$をかけ，(7.34)式に右から$\hat{z}$をかけると

$$\hat{y}(B - M(\hat{y},\hat{g}))\hat{z} = 0 \qquad \cdots(7.35)$$

が得られる。7.3.3節(7.6)式の$M(y,g)$の定義より

$$M(\hat{y},\hat{g}) \geqq \Omega f(\hat{y})L$$

は明らかだが，仮定④⑤より$L>0$かつ$\Omega>0$であり，$\hat{y}f(\hat{y})=1$だから，(7.35)式より

$$\hat{y}B\hat{z} = \hat{y}M(\hat{y},\hat{g})\hat{z} \geqq \Omega L\hat{z} > 0$$

が成り立つ。よって$\hat{y}$，$\hat{z}$は均衡条件の5)'を満たす。

最後に$\hat{g} \in [g_1, g_2]$であり，7.3.5節(7.9)式の考察により$g_1>0$であったから，$\hat{g} = s\hat{r} > 0$である。よって$\hat{g}$および$\hat{r}$は均衡条件8)を満たす。以上の一連の考察により，このように選ばれた$\hat{y}$，$\hat{z}$，$\hat{g}$および$\hat{r}$は均衡条件1)'2)'5)'6)'7)'8)を同時に満たす。よって7.2.3節で確認した通り，こうした解は1)'～7)'8)をすべて同時に満たす均衡解である(qed)。

ちなみにこの均衡において実際に操業される部門j全体の平均マークアップ率$\hat{q}_j$は

$$\hat{q}_j = \frac{\sum_{h=1}^{m} \hat{y}_h q_{hj}(s\hat{r})a_{hj} + \Omega q_{lj}(s\hat{r})l_j}{\sum_{h=1}^{m} \hat{y}_h a_{hj} + \Omega l_j}$$

となる。

243

第7章　資本回転分析の理論的含意

　一般均衡体系に資本回転を算入するモデルには大きく分けて2つのものがあった。先行研究はそのうち「結合生産アプローチ」に集中し，かなり高い理論的完成度に到達している一方で，「回転期間アプローチ」にそくした先行研究は乏しい。そこで本書では，マルクスが断片的に遺した「回転期間アプローチ」の理論的構想を具体化し，均衡分析の再構成を試みた。一方では，成長率均等化を実現する操業水準(数量均衡)の存在，他方では利潤率均等化を実現する整合的な価格(価格均衡)の存在が示された。これによって均衡理論としての資本回転分析の基本性格が確認されたといってよい。「回転期間アプローチ」が一つの均衡モデルとして「結合生産アプローチ」と比較される資格をひとまず獲得したことになろう。もちろん両者が理論的完成度において比肩しうるためにはさらになお，「回転期間アプローチ」にかんする精査が必要であることは疑い得ない。

　本書におけるこれまでの分析を受けて，両モデルの理論的含意を比較してみると，大きく2点の相違を挙げることができる。一つは価格体系の相違であり，もう一つは回転期間の考察範囲の相違である。

1　価格体系の比較

　まず価格体系にかんして両モデルの間に著しい相違が見出せる。その相違は表7-1のようにまとめられる。

　価格決定にかんして両モデルにはこのような基本的相違があるために，それぞれから算出される利潤率および生産価格体系は一般的に異なる。もちろ

1　価格体系の比較

表 7-1　価格決定方式の比較

	「回転期間アプローチ」 （ランゲモデル）	「結合生産アプローチ」 （ノイマンモデル）
利潤率の価格への算入	単利式	複利式
回転期間の価格への算入	価値回転期間	現実的回転期間
ストックの価格への算入	必要	不要

ん価格体系が異なれば，異なる技術選択が行われ，それによって数量体系(操業度，成長率)においてもそれぞれの均衡解は異なる場合がありうる。

以下では，両モデルによる価格体系がどのように相違するかを単純な数値例によって例証してみる。単純化の仮定としては以下のものを設ける。

1) 一財経済を想定する。たとえば小麦など，社会には一財のみが存在し，それがインプットとして投入され，アウトプットとして産出される。

2) 流通期間を捨象して生産期間のみを考慮する。生産期間だけを考慮すれば，流動資本の回転様式は簡単に point-input-point-output （1 時点投入-1 時点産出）または continuous-input-point-output （連続投入-1 時点産出）として，また固定資本の回転様式は point-input-continuous-output （1 時点投入-連続産出）として表現される。[1]

3) 例としては次の 3 つのケースを取り上げる。

例1：流動資本のみを用い，生産期間を 2 期間とする point-input-point-output。投入係数は 0.6, 産出係数は 1。

例2：流動資本のみを用い，生産期間を 2 期間とする continuous-input-point-output。投入係数は各期首時点で 0.3 ずつ合計 0.6, 産出係数は 1。

例3：固定資本のみを用い，耐久期間を 2 期間とする point-input-continuous-output。投入係数は 0.6, 産出係数は各期末時点で 0.5 ずつ合計 1。

なおいずれの例においても数値は，「回転期間アプローチ」においてマークアップ率が等しくなるように設定している。

---

[1]　インプット-アウトプットのあり方に関するこうした分類については Faber [1979] pp.20-28 を参照のこと。

4) いずれの例でも，資本分割を行い複線的かつ拡張的資本分割を実行する。[2]
5) すべてのケースで貯蓄性向 s は 0.5 とする。

1.1 例1の価格体系

ここでの投入-産出のタイム・プロファイルはつぎのように図示できる。

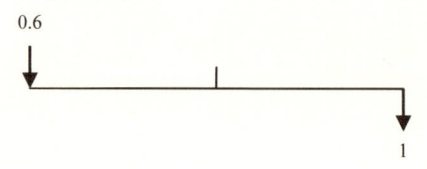

```
0.6
 ↓         |
           ↓
           1
```

(i) まず「回転期間アプローチ」にそくして均衡解を考察してみる。ここでは一財経済を想定しているのだから，正規化すれば価格はすでに 1 と決定されている。その価格と投入係数と産出係数からマークアップ率 $q=2/3$ (=(1-0.6)/0.6) が得られる。

つぎに資本回転の固有方程式 $1=(1+\frac{1}{2}\frac{2}{3})(1+g)^{-2}$ から成長率 $g=2\sqrt{3}/3 -1 \fallingdotseq 15.5\%$ が得られる。

そこで利潤率の決定であるが，これは利潤/投下資本として定義される。分子の利潤はアウトプットとインプットの差額としてフロー量から求められ，分母の投下資本はストック量として求められる。その意味で利潤はフロー/ストック比率である。いま任意の時点 t をとる。時点 t に産出が行われるのは時点 $t-2$ に始動する生産過程においてであり，いまその生産規模(始動率)を x_{t-2} とする。とすれば時点 t における利潤は $2x_{t-2}/3$ (=qx_{t-2}) である。他方この利潤からその 1/2 (=s)，すなわち $x_{t-2}/3$ が追加投資されるので，時点 t から過去にさかのぼって累積された追加投資は $x_{t-2}/3g \fallingdotseq 2.155x_{t-2}$ となり，これが投下資本 K である。よって利潤率は $r=4\sqrt{3}/3-2 \fallingdotseq 30.9\%$ となる。利潤率はもちろん「ケンブリッジ方程式」$r=g/s$ から直接求めることもできる。

ところで価値回転期間 θ はその定義より投下資本/コストであり，利潤率 r

---

(2) 資本分割および複線的資本分割に関しては第3章3.2節および4.3節を参照のこと。

は利潤/投下資本であるから，産出額＝コスト＋利潤より，$1=0.6(1+\theta r)$という関係式が価格決定式として成り立っている。この価格決定式において特徴的なことは何よりも，利潤率 r に時間的要因 θ が単純に因数として掛けられている点である。より具体的には第一に，利潤率が価格に算入される際に，それは複利ではなく単利形式で算入されるということ，そして第二に回転期間が価格に算入される際に，それは現実的回転期間ではなく，ストック/フローで定義される価値回転期間として算入されるということである。ちなみにこの例での価値回転期間は $\theta=2\sqrt{3}/3+1\fallingdotseq 2.155$ である。

(ii) つぎに「結合生産アプローチ」にそくして均衡解を考察する。そこでは生産過程は1期間ごとに二つに分割されそれぞれ一つの「部門」として独立する。第一の部門では1期間だけ加工された半製品が「生産物」としてアウトプットされ，第二の部門ではこの「生産物」をインプットとして本来の生産物が産出される。いま仮定された数値をもとに投入係数行列 A と産出係数行列 B を表示すれば次のようになる。なお要素の配列は慣例どおり，i 行 j 列の要素は j 部門に投入される i 部門の生産物とする。

$$A=\begin{pmatrix} 0 & 1 \\ 0.6 & 0 \end{pmatrix}, \quad B=\begin{pmatrix} 1 & 0 \\ 0 & 1 \end{pmatrix}$$

本来の生産物（すなわち第2部門の生産物および第1部門の投入物）の価格を1として正規化すれば，1期間加工の半製品（第1部門の「生産物」）の価格 p_1 は $0.6(1+r)$ であり，本来の生産物の価格 p_2 については，$p_2=1=0.6(1+r)^2$ という価格決定式が成立する。この式の特徴は，時間的要因の2がここではもはや単なる因数としてではなく，指数として $(1+r)$ に関わっている点である。換言すれば価格は，利潤率 r を割引率としたときアウトプットの現在価値とインプットの現在価値が等しくなるように決定されている。要するに第一に，利潤率が価格に算入される際に，それは複利形式で算入されるということ，そして第二に回転期間が価格に算入される際に，それは価値回転期間ではなく，現実的回転期間として算入されるということである。第三に，利潤率および価格の決定の際はストックをそのままフローとして扱うた

第7章 資本回転分析の理論的含意

めに，フロー量とは区別されるストック量は用いられない（従って価値回転数は恒等的に 1 であり，ここではその理論的な意味を失う）。

以上のように「結合生産アプローチ」では，価格決定における利潤率および回転期間の算入の仕方が「回転期間アプローチ」の場合とは決定的に異なっている。それゆえ当然，利潤率および価格体系は一般に異なる解をもつ。事実，「結合生産アプローチ」の価格決定式 $1 = 0.6(1+r)^2$ を解くと，$r = \sqrt{15}/3 - 1 ≒ 29.1\%$ となり「回転期間アプローチ」における利潤率に比べて約 1.8 ポイント小さくなっているのがわかる。

1.2 例2の価格体系

ここでの投入-産出のタイム・プロファイルはつぎのように図示できる。

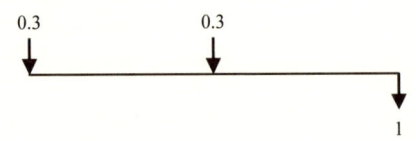

```
   0.3        0.3
    ↓          ↓
    └──────────┤
               ↓
               1
```

(i) まず「回転期間アプローチ」にそくして均衡解を考察してみる。ここでも一財経済を想定しているのだから，正規化すれば価格はすでに 1 と決定されている。その価格と投入係数と産出係数からマークアップ率 $q = 2/3$ $(=(1-0.6)/0.6)$ が得られる。

つぎに資本回転の固有方程式 $1 = (1 + \frac{1}{2}\frac{2}{3})\left\{\frac{1+g}{2+g}(1+g)^{-2} + \frac{1}{2+g}(1+g)^{-1}\right\}$ から成長率 $g = \sqrt{105}/6 - 3/2 ≒ 20.8\%$ が得られる。

さらに利潤率の決定のために分子の利潤と分母の投下資本を求める。いま任意の時点 t をとる。時点 t に産出が行われるのは時点 $t-2$ に始動する生産過程においてであり，いまその生産規模(始動率)を x_{t-2} とする。とすれば時点 t における利潤は $2x_{t-2}/3$ $(=qx_{t-2})$ である。他方この利潤からその $1/2$ $(=s)$，すなわち $x_{t-2}/3$ が追加投資されるので，時点 t から過去にさかのぼって累積された追加投資は $x_{t-2}/3g ≒ 1.604 x_{t-2}$ となり，これが投下資本 K である。よって利潤率は $r = \sqrt{105}/3 - 3 ≒ 41.6\%$ となる。ちなみにこの例では例 1 の場合よりも利潤率が大きいが，これは価値回転期間が例 1 の場合よりも短縮されている

1　価格体系の比較

ためである。すなわち価値回転期間はここでは$\theta = \sqrt{105}/12 + 3/4 ≒ 1.604$ となっている。

(ii) つぎに「結合生産アプローチ」にそくして均衡解を考察する。そこでは生産過程は1期間ごとに二つに分割されそれぞれ一つの「部門」として独立する。第1部門では本来の財(たとえば小麦)をインプットとして1期間だけ加工された半製品が「生産物」としてアウトプットされる。第2部門では本来の財(小麦)のほかにこの第1部門の「生産物」をインプットとして本来の生産物(小麦)が産出される。いま仮定された数値をもとに投入係数行列 A と産出係数行列 B を表示すれば次のようになる。

$$A = \begin{pmatrix} 0 & 1 \\ 0.3 & 0.3 \end{pmatrix}, \quad B = \begin{pmatrix} 1 & 0 \\ 0 & 1 \end{pmatrix}$$

本来の生産物の価格を 1 として正規化すれば，1 期間加工の半製品（第 1 部門の「生産物」）の価格 p_1 は $0.3(1+r)$ であり，本来の生産物の価格 p_2 については，$p_2 = 1 = 0.3(1+r) + 0.3(1+r)^2$ という価格決定式が成立する。この式においてもそれぞれのインプットについて，現実的回転期間が $(1+r)$ にたいして指数として関わっていることがわかる。よってこの価格決定式を解くと，$r = \sqrt{129}/6 - 3/2 ≒ 39.3\%$ となり「回転期間アプローチ」における利潤率に比べて約 2.3 ポイント小さくなっているのがわかる。

1.3　例 3 の価格体系

例 3 は固定資本にかんする投入-産出のタイム・プロファイルである。

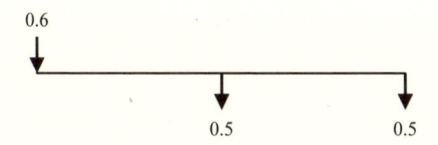

```
      0.6
       ↓
  ┌────┼────┐
  ↓         ↓
 0.5       0.5
```

(i) まず「回転期間アプローチ」にそくして均衡解を考察してみる。ここでも一財経済を想定しているのだから，正規化すれば価格はすでに 1 と決定されている。その価格と投入係数と産出係数からマークアップ率 $q = 2/3$

249

第7章 資本回転分析の理論的含意

(=(1-0.6)/0.6) が得られる。

つぎに資本回転の固有方程式 $1 = \left(1 + \dfrac{1}{2}\dfrac{2}{3}\right)\left\{\dfrac{1}{2}(1+g)^{-2} + \dfrac{1}{2}(1+g)^{-1}\right\}$ から成長率 $g = \sqrt{7}/3 - 2/3 ≒ 21.5\%$ が得られる。

さらに利潤率の決定のために分子の利潤と分母の投下資本を求める。いま任意の時点 t をとる。時点 t に産出が行われるのは時点 $t-2$ と時点 $t-1$ に始動する二つの生産過程においてであり、いまその生産規模(始動率)をそれぞれ $x_{t-2}, x_{t-1}(=(1+g)x_{t-2})$ とする。とすれば時点 t における利潤は $(2+g)x_{t-2}/3$ $(=qx_{t-1}/2 + qx_{t-2}/2)$ である。他方この利潤からその $1/2$ $(=s)$、すなわち $(2+g)x_{t-2}/6$ が追加投資されるので、時点 t から過去にさかのぼって累積された追加投資は $(2+g)x_{t-2}/6g ≒ 1.7153x_{t-2}$ となり、これが投下資本 K である。よって利潤率は $r = 2\sqrt{7}/3 - 4/3 ≒ 43.1\%$ となる。また価値回転期間はここでは $\theta = \sqrt{7}/3 + 2/3 ≒ 1.549$ となっている。

(ii) つぎに「結合生産アプローチ」にそくして均衡解を考察する。そこでは生産過程は1期間ごとに二つに分割されそれぞれ一つの「部門」として独立する。第1部門では本来の財をインプットとして本来の生産物のほかに1期間だけ摩損した労働手段が「生産物」としてアウトプットされる。第2部門ではこの第1部門の「生産物」をインプットとして本来の生産物が産出される。いま仮定された数値をもとに投入係数行列 A と産出係数行列 B を表示すれば次のようになる。

$$A = \begin{pmatrix} 0 & 1 \\ 0.6 & 0 \end{pmatrix}, \quad B = \begin{pmatrix} 1 & 0 \\ 0.5 & 0.5 \end{pmatrix}$$

本来の生産物の価格を1として正規化すれば、1期間摩損の労働手段(第1部門の「生産物」)の価格 p_1 は $0.5(1+r)^{-1}$ であり、本来の生産物の価格 p_2 については、$0.6(1+r)^2 = 0.5 + 0.5(1+r)$ という価格決定式が成立する。この式においても現実的回転期間が、それぞれのインプットおよびアウトプットの $(1+r)$ にたいして指数として関わっていることがわかる。ここでもやはり、インプットの現在価値とアウトプットの現在価値が等しくなるように価格決定が行われている。よってこの価格決定式を解くと、$r = \sqrt{145}/12 - 7/12 ≒ 42.0\%$

となり「回転期間アプローチ」における利潤率に比べて約 1.1 ポイント小さくなっているのがわかる。

1.4 概 観

以上の計算結果をまとめてみると次のようになる。

表 7-2 計算結果の比較

例	アプローチ	利潤率 r	成長率 g	価値回転期間 θ
例 1	回転期間	30.9%	15.5%	2.155
	結合生産	29.1%	14.5%	1
例 2	回転期間	41.6%	20.8%	1.604
	結合生産	39.3%	19.6%	1
例 3	回転期間	43.1%	21.5%	1.549
	結合生産	42.0%	21.0%	1

計算結果の比較によって明らかなように，ここで取り上げた 3 つの数値例ではいずれも利潤率，成長率が，「回転期間アプローチ」において「結合生産アプローチ」よりも高くなっている。したがってこれらは，いずれかを適用することによって異なる均衡解を導く代替的なアプローチであることがわかる。

「結合生産アプローチ」では生産過程は徹底的に分割され，そのすべての段階において生産物が市場で価格評価を受けることを想定し，すべての段階で論理整合的な価格決定が行われる。したがってこの方法は分析を極限まで実行する点で，分析装置としては他の方法に優ることは否定できない。しかし論理的な分析度と現実的対象の説明能力とは必ずしも比例しない。現実の価格決定は制度としての市場を前提として行われるのであり，市場を構成するのは個々の当事者の判断と行為である。

市場それ自体が，「結合生産アプローチ」と同じように徹底的に「分析」するとすれば，言い換えれば，市場が社会的分業を極限まで遂行し，極小分割されたそれぞれの部門の生産物について価格評価をするとすれば，「結合生産アプローチ」は正確に現実を説明する方法に違いない。しかし現実において

第7章 資本回転分析の理論的含意

は,生産期間1期間ごとに部門が独立するほど社会的分業は進行しているわけでは決してない。

社会的分業の深度,すなわち現実の市場の「分析」には限度がある以上,「結合生産アプローチ」に比べて分析度が低いということは,それだけで「回転期間アプローチ」を放棄する理由にはならない。まず主要な経営指標として「売上高利益率」などのフロー/フロー比率だけでなく,それとは異なる「総資本利益率」「総資本回転率」などのフロー/ストック比率で経営活動が総括されている現実を考えれば,フローとストックを区別する「回転期間アプローチ」を適用するメリットは少なくない。また利潤率が利子率から乖離する現実を考えれば,利潤率を割引率として資産の価格評価を行う「結合生産アプローチ」にも問題は多い。

2 流通期間の問題連関

「回転期間アプローチ」にかんして,対象に対するその説明能力の一因として,さらにこのモデルの適用範囲が生産期間だけではなく,流通期間にも及ぶという点が挙げられる。本書の考察を通じて,「回転期間アプローチ」による均衡分析が理論的にきわめて特異な特徴をもつことも同時に明らかになった。その特徴とは,分析の順序に従ってまとめれば,つぎのようになる。

・流通期間を,回転期間の一部分として,生産期間と同等な考察の対象とする。
・拡大再生産において購買期間の存在が供給超過をもたらすという「購買期間問題」を導き出す。
・購買期間問題をとりわけ信用制度の導入によって理論的に処理する。
・均衡価格および均衡操業水準の存在を証明する。

とりわけ流通期間(販売期間+購買期間)を考察の対象としながら,購買期間問題に直面して購買期間の解消を仮定すること,またモデルに外的な要因である信用を均衡の存在証明の前提とすることなど,理論としての不体裁は否めない。『資本論』の構成に即して言えば,一方では価格均衡のために資本

2 流通期間の問題連関

回転論は生産価格論へと上向するが，他方では数量均衡のために信用論を前提するという論理の円環を描くことになる。これは上向法ないし発生論的方法にたいする明らかな侵害である。[3]「再生産論の問題に信用を導入することは，方法的にみて首肯しがたい」[4] という批判はその意味では正当である。

しかし翻って，なぜこうした不体裁が生じたかを考えれば，それは流通期間を均衡分析の中に全面的に取り込もうとしたからである。いったん流通期間(したがって購買期間)の存在を考察の対象とすれば，購買期間問題はその不可避の帰結であり，均衡を保証する解決策は，最終的には信用の導入なしにはありえない。

以上のような特徴を示す「回転期間アプローチ」とは対照的に，「結合生産アプローチ」(ノイマン・モデル)による均衡分析は，きわめて完成度の高い閉鎖体系を実現する。必要な変数は内生変数としてモデル内部で決定することができる。信用などのモデルに外的な要因を「密輸入」することなく，均衡の存在を論証できる。しかし他方でこうした方法論上の完成度の高さはとりわけ，いっさいの流通期間をはじめから捨象することによって獲得されるものである。流通期間を考察の対象とはしないのだから，購買期間問題もそこでは起こりようがないし，その理論的処理も不要である。したがって(発生論的)方法の成否はひとえに，考察対象としての流通期間の有無にかかっているわけである。

序章において，経済学の発展にとって「前貸経済学」のもつ意義について言及した。「前貸経済学」はケネーらフィジオクラート以来さまざまなアプロ

---

(3) 貨幣流通(購買期間)を考慮した再生産論がもつこうした方法論上の不都合をマルクスは直感していた。それゆえ 1863 年の段階では現行版とは異なる別の執筆プランを作成した。すなわちマルクスは対象を実体的側面と貨幣的側面に二分して，前者を第 2 部で，後者を第 3 部の「利子生み資本」論のあとで取り扱おうと意図したのである。「1861－63 年草稿」「資本主義的再生産における貨幣の還流運動」のもつこの理論的含意を読み解いたのは柴田信也である。柴田 [1985]。

(4) 二瓶 [1962]123 頁。

第7章 資本回転分析の理論的含意

ーチで追求されてきた。この理論的伝統にあって，競合する2つの理論的対極としてヒックスはフォン・ノイマンとオーストリア理論を挙げている[5]。あえて単純化してそれらの特徴を比較すれば，次のようにまとめられよう。

(i) フォン・ノイマン理論

一般均衡理論の多部門分析の枠組みで，期間単位での部門の分割と結合生産の導入によって生産期間が考察される。その主な特徴は①それぞれの技術について固定資本の耐用期間および減価償却率が内生変数であり，利潤率，価格，操業水準などの内生変数と同時決定されること，②したがってそれらの耐用期間および減価償却率が一般均衡の条件によって部門間で同時決定されること，③ストックがそのままフローとして扱われること。

(ii) (新)オーストリア理論

これに対して(新)オーストリア学派の場合は資本理論の一部門分析の枠組みで生産期間が考察される。その特徴はフォン・ノイマン理論との対比でまとめれば次のようになろう。①一財モデルにより事実上，それぞれの技術について固定資本の減価償却率が所与であること，②それらの耐用期間は内生変数であり，利潤率最大化条件によって，他の内生変数（利潤率）と同時決

---

(5) ここでヒックスは，ベーム・バヴェルク，ヴィクセル，ハイエクらの旧オーストリア理論に対して，自分の立場を新オーストリア理論と称した。（第2章脚注4参照）旧理論が一時点産出モデルであり，流動資本しか扱えなかったのに対して，新理論は多時点産出モデルであり，これによって固定資本が取り扱えるようになるメリットを強調している。「旧オーストリア体系にうまくあてはまる唯一の資本使用的な生産は固定資本ぬきの生産，運転資本（あるいは流動資本）だけを使用する生産」である。固定資本の「本質的な特性は，ひとつの日付の1単位の生産物ではなく，一連の日付の一連の生産物の何単位かをつくりだすのに役立つことにある…。」「旧オーストリア理論においては『1時点産出』…であったが，われわれの考えようとする基本的生産過程は一連の投入物（あるいは投入物の流れ）を一連の生産物に変形するものである。こうすることにより…固定資本の取り扱いに関する以前の困難は完全に克服される。」Hicks [1973] 根岸訳, 9頁。こうした性格付けからも，オーストリア理論がいかに時間(したがって資本回転)を主題とした理論であるかが伺える。

定されること，③フローからストックを求めること。

　ヒックスの言うように，いわゆる旧オーストリア学派とフォン・ノイマンが「前貸経済学」の2極であるとは言い得ても，いわゆる新オーストリア学派とフォン・ノイマンとは価格決定の方式から見れば同一であり，両者とも表 7-1 における「結合生産アプローチ」に属している。むしろそれらとは区別される第3の極として，他の2極に吸収されずにマルクス経済理論が位置づけられるとすれば，その最大のレゾンデートルは流通期間（あるいは流通資本）の分析であろう。まずノイマン・モデルに流通期間を取り込むことは不可能である。またオーストリア理論については，流通期間の算入は不可能ではないにしても，そうした試みはない。

　商品経済の本質的メルクマールを構成する流通期間という対象について，これを考察できること，それが再生産に引き起こす重大な影響を導出できること，そしてこの影響を緩和し資本蓄積を保証するという信用の原理的役割を解明できること，これらはマルクス経済理論に固有のメリットでこそあれ，放棄の対象ではありえない。しかしながらその代償として発生論的方法の首尾一貫性が犠牲とならざるをえない。

3　資本回転分析における対象と方法

　「弁証法の名が語るものはさしあたり次のことである。対象はその概念には解消されるものではなく，合致という従来の規範と矛盾におちいるということである。」[6] 弁証法という思考の手続きは何よりも，対象と方法(概念)との非同一性を認識することから始まる。対象は種々の事象と全面的な相互依存関係にある。これに対して方法は，この対象を諸概念の不可逆的な序列によって観念的に再構成しようとする。とすれば対象と方法とがいずれ齟齬をきたす。問題はそのとき，対象に忠実であろうとし，方法を断念するのか，方法を遵守して対象を切断するのかである。これは，理論的認識の本性に内在

---

(6)　Adorno [1975] S.16f.

第7章 資本回転分析の理論的含意

する不可避の対立でもある。いまこの視点を，流通期間という経済学の対象に適用したとき，「回転期間アプローチ」と「結合生産アプローチ」との相異には，「対象の優位」と「方法の優位」との対立がその一端として含まれていると考えざるをえない。とすれば「総回転アプローチ」と「可変資本の回転アプローチ」との「非体系的混在」という問題性にも，対象の相互連関性に照らして叙述を適合させようとする唯物論者マルクスと，経済学批判の上向プランの首尾一貫性を重視するヘーゲル学徒マルクスとの非体系的共存がその一端として含意されていると考えうる。

補論1　総回転と費用価格
――『資本論』第2部第3稿の問題連関――

　この補論では，第1章3.1節で分類した『資本論』の執筆段階において，第4段階に位置する「第2部所属」および「第3部所属」について文献史的考察を行う。考察の課題は次の2つの命題を論証することである。第1に，『資本論』第3部第13章でエンゲルスが行った補筆の内容は，マルクスによってすでに考察されていたものである[1]。第2に，こうしたマルクスの考察は，費用価格を利潤率に前置しようとする利潤論改編の一環として行われたものである。

1　第2部第3稿の成立過程

　第2部第1稿にみられた2つのアプローチの対立的併存は，『資本論』執筆の第4段階以降においても決して解消されることなく，むしろより自覚的で体系化された議論として展開されることになる。ここでは「総回転アプローチ」の方を取り上げ，その行方を辿ることにする。ここで問題にするのは，『資本論』の第4の執筆段階に位置する「第2部所属」であるが，これは別名「第2部第3稿」とよばれる原稿である。第3稿は第1稿とともに，8つの第2部原稿のうちエンゲルスによって採用されなかった原稿であり，その未知の内容の全貌はMEGA Ⅱ/4.3において公開されることになる。しかしこれまでの個々の研究者の文献調査によって第3稿の執筆経緯および構成が明らかになっているほか，部分的にはその内容も紹介されている。それらの断片的な調査結果からだけでもすでに，この原稿の成立史および内容がきわめ

---

[1]　エンゲルスの補筆については第1章2.1節を参照のこと。

補論 1 総回転と費用価格

てユニークなものであることが分かる。

では第 2 部第 3 稿の執筆経緯に関してこれまで明らかにされている事実を整理してみたい。『資本論第 1 巻初版』の擱筆後マルクスは，1867 年のうちに[2]，第 2 部と第 3 部とに関する一連の原稿を作成した。このうち第 3 部に関する原稿は，大小 12 件の原稿からなり，これらはマルクス自身よって「第 3 部所属 Zu Buch 3 gehöriges」という表紙の下に一括されて，第 3 部の執筆のために準備されていたものである[3]。このなかには，利潤論に費用価格論を前置することを企図した第 3 部第 2 稿，第 3 稿，第 4 稿など，第 3 部第 1 稿（主要原稿）の利潤論に根本的な変更をもたらす原稿が含まれていた。

他方，「第 3 部所属」の表紙とまったく同種の用紙を使い，まったく同じマルクスの筆跡で「第 2 部所属 Zu Buch 2 gehöriges」と書かれた表紙がある[4]。すなわち草稿群「第 3 部所属」と時期を同じくしてそれと対をなす草稿群「第 2 部所属」が作成された。マルクスは，その表紙のもとにくくった 3 件の原稿を第 2 部用の一まとまりの原稿と考えた。そしてこの表紙にはのちにマルクス自身によって「Ⅲ」という鉛筆書きの数字が付記され[5]，かくしてこの草稿群「第 2 部所属」はエンゲルスによって第 2 部第 3 稿として扱われることになるのである。ミシケヴィッチらによって紹介された「第 2 部所属」および「第 3 部所属」の諸原稿を，便宜上紹介順に番号を付け，そのテーマとともに列挙すれば表(補) 1-1 のようになる。

---

(2) 当初 Miskewitsch らは執筆時期を 1866/1867 としていたが，『第 1 巻初版』の清書中に変更されたと思われる用語（Arbeitsvermögen から Arbeitskraft へ）および正書法(Preiß から Preis へ）の使用などを論拠として，1867 年へと変更した。Miskewitsch/Wygodski [1985] S.201,203 sowie Mis'kevič [1995] S.53.
(3) Miskewitsch/Wygodski [1985] S.202ff.
(4) Miskewitsch/Wygodski [1985] S.200.
(5) ミシケヴィッチらの推定では，1877 年のことである。Vgl. ebenda.

1 第2部第3稿の成立過程

表(補)1-1　1867年の第2部および第3部原稿

「第2部所属」	目録番号[6]	「第3部所属」	目録番号
①第2部のテーマに関する抜粋集	A64	(1)「第3部所属」と書かれた表紙「マルサスに関するノート」	A57, A79
②スミス批判	A64	(2)「差額地代」と題された文献リスト	B105
③利潤率の諸法則	A64	(3)スミスからの抜粋と評注　地代と利子に関する覚書	B105
		(4)剰余価値率と利潤率との関係を規制する諸法則	A71
		(5)利潤率の諸法則	A76
		(6)付録冊子Aの概要	B105
		(7)資本の流通が利潤率に及ぼす影響について	A78
		(8)第3部第2稿	A73
		(9)第3部第3稿	A74
		(10)第3部「不利用」(第4稿)	A75
		(11)第3部原稿の表紙	A80
		(12)第3部第48章冒頭「断片Ⅰ」(S.470)および「断片Ⅱ」(S.471)の原稿	A80

（出所：Miskewitsch/Wygodski [1985],S.201ff.より作成）[7]

　ところでエンゲルスは周知のように第2部第3稿を，『資本論』第2部の序文で次のように紹介している。「第3稿は」①「一部分は引用文とマルクスの抜き書き帳への指示とを集めたもの—おもに第2部第1篇に関するもの—から成っており」②「一部分は個々の点の論述，ことに固定資本と流動資本に関する，また利潤の源泉に関するA.スミスの諸命題の批判の論述から成っている。」③「さらに，利潤率にたいする剰余価値率の関係の記述もあるが，こ

---

(6)　Archivnummer im Marx-Engels-Nachlass, IISG, Amsterdam.
(7)　「第3部所属」の第3部第4稿の目録番号がMiskewitsch/Wygodski [1985] では「A74」となっているが，田中 [1989]，市原 [1985] にてらして「A75」の誤りと判断されるので訂正した。

補論 1　総回転と費用価格

れは第3部に属するものである」。[8]エンゲルスによって紹介された第3稿のこの3つの部分は上で掲げた「第2部所属」の3つの原稿にそのままの順序で対応していることはいうまでもない。

さらにミシケヴィッチらによれば，「第2部所属」と「第3部所属」とはユニークな成立過程をもっている。第1に，「第2部所属」の②の原稿は5ページから12ページまでページ付けされた計8ページの原稿である。この原稿に1〜4ページが無いのは，この部分が「第3部所属」へ移されたからである。つまり表1の「第3部所属」の(3)がこれにあたる。[9]したがって当然の事ながら両者ともスミスの見解を共通のテーマとしている。第2に，「第2部所属」の③の原稿は28ページから79ページまでページ付けされた計52ページの原稿である。この原稿に1〜27ページが無いのはやはり，この部分が「第3部所属」へ移されたからである。つまり「第3部所属」の(5)がこれにあたる。[10]したがって当然の事ながら「利潤率の諸法則」という共通のテーマをもっている。

以上の事実から明らかなように，マルクスは元来一体であった原稿を二つに分割し，資本回転に関するものは「第2部所属」へ，利潤率に関するものは「第3部所属」へと振り分けたのである。このことは，この2つの草稿群がたんに1867年という執筆時期を同じくするだけではなく，その内容じたいが一体であることを示している。

ここで一つの試みとして，田中菊次の調査結果をもとに実際に「第3部所属」の(5)と「第2部所属」の③を合体させ，マルクスによって分割される以前の原稿全体を復元してみると表(補)1-2のようになる。

この一連の叙述は前述のとおり，27ページと28ページの間で分割され，「Ⅲ）相異なる剰余価値率…」以前の前半が「第3部所属」の(5)へ，「Ⅳ）利潤率は…」以降の後半が「第2部所属」の③へと振り分けられた。しかし

---

　(8)　MEW24, S.11.
　(9)　Miskewitsch/Wygodski [1985] S.201f.,203 sowie Misʹkevič [1995] S.50.
　(10)　Miskewitsch/Wygodski [1985] S.202f. sowie Misʹkevič [1995] S.50.

それじたい大判78ページ（第79ページは白紙）のひとつの原稿「利潤率の諸法則」として書かれたのであるから，構成上も，内容上もひと続きの草稿であることは確かに一目瞭然である。

表(補)1-2　原稿「利潤率の諸法則」の構成[11]

表題	原稿頁
A)(剰余価値の率や量その他が不変の場合での)cの増大によるCの増大。	1
B)Cの不変。mの増大または減少。	2
C)Cが不変の場合にvの大きさの変動にともなうCの大きさの変動。	5
利潤率の一般的法則	13
Ⅰ)利潤率はつねに剰余価値率より小さい。	
Ⅱ)同一の剰余価値率rが相異なる利潤率で現れることがありうる。	14
Ⅲ)相異なる剰余価値率が同等の利潤率で現れることがありうる。	19
Ⅳ)利潤率は剰余価値率が上がった時に下がりうるし，下がったときに上がりうる。	29
Ⅴ)他の諸条件が一定ならば剰余価値は可変資本の増大の大きさと同じ大きさで増大する。逆の場合は逆。	30
Ⅵ)生産手段の節約や原料価格の騰落が利潤率に対する重要さ。利潤の平均利潤への，価格の生産価格への転形。	
Ⅶ)費用価格，利潤，利潤率と資本の回転。	
固定資本，流動資本，可変資本の比例的大きさ。	44
固定および流動資本。	47
3)固定および流動資本	49
b)流動資本としての可変資本。	55
c)A.スミス，第2部第2章。	57
Ⅰ)費用価格を基礎とする利潤率と年利潤率との差異。	59
剰余価値率の利潤率への転形。	60

(出所：田中[1989] p.329,345 より作成)

2　「総回転アプローチ」

「第2部所属」あるいは第2部第3稿は，すでにみたように第2部第1稿

---

(11)　この表の記号は田中[1989]をそのまま踏襲しているので，本書の記号使用法とは一致しない。

補論1　総回転と費用価格

とともに現行版『資本論』の編集には利用されなかった原稿であり，その内容の全貌は MEGA II/4.3 の検討を待つ以外にはない。しかし個々の研究者による文献調査によって，原稿の構成だけでなく，その内容も部分的には紹介されている。とりわけ前節でその全体を復元した原稿「利潤率の諸法則」(前半は「第3部所属」の(5)，後半は「第2部所属」の③)は，その概要が紹介されて久しい。この原稿のオリジナルはアムステルダムの IISG にあるが，そこでは先にみたように「第2部所属」と「第3部所属」とに分割して保存されている。しかしミシケヴィッチによれば，そのフォトコピーがモスクワのアルヒーフにも所蔵されており，そこでは両者一括して「f.1,op.1,d.2037」という番号が与えられているという。しかしこの「大判78ページから構成される」[12]「f.1,op.1,d. 2037」[13]の原稿は，すでに I.G.カジミナによってその概要が紹介されていた。[14]その要点を整理してみれば以下の様にまとめられる。[15]

1) 利潤率には次の2種類があり，両者は区別されねばならない。ひとつは「前貸資本に対する利潤率」[16]であり，もうひとつは「費用価格に対する利潤率」である。それぞれ次のように定義される。

$$\text{「前貸資本に対する利潤率」} = \frac{\text{剰余価値の年額}}{\text{前貸資本}}$$

$$\text{「費用価格に対する利潤率」} = \frac{\text{剰余価値の年額}}{\text{費用価格の年額}}$$

2) 「前貸資本にたいする利潤率」は「資本回転」($=\dfrac{\text{費用価格の年額}}{\text{前貸資本}}$)と「費用価格に対する利潤率」の積によって規定される。このことから次の関係が導ける。

(i) 費用価格の年額=前貸資本 の場合：

---

(12) ミシュケーヴィッチ [1995] 95頁。
(13) Kasmina [1978] S.173.
(14) Kasmina [1978] S.178,Anm.17,19.
(15) Kasmina [1978] S.173-177.
(16) ここでいう「前貸資本」とはストックであり，本書の「投下資本」と同義である。

「前貸資本に対する利潤率」＝「費用価格に対する利潤率」
(ii) 費用価格の年額＜前貸資本 の場合：
「前貸資本に対する利潤率」＜「費用価格に対する利潤率」
(iii) 費用価格の年額＞前貸資本 の場合：
「前貸資本に対する利潤率」＞「費用価格に対する利潤率」
3) 「資本回転」は，流動資本の回転期間，固定資本の回転期間および固定資本と流動資本の比率によって左右される。
4) 「費用価格に対する利潤率」は，資本の有機的構成によって規定される。ただしここでの資本構成は，実際に消費された資本の有機的構成であって，その場合分母の不変資本の項には固定資本は償却部分しか算入されない。

マルクスが1867年に執筆した原稿「利潤率の諸法則」には，カジミナの紹介によれば以上のような内容が記述されていたが，その後ミシケヴィッチはこの所見を裏付けている。[17] これらの調査された事実からすでに，当該原稿の理論的特徴を読み取ることは可能である。いま，ここでの費用価格の年額および剰余価値の年額を，実現された貨幣額として理解すれば，現行『資本論』第3部第13章でのエンゲルスの補筆がもつあの3つの特徴をここでも確認することができる。[18] ①2種類の利潤率，すなわち本来の利潤率と費用利潤率を区別する。②利潤率を費用利潤率と総回転との積として規定する。③総回転の大きさを「$G=K$」「$G<K$」「$G>K$」の3つの場合に分け，それぞれにおける利潤率と費用利潤率の大小関係を考察する，と。

このようにエンゲルスの補筆内容が事実上すでにマルクス自身によって考

---

(17) 「ここで既にマルクスは，次の重要なテーゼを定式化していた。利潤を計算する場合，個々の商品当たりの利潤，ないしは一定の期間内に生産される商品量あたりの利潤と，前貸資本あたりの利潤とを区別する必要がある，と。これは費消された資本に対する利潤率と，前貸資本に対する利潤率との峻別を意味する。前者の利潤率では，——マルクスは注目しているのだが——回転が重要な役割を演じる」。ミシュケーヴィッチ[1995] 92頁。

(18) 第1章2.1節参照。

補論1　総回転と費用価格

察されていたわけである。つまりエンゲルスによる補筆は彼のオリジナルではなく，それはマルクス自身の認識であった。さらにいえば，エンゲルスがこれらの原稿を読んで編集しているという自明の事実から，「費用価格にたいする利潤率」という同一名称の使用といい，「$G=K$」「$G<K$」「$G>K$」という3つの場合分けといい，それが単なる偶然の一致ではなく，むしろエンゲルスがこれらの原稿を参考にして第3部の補筆を行ったと考えられる。

3　「費用価格」による利潤論の改編

　以上，第1の命題について論証を試みてきたが，第2の命題に関してもその過程で事実上すでに証左が与えられている。まず先験的に，形式論理上の必然性から，「総回転」と「費用価格」という2つの概念の関連性が論証できる。マルクスの原稿にもあったように，

　　利潤率＝費用利潤率 × 総回転

という関係式が成り立つから，利潤率の規定要因として総回転を考察すると，残るもうひとつの規定要因は必然的に費用利潤率となる。言い換えれば，総回転と費用価格と利潤率は三位一体的な相互関連性をもつ。

　ではつぎに実際のマルクスの執筆プロセスにおいて，「総回転」と「費用価格」が連動して叙述されていたかどうか。これも第1の命題を検討するなかで取り上げた一連の文献調査を利用して明らかにできる。マルクスがみずからの第3部第1稿(1865年)における利潤論を改編し，利潤率と費用価格の展開順序を逆転させたのは，第3部第2稿，第3稿および第4稿においてであった。つまり第1稿では冒頭を占めていた利潤率の叙述は抹消され，叙述は「費用価格を超える超過分」から開始されることになった。「このように，第2稿では，その冒頭は『費用価格』そのものの考察…から始められ，『剰余価値率の利潤率への転化』およびそれらの関係についての論述はこの論述から決定的に排除されている」。[19]そして第3稿および第4稿もそれぞれ第2稿の書

---

　(19)　市原 [1986a] 80 頁。

3 「費用価格」による利潤論の改編

き直し原稿であってその議論は「第 2 稿の論述対象の範囲を越えてはいない」。エンゲルスはマルクスのこの改編を忠実に受け止め，この第 2 稿，第 3 稿を利用して現行第 3 部第 1 章「費用価格と利潤」を編集した（第 4 稿はその際利用されなかった）。これらの事実は，これら 3 つの原稿が費用価格先行の論理という観点では内容的に一まとまりのものであることを示している。

先に紹介したとおり，第 3 部の第 2 稿，第 3 稿，第 4 稿はマルクス自身によって「第 3 部所属」という表紙のもとに他の 9 件の原稿とともに一括されて，第 3 部執筆のために準備されていたものである。それぞれ表(補) 1-1 における「第 3 部所属」の(8)(9)(10)がこれにあたる。そしてこの「第 3 部所属」という草稿群は，「第 2 部所属」ときわめて近接した時期（1867 年）に書かれただけではなく，元来一体であった原稿を双方に振り分けた経緯にみられるように内容的な連続性をも示しているものだった。ここでこの連続性を象徴的に示す事例をもう一つ付け加えておく。それは「第 2 部所属」③の第 30 ページの叙述が，第 3 部第 1 章「費用価格と利潤」の中にも見出せるということである。この事実は，ミシケヴィッチの調査によって明らかにされたものであるが，それによれば，両者はともに次のような文章を含んでいるという。「したがって，資本主義的に生産された商品の価値は，商品の費用価格＋商品に含まれている剰余価値，あるいはこの費用価格を越える超過分に等しい」。

この事実は第 2 の命題にかんして直接的な根拠を提供する。「第 2 部所属」③という原稿は，「第 3 部所属」(5)とともに，元来「利潤率の諸法則」を扱う連続した原稿であった。そこでは，カジミナによって紹介されたように，利潤率，費用利潤率，総回転の量的関係が考察され，それはのちのエンゲルスによる第 3 部第 13 章の補筆に再現されることとなった。ところが利潤率と

---

(20) 市原 [1986b] 54 頁。
(21) Mis'kevič [1995] S.52 およびミシュケーヴィッチ [1995] 93 頁。後者の文献ではより具体的に「第 2 部所属」③の第 30-31 ページの本文と第 3 部第 2 稿の第 1 ページの本文が一致することが報告されている。
(22) Mis'kevič [1995] S.52.

補論 1　総回転と費用価格

　総回転との関係を扱うこの同じ一つの原稿「利潤率の諸法則」のなかでマルクスは同時に，利潤論の改編へつながる費用価格論を準備していた。

　本補論は，利潤率と総回転との量的考察がエンゲルスのオリジナルではなくマルクス自身のものであること（第1の命題），マルクスの実際の叙述においてこの考察が費用価格先行の論理と連動するものであること（第2の命題）について，主として1867年のマルクスの第2部および第3部原稿にもとづいて検証してきた。「第2部所属」と「第3部所属」は未公表の原稿でもあり，その内容に関する情報が限られているなかで，ここであえてそれらを取り上げるのは，すでに個々の文献調査によってそれらの内容に最大級の重要性が読み出されているからに他ならない。「マルクスの『資本論』仕上げ作業の全体から見てみると，両手稿の理論的意味にはとりわけ大きいものがある」[23]「そこには『資本論』の未完成の秘密を解く鍵が含まれている」[24]。

---

(23)　田中 [1989] 343 頁。
(24)　田中 [1989] 347 頁。

補論2　フォーリーの《New Interpretation》

1　フォーリーの理論的貢献

　D.K.フォーリーは，資本回転分析において先駆的な貢献を果たした。本書の議論が，フォン・ノイマン，森嶋らとならんで少なからずフォーリーの理論的影響下にあることも容易に看取しうるところである。資本回転分析に関してフォーリーの理論的貢献をあえて列挙するとすれば，具体的には次の4点が挙げられる。

　①タイムラグ概念を定義したこと。[25]

　②「資本回転の固有方程式」と呼ばれる関係式を導出したこと。つまり成長率gと費用利潤率(マークアップ率)qとの関係を導いたこと。[26]

　③資本回転を考慮していわゆる「ケンブリッジ方程式」を導出したこと。すなわち利潤率rと成長率gとの関係を導いたこと。[27]

　④拡大再生産における購買期間の存在と有効需要欠落の論理的必然性を明らかにしたこと。[28]

　しかし資本回転分析にかんするこうした貢献とならんで，フォーリーにはもうひとつ別の領域で独自の研究がある。それは，労働価値論にかんする研究であり，むしろこちらの研究のほうが一般には注目される嫌いがある。以

---

(25)　Foley [1986a] p.13; Foley [1982b] p.305-6.
(26)　Foley [1986a] p.16, (7.6); Foley [1982b] p.307.
(27)　Foley [1986a] p.17, (7.14); Foley [1982b] p.308.
(28)　Foley [1986a] p.19,　(8.2); Foley [1982b] p.309-10.

補論 2　フォーリーの《New Interpretation》

下では，フォーリーの労働価値論研究を概観し，彼の議論を手がかりにして労働価値論と資本回転分析との理論的関係を検討する。

2　《New Interpretation》の特徴

《New Interpretation》とは D.K.フォーリー，G.デュメニル，A.リピエッツらによって提示された労働価値論の新たな解釈である[29]。論者によって，少しずつ主張は異なるのであるが，ここではフォーリーに即して，「新解釈」の特徴をまとめてみると次のようになる。

1) フォーリーの労働価値論解釈は基本的には投下(体化)労働価値論であり，その意味では従来の解釈と変わらない。

「労働は価値を創造し，価値は貨幣によって表現される。」[30]「価値の生産を規定しているのは，商品の生産に現在必要とされる労働量」[31]である。価値は「商品の中に存在し，その生産に支出された労働によって言わばそこに定位した社会的実体である。」[32]

2) 解釈の新たな点は，投下(体化)労働価値論は総商品レベルにおいてのみ妥当し，個別商品には妥当しないという点である。

マルクスによるリカードにたいする「もっとも重要な修正は…労働価値論を商品の総生産(あるいは平均的商品)のレヴェルに位置づけ，リカードが表現したように各々の特定商品のなかに位置づけることはしなかったという点である。」[33]

3) つまりまず社会の総商品レベルにおいて，付加価値総額(純生産物の価

---

(29) Foley [1982a][1983][1986b][2000]; Duménil [1983-84][1984]; Lipietz [1982][1984] なおこの《New Interpretation》の包括的な解説として Mohun [1994] がある。
(30) Foley [1986b] p.14.
(31) Foley [1986b] p.17.
(32) Foley [1986b] p.18.
(33) Foley [1986b] p.15.

2 《New Interpretation》の特徴

値)の実体は，商品生産全体に支出された社会的総労働であり，この社会的総労働が付加価値総額を創造する。

「生産された全商品の付加価値が総計では生産に費やされた総労働時間を表している」[34]。「労働の支出によって生産された総価値，すなわち純商品生産物の全体量に体化された価値」[35]。

4) しかしこうした投下労働価値説は個別商品には適用できない。フォーリー自身は立ち入った言及は行っていないが，デュメニルはこの点について明言している。純生産物中の個々の商品(貨幣付加価値総額の各部分)については，そこに含まれる抽象的労働は，社会的総労働から割り当て(reallocate, allocate, distribute, redistribute, impute)られたのであって，体化された(embody)ものではない。割り当てられた労働量と体化された労働量とは通常量的に異なる。なお，社会的総労働の純生産物中の個々の商品への割り当ては，その商品の価格に基づいて比例配分される[36]。なぜなら貨幣は抽象的労働の表現だからである。

「価格体系は，諸商品のこの束への生産的労働時間のこれらの時間数の再配分を表現するものである。ある期間に支出された労働時間の総計は，この期間の純産出物の価値であり，この労働量がこの純産出物に再配分されなければならない。」[37]

---

(34) Foley [1986b] p.22.
(35) Foley [1982a] p.37.
(36) こうした観点から，価格に正比例する形ではないが，価格を用いた個別商品への労働の帰属(imputation)の可能性を提示した論稿としてFlaschel [1983] Duménil/Lévy [1987][1989] がある。結合生産の場合には1商品1価値を正の値で割り当てることができないケースがあることはよく知られているが，この著者たちは個別的価値と平均的価値(市場価値)とを区別することによって正の平均的価値を割り当てることが可能であることを証明した。
(37) Duménil [1984] p.341-2.

補論2　フォーリーの《New Interpretation》

3　概念の再定義とその含意

　労働価値論のこうした「新解釈」にもとづいて，労働価値論の主要概念があらためて定義し直される。
　1)　「貨幣の価値(value of money)」
「貨幣の価値」とは次のように定義される。
　　　「貨幣の価値」：＝社会的総労働／貨幣付加価値総額
つまり「貨幣の価値」とは1ドル分の付加価値に均等に割り当たる社会的労働，すなわち「1ドル分の価値を商品に付加するのにかかる社会的労働時間の平均量」[38]である。
　2)　「労働時間の貨幣表現(money expression of labor time)」
「労働時間の貨幣表現」とは次のように定義される。
　　　「労働時間の貨幣表現」：＝貨幣付加価値総額／社会的総労働
つまり「貨幣の価値」の逆数のことである。
　3)　「労働力の価値(value of labor power)」
「労働力の価値」には次のような新たな定義が与えられる。
　　　「労働力の価値」：＝貨幣賃金×貨幣の価値
つまり「労働力の価値」とは，労働力の価格(貨幣賃金)の大きさに応じて割り当たる社会的労働である。もちろんそれは通常の価値規定である労働者の生活手段の投下労働量とは量的に異なりうる。それは「労働者の消費する諸商品に体化された労働として測られるのではない」[39]。
　4)　「支払労働(paid labor)」
「支払労働」は社会的総労働のうち「労働力の価値」と等しい部分として定義される。
　　　「支払労働」＝「労働力の価値」

---

(38)　Foley [1986b] p.21.
(39)　Foley [2000] p.22.

3 概念の再定義とその含意

5) 「不払労働(unpaid labor)」

「不払労働」は次のように定義される。

　　「不払労働」：＝社会的労働－「支払労働」

図(補) 2-1 《New Interpretation》による概念の再定義

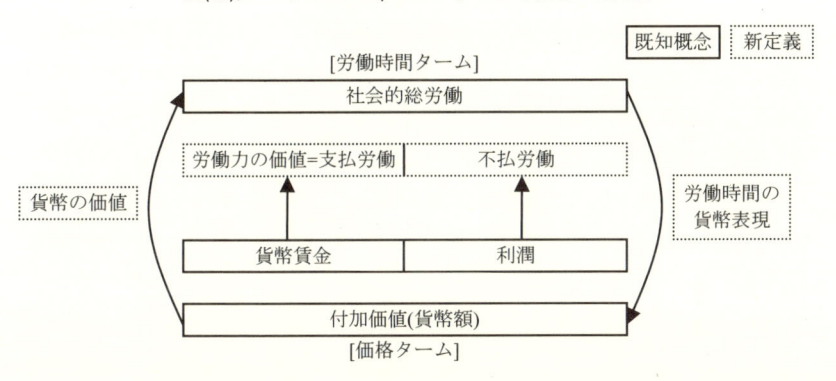

```
                    [労働時間ターム]
                                            既知概念  新定義
                    社会的総労働
         ┌─────────────┬─────────────┐
         │労働力の価値＝支払労働│   不払労働   │
 貨幣の価値│     ↑       │     ↑       │労働時間の
         │   貨幣賃金   │    利潤     │貨幣表現
         └─────────────┴─────────────┘
                  付加価値(貨幣額)
                   [価格ターム]
```

このように諸概念を定義しなおすことによって，ただちに導かれる帰結は，価格タームの諸規定(付加価値，貨幣賃金，利潤)と労働タームの諸規定(社会的総労働，「労働力の価値」＝「支払労働」，「不払労働」)がそれぞれ正確な比例関係にあり，しかもそれらが共通の比例定数(「貨幣の価値」または「労働時間の貨幣表現」)をもつということである。すなわち定義から直ちに次の式が導かれる。

$$\text{貨幣の価値} = \frac{\text{社会的総労働}}{\text{貨幣付加価値総額}} = \frac{\text{労働力の価値(支払労働)}}{\text{貨幣賃金}} = \frac{\text{不払労働}}{\text{利潤}} \quad \cdots(3.1)$$

こうして貨幣付加価値が貨幣賃金と利潤に分割されるその同じ比率で，社会的総労働が「支払労働」と「不払労働」とに分割される。むしろそうなるようにはじめから「支払労働」と「不払労働」が定義されている。

「New Interpretation は…資本家の粗利潤と不払労働との量的な等価が成立するように労働価値論の該当するカテゴリーを定義するよう主張する。… New Interpretation が"solution"ではなく，"interpretation"であるのはこの意味においてである。なぜならそれは労働価値論の鍵となる抽象諸概念のある特殊

補論2　フォーリーの《New Interpretation》

な定義上の整序を主張するからである。」[40]

4　《New Interpretation》の徹底化

《New Interpretation》の「新解釈」を徹底しようとする立場から次のような批判がある。たとえばモーズリーによれば,「労働力の価値」を, その貨幣額(貨幣賃金)と「貨幣の価値」との積で定義するならば, 生産手段の価値も同様にして定義しなければ首尾一貫しない (inconsistent)[41]。つまりフォーリーにおいては可変資本と不変資本の取り扱いに不整合が見られ,「中途半端(half way)」であるというわけである[42]。実際にモーズリーをはじめ, いわゆる《Temporal Single System》のアプローチをとる論者[43]やスタマティス[44]らは定義を不変資本に拡張し, 付加価値だけではなく商品価値を, あるいは純生産物の価値だけではなく全ての生産物の価値を, それぞれの価格と「貨幣の価値」の積で定義する。フォーリー自身も不変資本への定義の拡張に吝かではないことを仄めかしている。

「New Interpretation による労働時間の貨幣表現の定義を使って, 不変資本の労働時間等価を導出することに対して, 私は個人的には異論は無い。」[45]

もちろんこの場合は, 社会的総労働と貨幣付加価値総額との比例関係,「支払労働」(「労働力の価値」)と貨幣賃金の比例関係,「不払労働」と利潤との比例関係だけではなく, 全生産物についての「価値」と価格との比例関係が成り立つことになる。

つまり(3.1)式における等式の列にさらに $\dfrac{\text{生産手段の価値}}{\text{生産手段の価格}} = \dfrac{\text{総生産物の価値}}{\text{総生産物の価格}}$

---

(40)　Foley [2000] p.22-3.
(41)　Moseley [2000] p.308-9.
(42)　Moseley [2000] p.312.
(43)　Freeman/Carchedi [1996]
(44)　Stamatis [2000]
(45)　Foley [2000] p.25.

が付け加わることになる。このことはもちろん，価値タームの利潤率と価格タームの利潤率との一致を意味し，これによってマルクスの総計一致の2命題が成立することになる。

5 《New Interpretation》と資本回転分析

つぎに「新解釈」に否定的な立場から，フォーリー著 *Understanding Capital* の訳者の一人竹田茂夫によって批判が行われている。論点は次の2点に整理できよう。

1) 《New Interpretation》は労働価値論の諸概念を新たに定義したにすぎず，それだけでは何も説明したことにはならない。たしかにこうした新たな定義によって転形問題が部分的に回避される。しかし定義の導入によって，既知の概念の間の何らかの因果関係が解明されなければ，そもそも定義の意味はない。

「労働時間の計算体系」と「貨幣による計算体系」は「定義的関係にほかならない」のであり「なんらかの因果関係とか構造的関連などとみなすことはできない」[46]。それは単に「貨幣による計算体系の内部構造を，そもそも内部構造をもたない総労働時間の上に射映して，剰余価値や労働力の価値などの概念を定義することであ」[47]る。

2) 事実この新たな定義は，フォーリーの主要な理論的成果である資本循環・回転分析には何の役割も果たしていない。[48]

「ここに訳出した二書(Foley [1986b], Foley [1986a]——引用者)の大きな特徴は，価値論に対するマクロ経済学的アプローチと資本循環の視点である…。著者の価値論理解や転形問題の『解決』は，このままの形では残念ながら不発に終わっており，両書の意義はむしろ資本循環理論の，少なくとも枠組み

---

(46) フォーリー [1990] 解説(1)294頁。
(47) フォーリー [1990] 解説(1)289頁。
(48) Foley [1982b]; Foley [1986a]

補論2　フォーリーの《New Interpretation》

を提出したことにあると考えている。」[49]「体化労働価値論が著者の議論の不可欠な構成要素になっている部分と，それを取り除いても議論の実質は失われない部分とにはっきり分けることができる。」[50]「そこで，著者の主要論点のひとつである資本循環理論にかんして体化労働価値論がどのような役割を果たしているかを見てみると，その議論の実質は，価値タームで記述しようと貨幣タームで記述しようとまったく同じであることがわかる。…資本循環理論の中心原理の一つは価値の保存であり，この原理は価値が労働価値であるか貨幣額であるかには左右されない。」[51]

竹田の批判は正当であると思われる。「新解釈」がフォーリーの資本回転分析に活かされていないという事実は，資本回転と労働価値にかんして第3章1.1節で確認した両者の関係を確証するものである。すなわち資本回転それ自体(タイムラグや価値回転)の考察では，価格がどのように決定されようと命題の妥当性は損なわれないということであり，そこに価値の増殖体としての資本と，価値の運動体としての資本との論理次元の決定的な相違があるということである。

6　労働価値論と均衡理論

労働価値論の理論的含意が経済理論という狭い学問領域に限定されるものでないことをまず確認しておく必要がある。つまり経済理論においてその妥当性に制約があっても，そのことはただちに労働価値論の無効性を意味するものではない。

経済理論に限定した狭い意味で，労働価値論の主張内容はおよそ次の2点に集約されるのではないかと考える。第1に労働価値の定義(「価値規定」)，第2に総計一致の2命題(「転化論」)である。資本回転それ自体の考察は労働

---

(49)　フォーリー[1990]解説(1)287-8頁。
(50)　フォーリー[1990]解説(1)291頁。
(51)　フォーリー[1990]解説(1)290頁。

価値論にたいしてたしかに中立的であるが，資本回転を含んだ一般均衡を扱う場合にはもはやそれに対して無関心ではありえない。つまり資本回転の均衡分析においては，均衡価格(生産価格)を求めることがその中心課題のひとつだからである。

ところで本書では均衡価格を，線型生産体系に利潤率均等化の条件を適用するという伝統的な手法によって導いている。それは，この手法がマルクスによる生産価格の導出方法を首尾一貫させたものだからである。周知のとおりマルクスは，生産価格を導くさいに費用価格の生産価格化に「留意する(sich erinnern)ことが必要である」[52]と指摘している。この費用価格の生産価格化を途中で思考中断することなく実行するとすれば，おのずと上の手法を採用せざるをえないのである。

しかしこの手法で得られる一般的利潤率が，価値タームで計算される一般的利潤率と等しくなるという命題は，単一生産においてすら例外的な場合にしか成り立たないことはよく知られていることである。すなわち，剰余価値率が0のとき，(拡張された)投入係数行列が森嶋のいう「一次従属的」[53]であるとき，あるいは操業水準が(拡張された)投入係数行列の固有ベクトルとなっているときなどである。この不一致がいわゆる転化問題である。

転化問題に直面して，総計一致の2命題をもう少し弱めて，それを正の搾取率と正の利潤率との同値関係に置き換える試みがある。いわゆる「マルクスの基本定理」である。この定理は，結合生産を含むかなり一般的な条件のもとで成立することがこの間明らかにされている[54]。第2章6節の分類に即して言えば，等式体系(スラッファ・モデル)について置塩/中谷が[55]，不等式体系(ノ

---

(52) MEW25,S.174.
(53) Morishima [1973] (高須賀訳),95頁。
(54) ただしこの場合，労働価値を「真の労働価値」として再定義する必要がある。Morishima [1973] (高須賀訳), 218頁，Morishima/Catephores [1978] (高須賀/池尾訳), 48頁。
(55) 置塩/中谷 [1975]。

補論2　フォーリーの《New Interpretation》

イマン・モデル)について森嶋[56]がそれぞれ「マルクスの基本定理」を証明している。定理はさらに竹田[57]によって，労働者の貯蓄をふくむノイマン・モデルに一般化され，またU.クラウゼ[58]によって異質労働をふくむノイマン・モデルについて証明されている。総計一致の2命題が一般的には成立しない以上，より弱い命題として「マルクスの基本定理」が成立することをもって労働価値論が担保されているとみなしうるのではないかと考える。

労働価値の「定義」と総計一致の「命題」を労働価値論の構成要素とみなしてよいとすれば，転化問題への対処としておのずと2つの方向性が生じる。ひとつは「定義」を尊重して「命題」を弱めることであり，もうひとつは「命題」が成り立つようにむしろ「定義」の方を適合させることである。こうした両極に対応するのが「マルクスの基本定理」であり，《New Interpretation》であったといえる。労働価値論を擁護する点では変わらないが，一方では高度の分析が必要とされ，他方では定義と命名が問題となる。とくに後者については「反証可能性」の侵害の疑義も残る。理論的優劣はもはや明らかかと思う。

---

(56)　Morishima/Catephores [1978] (高須賀/池尾訳), 66-71頁。
(57)　竹田 [1978]。
(58)　Krause [1981].

参考文献

【欧文文献】

Adorno,T.W.[1975], *Negative Dialektik.* Suhrkamp, Frankfurt a.M.

Baldone,S.[1980], Fixed Capital in Sraffa's Theoretical Scheme, in: Pasinetti (ed.)[1980], pp.88-137.

Bernholz,P./Faber,M./Reiss,W.[1986], A Neo-Austrian Two-Period Multisector Model of Capital, in: Faber(ed.)[1986],pp.98-112.

Bidard,C.[1999], Fixed Capital and Internal Rate of Return, *Journal of Mathematical Economics* 31, pp.523-41.

Bidard,C./Franke,R.[1987], On the Existence of Long-Term Equilibria in the Two-Class Pasinetti-Morishima Model, *Ricerche Economiche* 41/1, pp.3-21.

Bidard,C./Hosoda,E.[1987], On Consumption Baskets in a Generalized von Neumann Model, *International Economic Review* 28/2, pp.509-19.

Böhm-Bawerk,E.v.[^{4}1921], *Kapital und Kapitalzins. Zweite Abteilung: Positive Theorie des Kapitales,* Jena, Fischer.

Burmeister,E.[1974], Synthesizing the Neo-Austrian and Alternative Approaches to Capital Theory: A Survey, *Journal of Eonomic Literature* 12/2, pp.413-56.

Burmeister,E./Sheshinski,E.[1969], A Nonsubstitution Theorem in a Model with Fixed Capital, *Southern Economic Journal* 35/3, pp.273-76.

Champernowne, D.G. [1945-46], A Note on J. v. Neumann's Article on "A Model of Economic Equilibrium", *Review of Economic Studies* 13,pp.10-18.

Duménil,G.[1983-84], Beyond the Transformation Riddle: A Labor Theory of Value, *Science and Society* 47/ 4, pp.427-450.

——[1984], The So-Called "Transformation Problem" Revisited: A Brief Comment, *Journal of Economic Theory* 33, pp.340-8.

Duménil,G./Lévy,D.[1984], The Unifying Formalism of Domination:Value, Price, Distribution and Growth in Joint Production, *Journal of Economics* 44/4, pp.349-71.

——[1987], Value and Natural Prices Trapped in Joint Production Pitfalls, *Journal of Economics* 47/1, pp.15-46.

——[1988], Linear Joint Production Models: Prelude to a Reassessment of the Classical Legacy(Value, Equilibrium, and Disequilibrium), *Political Economy* 4/2, pp.185-212.

——[1989], Labor Values and the Imputation of Labor Contents, *Metroeconomica* 40/2, pp.159-78.

参考文献

Faber,M.[1979], *Introduction to Modern Austrian Capital Theory*, Berlin, Heidelberg, New York, Springer.

―― (ed.)[1986], *Studies in Austrian Capital Theory, Investment and Time*, Berlin, Heidelberg, New York, London, Paris, Tokyo, Springer.

Fehl,U.[1976], Die durchschnittliche Produktionsperiode als Grundbegriff der temporalen Kapitaltheorie, *Jahrbücher für Nationalökonomie und Statistik* 190, S.289-315.

Flaschel,P.[1983], Actual Labor Values in a General Model of Production, *Econometrica*, 51/2, pp.435-54.

Foley,D.K.[1982a], The Value of Money, the Value of Labor Power, and the Marxian Transformation Problem, *Review of Radical Political Economics* 14/2, pp.37-47.

―― [1982b], Realization and Accumulation in a Marxian Model of the Circuit of Capital, *Journal of Economic Theory* 28/2, pp.300-19.

―― [1983], On Marx's Theory of Money, *Social Concept* 1/1, pp.5-19.

―― [1986a], *Money, Accumulation, and Crisis*, Chur, London, Paris, New York, Harwood Academic.

―― [1986b], *Understanding Capital: Marx's Economic Theory*. Harvard Univ.Press.

―― [2000], Recent Developments in the Labor Theory of Value, *Review of Radical Political Economics* 32/1, pp.1-39.

Franke,R.[1986], Some Problems Concerning the Notion of Cost-Minimizing Systems in the Framework of Joint Production, *The Manchester School* 54, pp.298-307.

Franklin,J.N.[1968], *Matrix Theory*, Englewood Cliffs, N.J., Prentice-Hall.

Freeman,A/Carchedi,G.(eds)[1996], *Marx and Non-Equilibrium Economics*. Cheltenham, Brookfield, Edward Elgar.

Fujimori,Y.[1982],*Modern Analysis of Value Theory*, Berlin, Heidelberg, New York, Springer.

Gale,D.[1956], The Closed Linear Model of Production, in: Kuhn, H.W./Tucker, A.W.(eds), *Linear Inequalities and Related Systems*, Princeton Univ. Press, pp.285-303.

―― [1960], *The Theory of Linear Economic Models*.New York, McGraw-Hill.

Georgescu-Roegen,N.[1951], Some Properties of a Generalized Leontief Model, in : Koopmans,T.C.(ed), *Activity Analysis of Production and Allocation*. New York, Wiley, pp.116-31.

Hagemann,H./Kurz,H.D.[1976], The Return of the Same Truncation Period and Reswitching of Techniques in Neo-Austrian and More General Models, *Kyklos* 29, pp.678-708.

Hicks,J. [1970], A Neo-Austrian Growth Theory, *Economic Journal* 80, pp.257-81.

—— [1973], *Capital and Time: A Neo-Austrian Theory.* Oxford, Clarendon Press.(『資本と時間』〈根岸訳〉,東洋経済新報社).

Jungnickel, J./Vollgraf,C.-E.[1995], Engels' Redaktionsunterlagen zu Marx' Manuskript von 1864/65, das 1894 als Buch III des „Kapitals" erschien, in: *Engels' Druckfassung versus Marx' Manuskripte zum III. Buch des „Kapital"* (*Beiträge zur Marx-Engels-Forschung. Neue Folge 1995)*, Hamburg, Argument, S.27-48.

Kasmina,I.G.[1978], Zu Marx' Arbeit am zweiten und dritten Band des „Kapitals", in:··· *unsrer Partei einen Sieg erringen: Studien zur Entstehungs- und Wirkungsgeschichte des „Kapitals" von Karl Marx.* Die Wirtschaft Berlin, S.168-78.

Kemeny,J.G./Morgenstern,O./Thompson,G.L.[1956], A Generalization of the von Neumann Model of an Expanding Economy, *Econometrica* 24/2, pp.115-35.

Krause,U.[1981], Marxian Inequalities in a von Neumann Setting, *Journal of Economics* 41/1-2,pp.59-67.

Kurz,H.D./Salvadori,N.[1994], Choice of Technique in a Model with Fixed Capital, *European Journal of Political Economy* 10, pp.545-569.

—— [1995], *Theory of Production: A Long-Period Analysis*, Cambridge Univ.Press.

Lager,C.[1997], Treatment of Fixed Capital in the Sraffian Framework and in the Theory of Dynamic Input-Output Models, *Economic Systems Research* 9/4, pp.357-73.

Lange,O.[1960], The Output-Investment Ratio and Input-Output Analysis, *Econometrica* 28/2, pp.310-24..

Lipietz,A.[1982], The So Called "Transformation Problem" Revisited, *Journal of Economic Theory* 26, pp.59-88.

—— [1984], The So-Called "Transformation Problem" Revisited: A Brief Reply to Brief Comments, *Journal of Economic Theory* 33, pp.352-5.

Medvegyev,P.[1984], A General Existence Theorem for von Neumann Economic Growth Models, *Econometrica* 52/4, pp.963-974.

Mirrlees,J.A.[1969], The Dynamic Nonsubstitution Theorem, *Review of Economic Studies* 36/1, pp.67-76.

Mis'kevič,L.[1995], Zur Textanordnung der Marxschen Manuskripte zu Buch III des „Kapitals" in MEGA^2 II/4.3, in: *Engels' Druckfassung versus Marx' Manuskripte zum III. Buch des „Kapital"* (*Beiträge zur Marx-Engels-Forschung. Neue Folge 1995)*, Hamburg, Argument, S.49-54.

Miskewitsch,L./Wygodski,W.[1985], Über die Arbeit von Marx am II.und III.Buch des „Kapitals" in den Jahren 1866 und 1867, *Marx-Engels-Jahrbuch* 8,S.198-212.

Mohun,S.[1994], A Re(in)statement of the Labour Theory of Value, *Cambridge Journal of Economics* 18, pp.391-412.

参考文献

Mori,K.[2000], Kapitalumschlag und Profitrate.Kraftfeld immanenter Spannungen von Ideen, *Marx' Ökonomiekritik im Kapital (Beiträge zur Marx-Engels-Forschung. Neue Folge 1999)*, Berlin, Hamburg, Argument, S.181-96.

——[2004], Untersuchungen zu den Merkmalen der Umschlagstabellen von Marx in Hinsicht auf deren Behandlung im Redaktionsmanuskript von Engels, *Beiträge zur Marx-Engels-Forschung. Neue Folge 2004*, Berlin, Hamburg, Argument (im Druck).

Morishima,M.[1964], *Equilibrium, Stability, and Growth*: A Multi-Sectoral Analysis, Oxford, Clarendon Press.

——[1969], *Theory of Economic Growth*, Oxford, Clarendon Press.

——[1973], *Marx's Economics.A Dual Theory of Value and Growth*. Cambridge Univ.Press.(『マルクスの経済学』〈高須賀訳〉東洋経済新報社)

——[1992], *Capital and Credit: A New Formulation of General Eguilibrium Theory*, Cambridge Univ.Press.(『新しい一般均衡理論』〈安冨訳〉創文社)

Morishima,M./Catephores,G.[1978], *Value, Exploitation and Growth*: Marx in the Light of Modern Economic Theory, London, New York, McGraw-Hill(UK). (『価値・搾取・成長』〈高須賀/池尾訳〉創文社)

Moseley,F.[2000], The "New Solution" to the Transformation Problem: A Sympathetic Critique, *Review of Radical Political Economics* 32/2, pp.282-316.

Neumann,J.v.[1945-6], A Model of General Economic Equilibrium, *Review of Economic Studies* 13, pp.1-9.

Nuti,D.M.[1973], On the Truncation of Production Flows, *Kyklos* 26, pp.485-96.

Pasinetti,L.L.[1974], *Growth and Income Distribution.Essays in Economic Theory*. Cambridge Univ. Press.

——[1977],*Lectures on the Theory of Production*, London, Macmillan.

——(ed.)[1980], *Essays on the Theory of Joint Production*, London, Macmillan. (『生産と分配の理論』〈中野/宇野訳〉日本評論社)

——[1981], *Structural Change and Economic Growth: A Theoretical Essay on the Dynamics of the Wealth of Nations*. Cambridge Univ.Press.

Salvadori,N.[1980], On a Generalized von Neumann Model, *Metroeconomica* 32, pp.51-62.

——[1982], Existence of Cost-Minimizing Systems within the Sraffa Framework, *Journal of Economics* 42/3,pp.281-98.

——[1985], Switching in Methods of Production and Joint Production, *The Manchester School* 53,pp.156-78.

——[1988a], Fixed Capital within a von Neumann-Morishima Model of Growth and Distribution, *International Economic Review* 29/2, pp.341-51.

―――[1988b], Fixed Capital within the Sraffa Framework, *Journal of Economics* 48/1,pp.1-17.
Salvadori,N./Steedman,I.(eds)[1990], *Joint Production of Commodities*, Aldershot, Hants, Brookfield, Edward Elgar.
Schefold,B. [1976], Reduction to Dated Quantities of Labour, Roundabout Processes, and Switches of Technique in Fixed Capital Systems, *Metroeconomica* 28, pp.1-15.
―――[1978a], Fixed Capital as a Joint Product, *Jahrbücher für Nationalökonomie und Statistik* 192, pp.415-39.
―――[1978b], Multiple Product Techniques with Properties of Single Product Systems, *Journal of Economics* 38/1-2, pp.29-53.
Schumpeter,J.A. [1954], *History of Economic Analysis*. Oxford Univ. Press.
Shaikh,A.[1978], Political Economy and Capitalism: Notes on Dobb's Theory of Crisis, *Cambridge Journal of Economics* 2/2, p.233-51.
Sraffa,P.[1960], *Production of Commodities by Means of Commodities: Prelude to a Critique of Economic Theory*. Cambridge Univ.Press.
Stamatis,G.[2000], Abstrakte Arbeit und die Beziehung zwischen Werten und Preisen, in: *Marx' Ökonomiekritik im Kapital* (Beiträge zur Marx-Engels-Forschung. Neue Folge.1999),Berlin, Hamburg, Argument,S.82-98.
Stiglitz,J.E.[1970], Non-Substitution Theorems with Durable Capital Goods, *Review of Economic Studies* 37/4, pp.543-53.
Tucker,A.W.[1956], Dual Systems of Homogeneous Linear Relations, in: Kuhn, H.W./Tucker, A.W. (eds), *Linear Inequalities and Related Systems*, Princeton Univ. Press, pp.3-18.
Varri,P.[1980], Prices, Rate of Profit and Life of Machines in Sraffa's Fixed Capital Model, in: Pasinetti(ed.)[1980], pp.55-87.
Weizsäcker,C.C.v. [1971], *Steady State Capital Theory*, Berlin, Heidelberg, New York, Springer.
Wicksell,K.[1893], *Über Wert, Kapital und Rente nach den neueren national-ökonomischen Theorien*, Jena, Gustav Fischer.

【日本語文献】
市原健志[1985]「『資本論』第3部第1篇と原草稿について」『商学論纂』(中央大学) 27/1。
―――[1986a]「『剰余価値の利潤への転化』論とマルクスの原草稿―第3部第1,2稿を中心にして―」『商学論纂』(中央大学) 28/1。
―――[1986b]「『資本論』第3部第1篇第1章『費用価格と利潤』とエンゲルスの

参考文献

編集―第3部第3,4稿を中心にして―」『商学論纂』(中央大学)28/2。
市村昭三[1973]「運転資本管理の基本問題―流動資本の回転期間に関連して」『会計』104/1。
井村喜代子[1968]「拡大再生産過程にかんする表式分析」『経済学年報』(慶応義塾大学)12。
――[1973]『恐慌・産業循環の理論』有斐閣。
浦野平三[1965]「資本の回転・回収と運転資本」『北九州大学商学部紀要』15。
――[1974]「現実的回転期間と運転資本―市村教授の批判に答えて」『商経論集』(北九州大学)9/3-4。
大村泉[1981]「『剰余価値の利潤への転化』と『資本一般』」『北海学園大学経済論集』29/1。
――[1998]『新MEGAと《資本論》の成立』八朔社。
大村泉/黒滝正昭[1981]「『剰余価値の利潤への転化』をめぐって―現行版第二章『利潤率』と原草稿との関連を中心に―」『開発論集』30。
置塩信雄/中谷武[1975],「利潤存在と剰余労働―固定資本を考慮して―」『季刊理論経済学』26/2。
亀﨑澄夫[1996]『資本回転論』昭和堂。
公文俊平[1962]「前貸資本量と資本の回転・構成」『経済評論』8月号。
久留間鮫造[1965]『増補新版 恐慌論研究』大月書店。
小塚久資[1990]「拡大再生産における固定資本の補填」『資本論体系第4巻 資本の流通・再生産』(富塚/井村編)Ⅲ/3/[2]/B,有斐閣。
小林威雄[1977]「蓄蔵貨幣―蓄蔵貨幣の形態とその諸機能―」『資本論を学ぶⅠ』(佐藤/岡崎/降旗/山口編)18,有斐閣。
柴田信也[1982]「利潤範疇の導出について」『研究年報経済学』(東北大学)143。
――[1985]「『貨幣の還流運動』について」『研究年報経済学』(東北大学)156。
高須賀義博[1968]『再生産表式分析』新評論。
竹田茂夫[1978]「フォン・ノイマン経済における剰余価値率と利潤率」『一橋論叢』79/1。
竹村脩一[1984]「貨幣としての貨幣の機能に関する諸研究―蓄蔵貨幣を中心として」『資本論体系第2巻 商品・貨幣』(種瀬/富塚/浜野編)Ⅲ/7,有斐閣。
田中菊次[1978]『『資本論』の論理 増補版』新評論。
――(編著)[1980]『経済原論―学問としての経済学を求めて』青木書店。
――[1989]『マルクス経済学の学問的達成と未成』創風社。
富塚良三[1975]『増補 恐慌論研究』未来社。
豊倉三子雄[1959]「拡大再生産表式と固定資本の補填」『経済学論究』(関西学院大学)13/1。

二瓶剛男[1977]「拡大再生産における固定資本の補填―追加的資本投下の形成―」『資本論を学ぶⅢ』(佐藤/岡崎/降旗/山口編)13,有斐閣。
二瓶敏[1962]「拡大再生産表式における固定資本の補填と蓄積基金の積立てについて」『経済評論』3月号。
馬場克三[1959]「運転資本概念と資本の回転期間」『産業経理』19/3。
馬場克三[1965]「流動資本の回転と運転資本」『経済学研究』(九州大学)31/3-4。
林直道[1959]『景気循環の研究』三一書房。
フォーリー, D.K.[1990]『資本論を理解する』(竹田/原訳) 法政大学出版局。
別府正十郎[1966]「減価償却基金の拡大効果(1)(2)」『経済学研究』(九州大学)32/1-2。
松岡寛爾[1958]「固定資本の蓄積から生ずる一問題」『名城商学』7/3-4。
ミシュケーヴィッチ, ラリッサ[1995]「新しいMEGAの巻[MEGA 第Ⅱ部第4巻第3分冊]」(大村泉訳)『マルクス・エンゲルス・マルクス主義研究』23-24。(原文：1994年『資本論』東京国際セミナー報告資料 "Der neue MEGA-Band")。
宮川彰[1980]「償却基金の利用による生産拡張について―マルクスの所説における矛盾とその克服」『経済と経済学』(東京都立大学)44。
――[1990]「固定資本の償却基金と生産拡張」『資本論体系第4巻資本の流通・再生産』(富塚/井村編)Ⅱ/B/ 4,有斐閣。
守健二[2003]「減価償却基金と拡大再生産―『マルクス-エンゲルス効果』再考」『研究年報経済学』(東北大学) 64/4。
藻利重隆[1957]「企業における資本と費用」『一橋論叢』38/1。
吉原泰助[1963]「書評 富塚良三『恐慌論研究』」『商学論集』(福島大学)32/1。

(50音順)

索　引

ア行

一般均衡　1, 5, 125, 154, 156-157, 179, 193, 207, 228, 244, 254, 275
一般的利潤率　33, 37, 39, 122, 175-176, 179, 188, 190, 193, 202-203, 206-207, 222, 225, 227-228, 275
売上高利益率　252
オーストリア学派　34, 110, 254-255

カ行

回収　45, 50, 86
回転期間　23-24, 27, 34, 36-38, 46, 52, 55, 104, 125, 155, 174, 245, 248-249, 253
回転期間アプローチ　34, 38-39, 41, 156, 244-245, 248-249, 251-253, 256
回転資本　7, 16, 25, 51, 85, 87-89, 91-92, 103, 118-119, 130
回転循環　16, 25-26
回転数　24, 46, 52
回転様式　24, 43, 53, 55, 69, 113, 245
価格均衡　5
価格体系　156-157, 174, 188, 203, 208, 225, 229, 244-245, 249
価格ベクトル　41, 161, 175, 178-179, 187, 193, 202, 206-207, 222, 228-229
拡大再生産　5, 45, 50, 84, 115-118, 120, 123-125, 130-136, 144, 146, 148, 151-152, 154, 159, 167-168, 187, 189, 192-193, 222-224, 227, 228-229, 252, 267
角谷の不動点定理　220, 242
拡張的資本分割　58, 72, 246
価値回転　27, 36, 52, 58, 84, 88-89, 107-111, 113-114, 117, 120, 123-124, 174, 187, 201, 222, 246-250, 274

価値回転数　174
価値規定　274
貨幣資本　44-49, 51, 53, 56-57, 62, 64-65, 70-71, 75, 77-79, 81, 85, 91-92, 98, 103-105, 117-119, 125, 133, 136-137
貨幣資本循環　25, 45, 86, 104, 118, 133
貨幣資本ストック　36, 52, 118, 133-135, 137, 189, 223
貨幣資本フロー　16, 64, 87
貨幣ストック　134-135, 138-139, 144-145, 152, 189, 223
貨幣蓄積基金　139, 143, 148, 153
貨幣蓄積問題　153
貨幣賃金　270-272
貨幣賃金率　175, 188, 202, 222
貨幣の価値　270-272
貨幣付加価値　269-271, 272
可変資本　7, 25-28, 132, 140, 174, 201, 272
可変資本の回転　8, 11-13, 23, 27-28, 30-31, 38
可変資本の回転アプローチ　7, 12, 23, 28, 31, 38, 256
完成　45
還流　45, 50, 86
期間　45, 51
競争　3, 150
共通性　55
均衡価格体系　157, 179, 193, 207, 228, 252, 275
均衡操業水準　157, 179, 193, 207, 229, 252
均衡分析　3-5, 42, 133, 154, 189, 223-224, 244, 252-253, 276
金生産　149, 151
均等成長率　122, 188, 190-191, 193, 222, 225-226, 228

285

索　引

『経済学批判』　14
『経済学批判要綱』　3, 6, 14-21, 150
形式的変態　49
形態変換　44-47, 49-51
結合生産　35, 155, 166, 168, 254, 275
結合生産アプローチ　35, 39, 41, 244, 247-253, 255-256
減価償却　36, 46, 58, 82, 146, 149, 151, 155, 254
減価償却額　81
減価償却基金　69, 83, 112-114, 139, 142, 146, 148-149, 151-153
現在価値　247, 250
現実的回転　53, 247, 249-250
現物更新　81-82, 112-113, 146, 149, 152
現物更新額　82
ケンブリッジ方程式　5, 121, 189, 223, 229, 246, 267
広義の購買期間　126
広義の購買ラグ　127-129, 132
購買期間　5, 27, 45-47, 49, 55, 57, 59, 61, 66-69, 72, 79-81, 90, 92, 96, 98, 104, 110, 112-114, 125-129, 131-137, 139-142, 144, 146, 148, 151-154, 189, 223, 252-253, 267
購買期間問題　5, 125, 133, 136, 144, 146-148, 151-154, 252-253
購買ラグ　47, 49, 57, 59-61, 65, 67, 70-74, 79-80, 97, 125-130, 132-133, 140, 142, 147-148, 189, 224
個人消費率　87, 167-168, 177, 192, 205, 227
固定・流動資本比率　7, 12-13, 15-23, 264
固定資産　24
固定資本　2-3, 7, 13, 15, 17, 25-26, 28, 35-37, 43, 54, 69-74, 79-84, 89, 96-97, 99, 112-114, 123, 139, 141-142, 146-148, 150-152, 154-155, 245, 249, 254, 259, 264

固定資本の回転　8, 12-13, 15-18, 21-22, 31, 263
固定資本の回転期間　69-71, 74-77, 79-82, 98
個別資本　46-47, 53-55, 68, 73, 80-81, 85

サ行

再生産　2-5, 81, 125, 133, 150, 177, 191, 204, 226, 253, 255
再生産の法則　81, 146
搾取率　275
産出係数　68, 158, 166, 189, 201, 222, 224, 245-246, 248-249
産出係数行列　39, 41, 158, 166, 201, 207, 211, 222, 229, 233, 247, 249-250
自己金融　149, 151-152, 189, 224
支出　44, 86
実質賃金率　174, 179, 187, 193, 201, 208, 222, 230
実質的変態　49, 90
時点　45, 51
支払労働　270-272
資本一般　3-4, 150
資本回転の固有方程式　5, 84, 94, 102-103, 116-117, 120-121, 123-124, 246, 248, 250, 267
資本構成　38
資本循環　15, 43, 45-46, 50-51, 86, 105, 125, 274
資本分割　43, 58, 60-62, 68, 72-75, 78, 80-81, 84, 90-91, 123, 247
『資本論』　1-6, 8, 10-11, 14-17, 19, 23-24, 26, 28-30, 32, 136-138, 150, 252, 257, 259, 262-263
社会的総資本　46-47
社会的総労働　269-272
社会的分業　251-252
収益性のルール　39, 167, 206, 227

周期性　55-56, 69-71
自由財のルール　39, 167, 206, 228
充用　44, 86
充用資本　16, 48, 51, 87, 92-93, 103, 114, 118-119, 128, 147
需要行列　179, 186, 194, 200, 208, 211, 220, 230, 233, 243
純生産物　268-269, 272
準定常状態均衡　157, 162
準備貨幣資本　139, 152
準備金　138-145, 153
商業資本　142
消費需要ベクトル　161, 163-164, 176-178, 188, 191-192, 202, 205, 223, 226-227
消費準備金　139
消費性向　87
商品在庫　36, 44
商品資本　44-48, 51, 53-58, 61-62, 64-65, 69-70, 74-76, 78, 85, 91, 93, 97, 102-103, 115, 117-119, 125, 133
商品資本循環　55-57, 70, 93
商品資本ストック　52, 118-119, 133
商品資本フロー　16
剰余価値　7, 18-19, 26, 29, 31, 137, 263-264
剰余価値年率　8, 23, 27-28
剰余価値率　8, 11-13, 23, 27, 30-31, 259, 275
信用　149, 151-152, 154, 189, 224, 252-253, 255
信用創造　153
数量体系　156, 174, 188, 245
ストック　7, 13, 30-31, 33-35, 37-38, 51-52, 58, 80, 88-89, 104-105, 107-108, 110-114, 118, 120, 124, 133, 246-247, 253, 255-256
ストックの時間列　51-52
スラッファ・モデル　39, 41, 276
生産価格　2, 4-5, 33, 37, 43, 155, 176, 190,
203, 225, 244, 253, 275
生産可能集合　158
生産期間　27, 36, 45, 47-48, 50, 55, 57, 65-66, 68-69, 71-72, 80-81, 90, 96, 98, 104, 110, 125, 245, 252, 254
生産在庫　44, 140
生産資本　25, 27-28, 36, 44-47, 49, 51, 53-54, 56-57, 62-65, 69-72, 75, 78-79, 81, 87, 92-93, 97-98, 103, 110, 117-119, 128, 133-134
生産資本循環　25, 53-54, 69-71
生産資本ストック　36, 52, 118-119, 133
生産資本フロー　16, 64, 78, 87
生産性（投入係数行列の）　179, 193, 208, 229
生産的消費　45
生産の有時間性　50, 56-57, 67, 76-77, 90, 99-100, 105, 107, 174, 201
生産のリレー制　110-111, 113
生産の連続性　27, 58
生産ラグ　47-48, 57, 59, 65-67, 69-71, 73, 76, 78, 80, 96, 99-100
成長率　66-67, 80, 84, 87, 93-94, 96-97, 99-100, 102, 115, 118, 121, 123-124, 128, 147, 157, 174, 187-188, 222, 245-246, 248, 250-251, 267
成長率均等化　156-157, 167, 179, 193, 207, 228, 244
線型生産体系　156, 158-159, 275
潜在的貨幣資本　139, 143
漸次性　70, 74
『1861-63年草稿』　14, 18-19
総回転　5, 8, 10-13, 15-23, 25-26, 28, 30-31, 37, 88, 263-266
総回転アプローチ　7, 11-12, 19-20, 22-23, 28-31, 256-257
創業　45, 50, 59
操業水準　156-157, 176, 190, 204, 208, 225-

287

索 引

226, 229, 244, 254, 275
操業度　167
操業ベクトル　41, 175, 178-179, 187, 193, 202, 206-207, 222, 228-229
総計一致の2命題　273-276
総資本　7, 9-10, 16-17, 36
総資本回転率　252
総資本利益率　252
素材均衡　5

タ行

「第2部所属」　14, 24, 257-262, 265-266
第2部第1稿　14, 21-24, 257, 261
第2部第2稿　14, 24
第2部第3稿　24, 257-259, 261
第2部第4稿　14, 24
第2部第5稿　14
第2部第6稿　14
第2部第7稿　14
第2部第8稿　14
「第3部所属」　14, 257-260, 262, 265-266
第3部第1稿　14, 19-20, 30-31, 258, 264
第3部第2稿　29, 258-259, 264-265
第3部第3稿　29, 258-259, 264-265
第3部第4稿　258-259, 264-265
タイムラグ　4, 43, 47, 49-50, 52-53, 55-56, 59-61, 66-72, 74-75, 79-82, 84, 90, 99, 107-108, 110, 113, 121, 123-124, 174, 187, 267, 274
タイムラグの同形　49, 55-56, 61, 68-71, 75, 82
タッカーの定理　214, 237
単一生産　164-166, 168, 208, 275
単純再生産　5, 16, 37, 84, 102-105, 107-108, 111, 117, 123, 130, 132-133, 146, 167-168, 174, 177, 204-205, 207
単純な資本分割　58, 66, 72, 79, 83, 112-114
単純な単線的資本分割　81

単線的資本分割　59, 61, 66-68, 72, 74, 80, 83, 89, 113
蓄積率　84, 86-87, 93, 103, 116, 118, 121, 123, 127-128, 147, 160, 167, 177, 187, 192, 205, 222, 227
「直接的生産過程の諸結果」　14
貯蓄性向　86, 247
賃金　128, 131-132, 135, 139-140, 144, 148, 152, 160, 174-175, 177, 188-189, 191, 201-202, 204, 223, 226
追加資本　129, 133, 143
D＞R問題　145-148, 150-154
定額償却　113, 146, 155
定常性　43, 66-68, 80, 84, 90, 108, 110, 123-124, 127
転化問題　273, 275-276
伝達関数　94, 96, 98, 102-103, 116, 122, 128-132, 147, 189, 224
Temporal Single System　272
投下資本　7, 9, 24-25, 29-31, 35, 37, 51, 58, 88-89, 104, 107, 114, 246-248, 250
投下労働価値論　268-269
投資　50, 86, 104-106
同時化経済学　1
等式体系　5, 39, 41, 166, 168, 275
同時性　55-57, 69-71
投入係数　38, 58, 68, 158, 174, 187, 189, 201, 222, 224, 245-246, 248-249
投入係数行列　33, 36, 39, 41, 158, 166, 174, 179, 187, 193, 196, 201, 207, 222, 229, 247, 249-250, 275

ナ行

New Interpretation　5, 268, 272-273, 276
ノイマン・モデル　33, 35-36, 38-39, 42, 156, 253-255, 276

ハ行

販売　45
販売期間　27, 45-48, 55-57, 66, 68-69, 71, 80-81, 90-91, 96, 98, 104, 110, 113, 125-126, 136-137, 146, 252
販売ラグ　47-48, 55-56, 59, 63, 65, 67, 69-71, 73-75, 79-80, 96-97, 189, 224
反復性　55-56, 70-71
非代替性　41, 165-166
非同一性　255
費用価格　5, 9-10, 16, 30-31, 33, 37, 51, 85, 91, 93, 102-103, 115, 117-119, 176, 190, 203, 225, 257, 262-266, 275
費用価格先行の論理　29-32, 266
費用価格を超える超過分　29-31, 264-265
費用最小化　41, 165
費用利潤率　8, 10-12, 29-31, 85-86, 91, 263-265, 267
付加価値　268, 271-272
不均衡　3, 149-150, 154
複線的資本分割　59, 61, 67-68, 72-74, 80, 83, 89, 110, 112-114, 151-152, 189, 224, 246
不等式体系　5, 39, 167-168, 275
不払労働　271-272
不変資本　25-28, 140, 263, 272
部門　35, 68, 73, 81, 86-87, 89-90, 158, 247, 249-250, 254
ブラウアーの不動点定理　185, 199
フルコスト原則　84
フロー　7, 13, 30, 33-35, 37-38, 51-52, 58, 61, 64, 68, 78, 81, 85, 87-90, 103, 107-108, 111, 114, 117-118, 120, 124, 128-129, 246-248, 253-255
フロー行列　62-64, 75-77
フローの時間列　51-52, 64, 78
フロベニウス根　41, 168-169, 171, 173, 179-182, 184, 186, 193-198, 200
平均生産期間　34, 111

平均マークアップ率　186, 201, 221, 243
本源的生産要素　165
本質的結合生産　41
本来的準備金　139, 143

マ行

マークアップ関数　121-122, 188, 190, 194, 223, 234, 239
マークアップ行列　175, 188, 202, 223
マークアップ付投入係数行列　175, 188, 202, 207, 223
マークアップ付労働投入係数ベクトル　175, 188, 202, 223
マークアップベクトル　175, 188, 202, 223
マークアップ率　84-86, 88-89, 91, 93, 103, 116, 118, 121-123, 128, 132, 167, 175, 187, 191, 202, 222, 245-246, 248-249, 267
前貸　45, 50, 86
前貸経済学　1-2, 253, 255
マルクス・エンゲルス効果　73, 113-114
マルクス経済学　12, 136, 148, 153-154, 255
マルクスの基本定理　275-276

ヤ行

有機的構成　7-9, 11-13, 18, 23, 30-31, 155, 263
遊離貨幣資本　141

ラ行

ラグ行列　106, 110, 113, 174
ランゲ・モデル　33-34, 36, 38
利潤　7, 9, 33, 44, 84-89, 91, 118, 127, 129-131, 133-134, 139, 143, 148, 160, 167-168, 177, 192, 205, 227, 246-248, 250, 259, 271-272
利潤収入　129, 131, 134, 144, 148, 189, 224
利潤率　5-6, 8-13, 15, 17-23, 26, 28-31, 36-

索　引

39, 58, 84, 88-89, 121-123, 127, 157, 165-167, 203, 225, 244, 246-252, 254, 257, 259-260, 262-267, 273, 275
利潤率均等化　156-157, 167, 179, 193, 207, 228, 244, 275
利潤率先行の論理　31
利潤率の恒等式　5, 88-89, 107, 121, 123-124, 175, 202
利子率　157, 252
流通期間　27, 36, 42, 46, 125, 136, 141, 245, 252-253, 255-256
流通資本　26-28, 36, 255
流通資本ストック　36
流通速度　149, 151
流動資本　7, 24-28, 35, 43, 54-55, 56, 58, 60-61, 66-70, 72, 74, 84, 89, 96-97, 99-100, 123, 139-142, 148, 152, 155, 245, 259
流動資本の回転　8, 12, 16, 17, 21, 27, 263
流動資本の回転期間　55, 56, 61, 65-66, 68, 74, 96-97, 100
ルフチ・ローマン効果　73, 80, 112, 114, 151
レオンチェフ体系　158, 166
労働価値論　5, 267-268, 270, 273-274, 276
労働時間の貨幣表現　270-271
労働投入係数　174, 187, 189, 201, 222, 224
労働投入係数ベクトル　174, 179, 187, 193, 201, 208, 222, 230
労働力の価値　270-272

ワ行

割引率　247, 252

あとがき

　本書を執筆するにあたって，当該テーマに関する筆者の以下の論文を，適宜変更を加えて利用した。

「資本回転論と利潤論との理論的関係」『研究年報経済学』(東北大学) 50/1, 41-59, 1988 年 6 月。
「『前貸資本の総回転』と『費用価格』―『資本論』「第 2 部第 3 稿」の問題圏―」『大分大学経済論集』50/4, 1-19, 1998 年 11 月。
Kapitalumschlag und Profitrate. Kraftfeld immanenter Spannungen von Ideen, in: *Marx' Ökonomiekritik im Kapital (Beiträge zur Marx-Engels-Forschung. Neue Folge 1999)*, Berlin, Hamburg, Argument, 181-196, 2000.
「資本回転の均衡分析(1)」『大分大学経済論集』53/1, 1-42, 2001 年 5 月。
「資本回転の均衡分析(2)」『大分大学経済論集』53/2, 1-39, 2001 年 7 月。
「資本回転の均衡分析(3)」『大分大学経済論集』53/3, 1-35, 2001 年 9 月。
「資本回転の均衡分析(4)」『大分大学経済論集』53/4, 49-72, 2001 年 11 月。

　本書が曲がりなりにも形を成すまでには多くの人々の指導，助力があった。ここに改めて謝意を表したい。とくに柴田信也東北大学名誉教授，大村泉同教授，佐藤秀夫同教授には原稿を読んで頂き適切な助言を頂いた。
　資本回転に関する修士論文を作成して以来，資本の期間分析は筆者にとって中心的な研究テーマの一つとなった。1980 年代，東北大学経済学部・大学院在学中は 7 年間にわたって柴田先生の指導を仰いだ。本書が先生の意に沿うものであったかどうかは甚だ覚束ない。しかし少なくとも筆者自身の主観的な意図としては，本書は柴田ゼミで学んだ一つの結果であると思っている。元来疎放な者にとって知らず知らずのうちに，厳密に原典を読むということが目標になったのは，ゼミにおける『資本論』の「段切り（段落分け）」討論に由来するとしか考えつかない。

あとがき

　大分大学経済学部に赴任してまもなく，1990年代は社会主義国家体制の相次ぐ崩壊で始まった。「厳密さ」の意味が自分の中で変化したのもこの頃である。それまでは原典を著者の意図に即して正確に理解するという意味で，いわば内在的な厳密さを目指していたように思う。しだいにその基準が一つのテクストから，その外にある論理形式へと移行し始めたようである。凡そレーゲンスブルク大学，W.フォークト教授のもとでの留学中のことである。折りしも体制移行を果たし，自ら望んだこととはいえ市場経済の怒涛に翻弄されながら「二流市民」の境遇に苦悶する旧東ドイツ市民の姿を目にするにつけ，他人事とは思えなかった記憶がある。微妙に推移した問題関心のもとで続けられたさまざまな考察は図らずも，対象の特異な理論的性格を浮かび上がらせる結果になった。そうした考察の結果を今回，研究の中間報告として公表するに至ったわけであるが，結果の妥当性については読者の忌憚のない批判に委ねたいと思う。

　また研究の過程で，ドイツ学術交流会（DAAD）からは二度にわたってドイツ留学の助成を受けた。レーゲンスブルク大学（1992-94年），エアフルト大学（2002-03年）での在外研究なくして本書はありえなかった。DAADの公平で寛大な研究支援に対し謝意とともに敬意を表したい。さらに本書を出版するにあたり八朔社・片倉和夫氏の協力に感謝する。なお本書は「独立行政法人日本学術振興会平成16年度科学研究費補助金（研究成果公開促進費）」の交付を受けた。

守　健二

[著者略歴]

守　健二
(もり　けんじ)

1961年　宮城県仙台市生まれ
1984年　東北大学経済学部卒業
1989年　東北大学大学院経済学研究科博士課程単位取得退学
1989年　大分大学経済学部講師
1991年　同助教授
1992-94年　レーゲンスブルク大学経済学部留学（ドイツ学術交流会 [DAAD]）
2002年　経済学博士（東北大学）
2002-03年　エアフルト大学国家学部留学（ドイツ学術交流会 [DAAD]）
2003年　東北大学大学院経済学研究科教授，現在に至る。

資本と時間の政治経済学

2004年11月29日　第1刷発行

著　者　　守　　健　二
発行者　　片　倉　和　夫
発行所　　株式会社　八　朔　社
(はっさくしゃ)
東京都新宿区神楽坂2-19　銀鈴会館内
振替口座・東京 00120-0-111135番
Tel. 03(3235)1553　Fax. 03(3235)5910

©守健二, 2004　　　印刷, 製本・藤原印刷

ISBN 4-86014-025-7

———— 八朔社 ————

大村泉／宮川彰・編 **マルクス／エンゲルス著作邦訳史集成** 新MEGA第Ⅱ部『資本論』および準備労作関連内外研究文献	六三〇〇円
大村泉著 **新MEGAと《資本論》の成立**	七二八二円
大村泉／宮川彰・編著 **マルクスの現代的探究** メガ（MEGA）の継続のために	二七一八円
宮川彰著 **再生産論の基礎構造** 理論発展史的接近	六〇〇〇円
菊池孝美著 **フランス対外経済関係の研究** 資本輸出・貿易・植民地	七五七三円
市原健志著 **再生産論史研究**	六〇〇〇円

定価は本体価格です